INGRID STEEGER
Und find es wunderbar

INGRID STEEGER
MIT SIBYLLE AUER

Und find es wunderbar

Mein Leben

EHRENWIRTH

Papier: holzfrei Schleipen – Werkdruck, der Cordier Spezialpapier GmbH

Dieser Titel ist auch als E-Book erschienen

Originalausgabe

Copyright © 2013 by Bastei Lübbe AG, Köln
Lektorat: Ramona Jäger
Textredaktion: Sylvia Gredig, Köln
Umschlaggestaltung: Gisela Kullowatz
Umschlagmotiv: © Ludwik Erdmanski, Schwanewede
Satz: Fotosatz Amann, Aichstetten
Gesetzt aus der Nofret
Druck und Einband: CPI books Ebner & Spiegel, Ulm
Printed in Germany
ISBN 978-3-431-03872-9

5 4 3 2 1

Sie finden uns im Internet unter: www.luebbe.de
Bitte beachten Sie auch: www.lesejury.de

*Wer nicht am Abgrund steht,
dem wachsen keine Flügel.*
(aus *Alexis Sorbas*)

Inhalt

Vorwort	11
Kapitel 1:	
(K)eine schrecklich nette Familie	13
Kindheit zwischen Trümmern	13
Es steht ein Soldat am Wolgastrand	17
Konditormeister Schneider	21
Schulhorror, traurige Bücher und alle Tiere	25
Lernen fürs Leben?	29
Die Tränen meines Vaters und das Schweigen meiner Mutter	33
Kapitel 2: Ein Körper wird entdeckt	41
Bambis erstes Mal	42
Go-go Black and White	45
Meine kleine Familie	49
Miss Filmfestspiele	57
Das Sprungbrett ins Filmgeschäft	60
Kapitel 3: Der stumme Star	65
Gesucht: Naive Blondine mit Sex und Witz	65
Horror-Gaby gibt ihr Debüt	71
Pfleghars »zartes Showpflänzchen« wird ein Star	75
Frau Stickelbrucks	78
Die Geliebte des großen Regisseurs	80

Kapitel 4: Blondie lacht und weint 85
Ein Meer von Tränen 86
Endlich eigenes Geld 91
Stumm auf Sardinien 94
Klimbim ist unser Leben 97
Gaststars bei *Klimbim* 101
Die verdrehten Wahrheiten 106
Zwei himmlische Töchter 109
Die Drogen und die Trennung 111

Kapitel 5:
Leben zwischen Himmel und Erde 119
Ingrid Steeger auf Safari 120
In luftigen Höhen 128
Back from Afrika 133

Kapitel 6: Die Befreiung 135
Erstmals ein Zuhause? 137
Revue und Theater in Deutschland 142
Landleben mit Tieren und Diener 148
Haus, Hof, Reisen 152
Das verlorene Kind 158

Kapitel 7: Der große Bellheim 163
Wilder Westen inclusive 164
In der Neuen Welt 169
Wedels größter Fan 175
Kiss me, Kate 180
Meine Sorgenkinder 184
Monas Abgang 190

Kapitel 8: Westernlady Mona 197
Arbeiten für den guten Zweck 198
Der entlaufene Bräutigam 204
Am Marterpfahl 210
Auf dem Rücken der Pferde... 218

Kapitel 9: Der *Klimbim*-Fluch 225
Die Züricher Verlobung 226
Kinderzeit in Rumänien 229
Blondie gerät ins Schleudern 234
Die *Klimbim*-Familie stirbt 247

Kapitel 10: Mein annus horribilis 257
Der Absturz 258
Rettende Engel 261
Wilma räumt mein Leben auf 265
»Ingrid Steeger lebt von Hartz IV« 272

Kapitel 11: Die Steeger ist zurück 279
Gatte gegrillt 283
Mein neues Leben 288

Kapitel 12: Wenn Flügel wachsen 295
Wovon ich träume 296

Bildnachweis 302

Vorwort

Schlagzeilen und Presseberichte gibt es unendlich viele über mich. Aber sie machen nicht mal einen Bruchteil meines Lebens aus. Trotzdem musste ich bei der Idee des Verlags, mein Leben in einem Buch aufzuschreiben, zuerst laut lachen: Wie sollte man dieses Durcheinander überhaupt aufschreiben? Was interessiert die Leser wohl? Viele sehen mich noch heute als *den Klimbim*-Star der Siebziger. In den letzten Jahren kam dann mein tiefer Fall groß in den Medien – »Ingrid Steeger lebt von Hartz IV«. Ja, das war schlimm. Aber wie alles war auch das nur eine Episode in meinem Leben, es geht ja immer weiter. Und im Leben fühlt sich das auch oft ganz anders an, als von irgendwelchen Journalisten beschrieben. Und das war der Punkt, der mich reizte, meine Autobiografie zu schreiben. Einmal alles so sagen, wie es für mich war und ist. Einmal nicht nur das tun, was andere erwarten. Wer ist denn nun diese Steeger?, fragte ich mich selbst. Und die Erinnerungsmaschine begann zu laufen, Stockungen inklusive. Als ich diese *Kurzfassung* meines Lebens dann beendet hatte, war ich ein anderer Mensch.

Meinen Fans und natürlich meinen Freunden – den wirklichen, echten – verdanke ich es, dass ich heute wieder erfolgreich Theater spiele und die Freude am Leben dunkle

Schatten vertreibt. Sie geben mir unendlich viel, und ich möchte ihnen mit diesem Buch etwas zurückgeben.

München, im Sommer 2013
Ingrid Steeger

Kapitel 1:
(K)eine schrecklich nette Familie

Ich bin Berlinerin. Manche sagen, man hört es immer noch, auch nach den vielen Jahren, die vergangen sind, seit ich der Stadt den Rücken gekehrt habe. In meiner Geburtsurkunde steht: Ingrid Anita Stengert, geboren am 1. April 1947 um 11.50 Uhr. Name des Vaters: Karl Otto Kurt Stengert. Name der Mutter: Käthe Hildegard Frieda Stengert. Beide evangelisch. Unsere Adresse damals war: Alt-Moabit 19, Berlin.

Die Zeit meiner Geburt war die Zeit nach dem Krieg, wie Hunderttausende andere Berliner hatte auch meine Familie alles verloren. Mit meinem Bruder Udo, der damals fünf Jahre alt war, und meiner Schwester Jutta, die nur eineinhalb Jahre vor mir das Licht der Welt erblickt hatte und die bis heute einer der wichtigsten Menschen für mich ist, lebten meine Eltern in einer kleinen Einzimmerwohnung. Ein drittes Kind – ich – hatte ihnen wahrscheinlich gerade noch gefehlt.

KINDHEIT ZWISCHEN TRÜMMERN

Vor dem Krieg hatten meine Eltern eine Dreizimmerwohnung am Wikingerufer, gleich an der Spree, bewohnt. Nach einem der letzten Bombenangriffe vor Kriegsende war von diesem schönen Zuhause nicht mehr viel übrig geblieben außer einer Ruine und Trümmerbergen. Die Einzimmerwohnung mit Abstellkammer und kleiner Küche, die meine Eltern zugewiesen bekamen, war also Fluch und Segen in einem. Ein Dach über dem Kopf. Mehr nicht.

Fünf Stengerts drängten sich auf den knapp fünfundzwanzig Quadratmetern. Im Wohnraum standen ein Tisch, vier Stühle, ein Sofa und ein Bett, dort wurde gearbeitet, gespielt, gegessen und geschlafen. Jutta hatte ihren Schlafplatz auf dem Sofa, Udo in der Abstellkammer. Ich schlief bis zu meinem sechsten Lebensjahr im Bett meiner Eltern. Was sich nach großer Geborgenheit anhören könnte, war in Wahrheit ein einziges großes Unbehagen. Mit Liebe konnte das, was sich des Nachts zwischen den Eltern abspielte, nicht viel zu tun haben.

Und wie in den Nächten war auch am Tag weder eine große Zuneigung noch Herzlichkeit zwischen den Eltern spürbar. Ich habe nie auch nur ein freundliches Wort oder eine zärtliche Geste zwischen ihnen erlebt. Ach was, ich habe nie auch nur ein freundliches Wort oder eine zärtliche Geste überhaupt von ihnen erlebt, auch nicht uns Kindern gegenüber. Das Einzige, was meine Eltern für uns übrig hatten, waren Schläge. Wer ungezogen war, musste die Finger hinhalten. Wer sich dumm anstellte, bekam eine Ohrfeige. Wer nicht parierte, wurde windelweich geprügelt.

Bei alledem war unsere Mutter stets darauf bedacht, den äußeren Schein zu wahren, es war ihr sehr wichtig, was die Nachbarn dachten und redeten. Sie wollte nicht, dass wir erzählten, dass wir in einer Einzimmerwohnung lebten, weil sie sich dafür schämte. Und wie sie schämten auch wir Kinder uns dafür. Dabei waren wir schuldlos in die Armut geraten. Wir waren doch ausgebombt! Für meine Mutter aber waren unsere Lebensumstände eine Schande, wie für sie überhaupt alles eine Schande war.

Und tatsächlich ging es bei uns nicht gerade fein zu. Die

Gemeinschaftstoilette, die von mehreren Mietparteien genutzt wurde, befand sich auf der halben Etage im Treppenhaus und war eigentlich ständig besetzt, weil so viele Personen sie benutzten. Entsprechend war ihr Zustand und der Geruch, der einem entgegenschlug, wenn man endlich an der Reihe war.

Fließend Wasser hatten wir nur in der Küche, und auch nur kaltes. Wir Kinder mussten uns im Ausguss waschen, natürlich nur mit kaltem Wasser, denn es gab kaum Brennholz für den Küchenherd. Im Winter froren regelmäßig die Wasserleitungen ein, so eisig war es. Wen wundert es unter diesen Umständen, dass Udo, Jutta und ich selten besonders sauber waren, auch wenn meine Mutter stets darauf achtete, dass wir zumindest am Sonntag anständig angezogen waren und wie die Kinder ordentlicher, wohlhabender Leute aussahen. Dabei war Moabit ein bekanntermaßen heruntergekommenes Pflaster.

In den umliegenden Straßen gab es, wohin das Auge reichte, nichts als Trümmerberge und Schutthaufen, es war kaum ein intaktes Gebäude vorhanden. Uns Kindern boten diese Steinwüsten jedoch wunderbare Orte zum Spielen. Und wer nicht gerade in der Schule war, traf sich auf der Straße. Das zerbombte Nachkriegsberlin war besser als jeder Abenteuerspielplatz, und wie alle anderen Kinder spielten auch wir am allerliebsten in den Ruinen, obwohl das streng verboten war. Meine damals besten Freundinnen Charlotte, Doris und ich suchten uns mit Vorliebe Höhlen in den Trümmerbergen. Dort konnten wir uns verstecken, reden und spielen, während draußen die Pferdewagen durch die Straßen fuhren und ständig der Ruf ertönte: »Brennholz für Kartoffelschalen!«

Außerdem liefen wir liebend gern Rollschuh. Damals war so wenig Verkehr, dass man ohne Weiteres mitten auf der Straße fahren konnte. Meine Rollschuhe waren ziemlich alte Dinger, die ich mit Einweck-Gummibändern an meinen viel zu schmalen Füßen befestigen musste, damit sie nicht abfielen. Ich schämte mich sehr dafür, aber neue konnten mir meine Eltern nicht kaufen, weil sie zu teuer gewesen wären.

Eines unserer Lieblingsspiele war »Mutter, Vater, Kind«. Charlotte und Doris waren Vater und Mutter, und ich war ganz selbstverständlich immer das Baby, das in den Kinderwagen gelegt, geherzt und umsorgt wurde und es dort warm und geborgen hatte. Ich fand es herrlich, denn dort hatte ich meine Ruhe, niemand wollte etwas von mir oder machte mir Angst.

Wenn die Größeren sich prügelten, war es meine Aufgabe als Kleinste und Schwächste, auf die Schultaschen aufzupassen. Die anderen warfen ihre Ranzen auf einen Haufen, riefen mir zu: »Ingrid, pass auf unsere Sachen auf!«, und verschwanden. Ich war mächtig stolz auf meine wichtige Aufgabe, blieb brav neben dem Taschenhaufen sitzen und wartete geduldig, bis die anderen mit der Prügelei fertig waren.

Dass es ziemlich gefährlich war, in den Trümmern zu spielen, war uns egal, und meine Eltern interessierte es nicht wirklich. Sie waren wohl froh, wenn wir aus dem Haus waren. Natürlich fanden wir immer wieder Handgranaten und Blindgänger, die wir dann zur Polizei brachten, und wir müssen eine Armee von Schutzengeln gehabt haben, denn uns passierte nichts.

Auch die Friedhöfe waren für uns damals großartige Orte zum Spielen, ich liebte vor allem die Ruhe und das viele Grün dort, und überall gab es hübsche rote Käfer mit schwarzen Punkten. Uns Kinder interessierte der schlechte Ruf, den die Gegend damals hatte, kein bisschen. Dabei galt das sich am Rand von Moabit befindliche Schloss Bellevue, in dem heute der Bundespräsident residiert, als das letzte Loch; das Hauptgebäude war eine einzige Ruine, nur die Seitenflügel standen noch und dienten ausgebombten Menschen als Notunterkunft. Und ganz in der Nähe des Schlosses befand sich der sogenannte Hausfrauenstrich.

Auch im nahe gelegenen Tiergarten trafen wir Kinder uns

oft zum Spielen. Dort wuchsen praktisch keine Bäume mehr, weil die Berliner sie zu Brennholz verarbeitet hatten und die freien Flächen zum Gemüseanbau nutzten. Hinter jedem der wenigen Bäume, die es im Park noch gab, stand, so jedenfalls in meiner Erinnerung, ein Exhibitionist. Wir Kinder lachten uns über diese seltsamen Gestalten, die ihre Mäntel öffneten, um sich zu zeigen, aber höchstens kaputt. Sie taten uns ja nichts. Für uns war das alles ganz normal: Da war der Hausfrauenstrich, da waren die Exhibitionisten, und zwischen den Trümmern hatten wir unsere Plätze, an denen wir spielten.

Meine Mutter allerdings muss unter den mehr als schlechten Verhältnissen gelitten haben. Zumindest versuchte sie immer wieder, aus uns Schmuddelkindern adrette Vorzeigekinder zu machen. Sie nähte meiner Schwester und mir entzückende Kleidchen, Röcke, Jacken und Blusen. An besonderen Tagen im Sommer zog sie Jutta und mir hübsche bunte Baumwollkleidchen mit Puffärmeln an. Dazu trugen wir ordentliche weiße Strümpfe und bekamen Zöpfe geflochten, die mit großen Schleifen zu Affenschaukeln hochgebunden waren. Wir sollten die besten und schönsten Kinder in der Nachbarschaft sein. Alle sollten glauben, dass es dem Ehepaar Stengert und seinen drei Kindern gut ging, dass es ihnen an nichts fehlte und dass die ganze Familie glücklich und zufrieden war. Doch die Wände des schnell hochgezogenen Nachkriegsbaus waren dünn und hellhörig, und das ganze Haus bekam mit, dass es hinter der hübschen Bilderbuch-Fassade der Familie Stengert ruppig zuging.

ES STEHT EIN SOLDAT AM WOLGASTRAND

Als Kind hatte ich ständig Angst. Angst vor den Eltern – vor ihren Schlägen. Es verging kaum ein Tag, an dem uns die Mutter nicht züchtigte. Mal mit dem Kleiderbügel, mal mit dem Zentimetermaß, das sie wie eine Peitsche schwang. Sie hetzte uns so lange durch unsere kleine Wohnung, bis sie einen von uns erwischte. Doch ich hatte einen Trick: Neben dem Schrank gab es eine schmale Ecke, und wenn ich diese Ecke rechtzeitig erreichte und mich dort hineindrückte, kam sie mit dem Zentimetermaß nicht an mich heran und auch nicht mit dem Bügel, denn der war zu kurz.

Der Vater prügelte uns nicht ganz so häufig wie die Mutter, dafür aber umso gründlicher. Wenn er nach Hause kam, musste ich ihm nur in die Augen schauen. Und wenn ich diesen bestimmten Ausdruck in seinem Blick entdeckte, dann wusste ich: Jetzt ist es wieder so weit, jetzt kannst du machen, was du willst. Er wird etwas finden, und Jutta und du werden verprügelt. Nur unser Bruder, der Erstgeborene, wurde vom Vater meist verschont. Später vermutete ich, dass Udo vielleicht noch ein Kind der Liebe war. Vielleicht hoffte ich auch ein ganz kleines bisschen, dass es irgendwann einmal doch Liebe zwischen meinen Eltern gegeben haben muss. Aber Jutta und ich waren ganz sicher ungewollt hinzugekommen, wahrscheinlich aus ehelicher Gewalt entstanden. Wir waren Störenfriede, und so wurden wir auch behandelt. Für uns war keine Liebe übrig.

»Jutta und Ingrid, der Teppich muss sauber gemacht werden. Sammelt alle Flusen und Krümel ab, und wehe, wenn ich hinterher noch etwas finde!«

Wenn ein solcher Befehl von unserem Vater kam, wussten wir, dass wir keine Chance hatten und dass es Dresche geben würde. Denn die Aufgabe, die er uns stellte, war nicht zu lösen, jedenfalls nicht zu seiner Zufriedenheit. Auf allen vieren krochen meine Schwester und ich auf dem Teppich herum und klaubten den Schmutz mit den Händen ab, während der Vater uns vom Sessel aus beobachtete.

»Wir sind fertig«, sagte schließlich Jutta und trat mit gesenktem Kopf vor unseren Vater hin. Ich stand immer stumm neben ihr. Wir beide wussten, was nun passieren würde, denn irgendein winziger Fussel war immer noch zu finden.

Langsam erhob sich der Vater aus dem Sessel, setzte seine Brille auf und inspizierte den Teppich, Zentimeter für Zentimeter. Wenige Augenblicke später bückte er sich und hob mit Daumen und Zeigefinger ein Krümelchen oder Fädchen auf, um es mit drohender Geste in die Luft zu halten.

War meine Mutter ebenfalls im Zimmer, verließ sie es spätestens jetzt und schloss wortlos die Tür hinter sich.

»Ihr nutzlosen Gören«, knurrte Vater mit zusammengebissenen Zähnen. »Das nennt ihr sauber? Glaubt ihr, ich bin blind? Glaubt ihr, ihr könnt mich an der Nase herumführen?«

Dann war es so weit. Die Prügel, die seinen Worten folgten, waren fast eine Erlösung, denn die Anspannung in uns wuchs jedes Mal ins Unerträgliche. Jetzt jagte er uns von einer Ecke des Zimmers in die andere, er schubste uns und zerrte an uns, manchmal packte er eine von uns auch am Rockbund und hob uns hoch wie junge Hunde. Es war schrecklich. Natürlich versuchten wir, seinen Schlägen zu entkommen. Ich sank meist auf den Boden, versuchte mich ganz klein zu machen und legte schützend die Arme um den Kopf. Wenn die Schläge meinen Rücken trafen, floh ich auf allen vieren so schnell ich konnte in eine Ecke, bis ich zur nächsten gehetzt wurde. Doch es half alles nichts, er erwischte uns immer. Jutta und ich schrien und heulten vor Schmerz, der Vater aber hörte nicht eher auf, bis seine Wut verraucht war.

Wen wundert es unter diesen Umständen, dass ich lange Zeit Bettnässerin blieb. Zumal die Prügel der Eltern nicht die einzige Quelle meiner Angst war. Ich wollte abends am liebsten gar nicht ins Bett, weil ich zwischen meinen Eltern liegen musste. Doch in den ersten sechs Jahren hatte ich keine andere Wahl. Mit sieben und acht durfte ich hin und wieder auf dem Sofa schlafen, und Jutta musste zu den Eltern ins Bett. Uns beiden war nichts mehr zuwider, weshalb es auch öfter Streit gab.

Uns war klar: Das, was da des Nachts geschah, musste etwas Tolles sein für den Vater, etwas, das er unbedingt haben wollte, und es musste etwas Ekliges sein für die Mutter, weil sie jedes Mal versuchte, es nicht so weit kommen zu lassen. Wenn der Vater zur Mutter wollte, schob er mich oder Jutta – je nachdem, wer gerade das Pech hatte, zwischen ihnen schlafen zu müssen – unter Murren und Maulen zur Seite, um zu seiner Frau hinüberzurutschen. Schweigend wehrte sich die Mutter gegen ihn und zog uns wieder auf den Platz in der Mitte zurück. Der Vater stieß uns erneut fort, und so ging es eine Weile hin und her, bis er sich am Ende gewaltvoll über die Mutter legte und erst nach kurzen, heftigen Bewegungen mit lautem Stöhnen wieder von ihr hinunterrollte. Anschließend fiel er jedes Mal in einen tiefen Schlaf, und auch wir Kinder kamen endlich zur Ruhe.

Keine Frage, dass das hautnahe Miterleben dieser nächtlichen Übergriffe meines Vaters auf meine Mutter größtes Unbehagen in mir auslöste. Niemals jedoch hätte ich gewagt, etwas dagegen zu tun oder etwas zu sagen oder gar zu schreien. Ich habe es stumm ertragen. Jutta hat es stumm ertragen. Nacht für Nacht. Es gehörte schließlich zu unserem Familienleben dazu. Und als Kind hinterfragt man das nicht, es ist eben so.

Es wurde bei uns auch sonst nie über irgendetwas geredet, jeder machte seine Sachen, seinen Kummer mit sich selbst aus. Doch irgendwo mussten die traurigen Gefühle in mir hin! Und so hörte ich als Kind mit Vorliebe traurige Lieder, zu denen ich jedes Mal weinen musste.

Mein Vater besaß eine Musiktruhe, und natürlich war es uns unter Strafe verboten, seine Schallplatten anzuhören. Und dennoch taten wir genau das, wenn die Eltern nicht zu Hause waren. Am liebsten mochte ich die Platte mit dem »Wolgalied« aus dem »Zarewitsch«. Wenn der Zarewitsch Alexej sang:

Regungslos die Steppe schweigt,
Eine Träne ihm ins Auge steigt:

Und er fühlt, wie's im Herzen frisst und nagt,
Wenn ein Mensch verlassen ist, und er klagt,
Und er fragt:
Hast du dort oben vergessen auch mich?
Es sehnt doch mein Herz auch nach Liebe sich.

... dann konnte ich meine Tränen nicht mehr zurückhalten und weinte hemmungslos.

KONDITORMEISTER SCHNEIDER

Als ich ungefähr acht Jahre alt war und wir in eine größere Wohnung in Alt-Moabit zogen, bekamen wir zum Glück nicht mehr direkt mit, wie sich der Vater nachts über die Mutter hermachte. Die neue Wohnung hatte zweieinhalb Zimmer. Udo bekam das kleine »halbe« Zimmer, Jutta und ich teilten uns das »gute« Zimmer. Dort schlief Jutta auf dem Sofa, mein Schlafplatz war die Sonnenliege, die wir tagsüber hinter den Ofen, hinter eine Tür oder hinter einen Schrank räumten, damit sie aus dem Weg war. »Hat jemand mein Bett gesehen?« war die Frage, die ich häufig abends stellte, wenn ich schlafen gehen wollte.

Das Elternbett stand im zweiten Zimmer, das tagsüber Aufenthaltsraum und das Arbeitszimmer der Mutter war, wo sie Näharbeiten verrichtete. Unser Onkel Ulrich besaß eine Schneiderei, in der er Mäntel anfertigte, und unsere Mutter verdiente Geld damit, dass sie diese Mäntel fütterte. Jutta und ich mussten die ungefütterten Mäntel oft in der Schneiderei abholen und nach Hause bringen und anschließend, wenn die Arbeit getan war, wieder zurückbringen – »ausliefern« nannte die Mutter das. Sie schlug die fertigen Mäntel sorgfältig in weiße Leintücher ein, damit sie nicht schmutzig wurden, und legte sie Jutta und mir über den Arm. Es sah aus, als würden wir Leichen transportieren. »Wen tragt ihr denn da spazieren? Euren toten Bruder?« Solche und ähnliche Sprüche mussten wir uns von den anderen Kindern auf der Straße häufig anhören, wenn wir mit unseren Mänteln an ihnen vorbeigingen. Deshalb nahmen wir oft lange Umwege in Kauf, obwohl schon der normale Fußweg zur Schneiderei zwanzig Minuten dauerte. Doch zur Belohnung gab es dort von der Frau des Onkels, die ein herzensguter Mensch war, immer ein Glas Brause, eine Köstlichkeit, die wir von zu Hause nicht kannten, und hin und wieder auch ein Zwanzig-Pfennig-Stück, das wir ganz tief in die Tasche steckten, damit wir es nicht verloren.

Mit der geräumigeren Wohnung, die sich ganz in der Nähe des Kriminalgerichts befand, hätte sich mein Kinderleben also ein wenig entspannen können. Doch jetzt wurde mir ein neues Unbehagen beigebracht. Es äußerte sich darin, dass mir bereits übel wurde, wenn ich nur einen Kuchen sah. Und das, obwohl ich wie die meisten Kinder Süßigkeiten aller Art geliebt hatte. Am allerschlimmsten ist für mich bis heute der Geruch und der Geschmack von rohem Marzipan. Schon beim Gedanken daran hebt sich mein Magen, und mir steht sofort wieder das Bild eines großen alten Mannes vor Augen, der daran schuld war: mein Großvater, der Vater meiner Mutter. Er brachte uns Kindern immer einen Klumpen rohes Marzipan mit, wenn er uns besuchen kam, und auch wenn wir zu ihm und zur Großmutter kamen, gab es Marzipan. Und dann wusste ich schon: Jetzt lockt er wieder, jetzt kommt er gleich zu dir. Denn der Großvater mochte kleine Kinder.

Die Großeltern wohnten nicht weit von uns, und meine Schwester und ich wurden häufig zu ihnen geschickt, auch an den Wochenenden. Manchmal übernachteten wir abwechselnd dort, weil meine Mutter das so wollte. Die Großmutter mochten wir sehr, sie war lieb, ich ging gern zu ihr. Aber sobald sie die Wohnungstür hinter sich schloss, um etwas besorgen zu gehen, machte sich der Großvater an mich ran. Während mir das süße Marzipan im Mund zerfloss, fing er mal an, ein wenig an mir herumzustreicheln, mal berührte er meine Kinderbrust, die noch nicht einmal kleine Knospen zeigte, mal holte er »sein Ding« raus und rieb es an meinem Bein. Natürlich versuchte ich, ihm auszuweichen, die Beine anzuziehen oder aufzustehen, woanders hinzugehen. Dann ließ er kurz von mir ab, richtig gezwungen hat er mich nie. Doch egal, ob ich vor dem großen Kachelofen saß und die Füße zum Wärmen an die Kacheln legte, ob ich in einem Sessel saß und las oder ob ich vor dem Fenster stand und auf die Straße hinaussah, in der Hoffnung, dass die Großmutter bald zurückkäme – er probierte es immer wieder. Erst wenn die Großmutter die Tür öffnete oder jemand anderes ihn störte, war es vorbei. Zum Glück kann ich mich nicht mehr an alle Einzelheiten erinnern, aber der Abscheu beim Geruch von Marzipan und schwerer Süße ist geblieben.

Hatte ich auch keine Angst vor dem alten, großen Mann, so empfand ich doch ungeheuren Ekel und fühlte mich in seiner Nähe extrem unwohl. Ich empfand die Berührungen des Großvaters als ganz und gar widerlich, aber nicht als etwas Unrechtes. Er war doch mein Großvater und ein Mann, und ich dachte, er hätte ein Recht dazu. So, wie der Vater das Recht hatte, sich über die Mutter zu legen, auch wenn sie es nicht wollte. So kannte ich es.

Selbst als ich eines Tages meiner Mutter erzählte, dass der Opa »sein Ding« draußen gehabt habe, sagte sie nicht, dass er das nicht tun dürfe. Im Gegenteil, sie scheuerte mir eine, und damit war das Thema für sie erledigt. Ich hielt fortan den Mund und sprach mit niemandem mehr darüber, nicht einmal mit meiner Schwester. Und auch meiner Großmutter hätte ich es nie gesagt, dafür hatte ich sie zu lieb, und ich wollte ihr keinen Kummer bereiten. Ich ließ es also über mich ergehen.

Erst viel später erfuhr ich, dass alle Erwachsenen in der Familie von der Veranlagung des Großvaters wussten. Aber warum hat unsere Mutter uns Kinder dann nicht vor ihm geschützt, sondern uns am Wochenende sogar noch zum Übernachten dorthin geschickt? Warum ließ uns die Großmutter überhaupt mit ihm allein? Das wird mir immer ein Rätsel bleiben.

Auch meine Schwester wurde von dem alten Mann angefasst, wie sie mir Jahre später sagte, aber bei ihr hatte er sich ein wenig mehr zurückgehalten, vielleicht, weil sie schon etwas älter war und früher als ich vom Mädchen zur Frau wurde. In dem Maße, wie dann auch ich größer und erwachsener wurde, verlor der Großvater zum Glück das Interesse an mir – und ich hielt mich von ihm fern, so gut es ging.

Es gibt im Leben immer wieder eigenartige Zufälle. Einer der besonders skurrilen in meinem ist die Tatsache, dass der Großvater ausgerechnet an meinem neunzehnten Geburtstag, an einem 1. April, beerdigt wurde. Und dass ich, wenn auch mit Widerwillen, zu dieser Beerdigung gehen musste, war keine Frage. Doch es gab ein Problem: Ich hatte zwar ein schwarzes Kleid und einen Mantel, aber die passenden Schuhe dazu waren so abgetragen, dass sich meine Mutter vermutlich in Grund und Boden schämen würde. Aber von meinem mickrigen Lohn, den ich damals als Stenotypistin bei einem Architekten erhielt, konnte ich mir neue Schuhe nicht leisten. In meiner Not lief ich nach der Arbeit zu Peter, einem Verehrer, den ich in einem Tanzlokal kennen gelernt hatte. »Kannst du mir irgendwie fünfzig Mark besorgen?«, fragte ich ihn aufgeregt. »Du bekommst sie auch ganz bald zurück!«

Ich weiß nicht, wie er es anstellte, aber Peter bekam das Geld tatsächlich zusammen, und ich kaufte mir bei Leiser am Tauentzien neue schwarze Schuhe.

Doch als ich mich am Tag meines Geburtstags für die Beerdigung meines Großvaters zurechtmachte und den Schuhkarton öffnete, um die neuen Schuhe anzuziehen, stellte ich entsetzt fest, dass darin zwei linke lagen! Was nun? Wie auch immer das der Verkäuferin hatte passieren können, es war passiert, und ich musste schnellstmöglich zum Geschäft zurück, um den falschen gegen den richtigen Schuh zu tauschen. Damit es schneller ging, nahm ich für teures Geld sogar ein Taxi, doch auch das konnte nicht verhindern, dass ich zu spät zur Beerdigung kam.

»Dass du nicht einmal zur Beerdigung deines eigenen Großvaters pünktlich sein kannst!«, zischte mir meine Mutter böse zu, als ich mich neben sie stellte. Sie hatten den Sarg bereits ins Grab herabgelassen.

Ich sagte nichts. Schweigend richtete ich meinen Blick auf das dunkle hölzerne Rechteck in der Erde, in dem jetzt Konditormeister Paul Schneider lag. Dort unten befand sich ein Stück meines Lebens, meiner Kindheit, meiner Jugend, und es würde bald zu Erde zerfallen. Endlich.

SCHULHORROR, TRAURIGE BÜCHER UND ALLE TIERE

Als Schulkind und Heranwachsende fragte ich mich immer öfter, warum uns unsere Eltern wohl so hassten. Denn dieses Gefühl hatte ich. Ich fühlte mich nicht geliebt, sondern gehasst. Lange Jahre wusste ich darauf keine Antwort. Heute glaube ich, sie zu kennen: Es war Frust. Unsere Eltern hatten wirklich kein gutes Leben. Es bestand nur aus Ärger, Streit, Angst und Geldsorgen. Vor allem aber müssen sich meine Eltern gegenseitig abgrundtief gehasst haben, und sie ließen das an uns Kindern aus, vor allem an uns Mädchen. Hinzu kam, dass Kinder damals noch mehr nebenherliefen, Erziehung war etwas ganz anderes als heute. Ein eigenes Zimmer hatten nur wenige Kinder in unserer Gegend. Meine Geschwister und ich hatten noch nicht einmal einen Stuhl neben dem Bett, auf dem wir etwas hätten ablegen können, eigenes Spielzeug war ein kaum zu beschreibender Luxus. Wir bekamen jedes Jahr zu Weihnachten ein Steifftier, das wanderte dann in die Vitrine, und wir durften es nur zu Weihnachten und zum Geburtstag herausholen. Jutta und ich besaßen jede eine Puppe, denen unsere Mutter zu Weihnachten immer neue Puppenkleider nähte. Ansonsten kam alle zwei Wochen ein großer Bus auf den Schulhof gefahren, und man konnte sich Puppen, Spielzeug aus Blech, Brettspiele und anderes mehr ausleihen. Das war jedes Mal ein Riesenspaß. Wir kannten es nicht anders, uns genügte das.

Überhaupt keinen Spaß machte mir die Schule. Die Volksschule war für mich der blanke Horror. Von mir aus meldete ich mich prinzipiell nie, weil ich mich nicht traute, laut vor den anderen zu sprechen, aus Angst, etwas Falsches zu sagen. Und wenn ich vom Lehrer aufgerufen wurde, begannen die anderen Kinder in der Klasse schon zu kichern und zu feixen, weil sie genau wussten, was gleich kommen würde. Es war entsetzlich. Ich begann jedes Mal schrecklich zu stottern und brachte nichts Vernünftiges über die Lippen. In der Volksschule musste ich deshalb häufig zur Strafe so lange in der Ecke stehen, bis die Unterrichtsstunde vorbei war. Eigentlich war ich darüber immer ganz froh, denn dann musste ich mich wenigstens nicht am Unterricht beteiligen und konnte stattdessen meinen Gedanken und Träumen nachhängen. Kein Wunder, dass meine Zeugnisse regelmäßig eine Katastrophe waren. Auch in der Oberschule wurde es nicht besser.

Natürlich setzte es zu Hause Prügel, wenn ich wieder einmal mit einem schlechten Zeugnis ankam. Aber das war ich gewohnt. Jedenfalls bewogen die Prügel mich nie, fleißiger zu sein und häufiger zu lernen. Wo hätte ich auch konzentriert lernen sollen? Nirgends gab es bei uns zu Hause ein ruhiges Plätzchen. Alles fand im selben Zimmer statt: Meine Mutter nähte und interessierte sich nicht für unsere Hausaufgaben. Mein Bruder und meine Schwester kamen und gingen und redeten, und Lust zum Lernen hatte ich sowieso nie. Und das »gute« Zimmer blieb tagsüber verschlossen. Also ließ ich es bleiben.

Zum Glück gingen Jutta und ich immer schon in dieselbe

Klasse und saßen nebeneinander in einer Bank. Zusammen bildeten wir ein gutes Team: Sie kümmerte sich um meine Mathematik-Aufgaben, ich half ihr dafür bei den Deutsch-Aufsätzen. Denn Deutsch mochte ich eigentlich immer recht gern, weil ich schon damals gern und viel las, auch wenn ich es meistens heimlich machen musste, weil mein Vater nichts davon hielt.

Mit der Unterstützung durch Jutta war es allerdings schlagartig vorbei, als mein Vater verfügte, dass ich mit sechzehn, nachdem ich die Oberschule mit Ach und Krach abgeschlossen hatte, auf die Handelsschule gehen sollte, um den Beruf der Stenotypistin, also einer Schreibkraft in einem kaufmännischen Büro, zu erlernen. Das bedeutete auch, dass ich mich von Jutta trennen musste, zumindest in der Schule: Nach dem Willen meines Vaters sollte sie Krankenschwester werden, doch bevor sie mit der Ausbildung anfing, schickte er sie auf eine Hauswirtschaftsschule.

Auf seine Weise, das erkenne ich heute, meinte es unser Vater gut mit uns, er wollte unbedingt, dass wir Kinder eine gute Ausbildung bekamen und einen anständigen Beruf erlernten. Aber es scherte sich niemand darum, was wir selbst uns wünschten, wo unsere Fähigkeiten lagen oder was uns vielleicht Freude machen würde.

So ahnte mein Vater nicht einmal etwas von meiner Begeisterung fürs Lesen. Wir durften überhaupt nicht lesen, wenn es keine Schulbücher waren, und abends schon gar nicht. *Pippi Langstrumpf* hatte er in Kinderjahren gerade noch so gestattet, aber höchstens am Wochenende und wenn es sonst nichts zu tun gab für uns.

Pippi Langstrumpfs Abenteuer fand ich zwar nett, aber sie gaben mir nichts, denn ich konnte mich in der starken, mutigen und unbesiegbaren Pippilotta nicht wiederfinden. Sie hatte jede Menge Geld, wir hatten nichts. Sie hatte einen starken, liebevollen Vater, der weit weg wohnte und ihr jede Freiheit ließ. Wir hatten einen, der jeden Abend nach Hause kam und alles andere als gutmütig war. Pippi lebte allein in einem großen Haus, wir quetschten uns in kleinen Mietwohnungen.

Nein, das war ganz und gar nicht meine Welt. Meine Welt war die der großen Leidenden, der großen Dramen: *Madame Bovary* von Gustave Flaubert zum Beispiel war eines meiner Lieblingsbücher, obwohl ich es damals noch nicht verstand. Und *Die Elenden* von Victor Hugo ist für mich bis heute eines meiner wichtigsten Bücher, geradezu meine Bibel. In der armen Cosette erkannte ich mich als Mädchen selbst wieder, ich konnte mit ihr fühlen und leiden. Wenn ich die Geschichte von Cosette las, dann spürte ich, dass es anderen Menschen auch schlecht ging und dass ich in meiner Traurigkeit nicht allein war. Das tröstete mich ein wenig über die ständige Angst vor Strafen hinweg.

Das Schönste und Wichtigste allerdings, das mich immer von allen Sorgen und Nöten ablenken konnte, waren für mich Tiere, vor allem Hunde. Ein eigener Hund war schon als kleine Straßengöre mein größter Wunsch gewesen, aber das wäre natürlich niemals in Frage gekommen. Dafür hatten wir kein Geld und keinen Platz. In der ganzen Nachbarschaft lieh ich mir deshalb Hunde aus, um mit ihnen spazieren zu gehen, sie zu streicheln, zu knuddeln und mit ihnen zu reden. Und die Besitzer waren glücklich, dass ich mit ihren Lieblingen Gassi ging. Mal bekam ich ein bisschen Geld dafür, mal bekam ich nichts. Mir war das egal, ich hatte dann zumindest zeitweise einen Hund.

Immerhin schenkten unsere Eltern Jutta und mir zu einem Weihnachtsfest, ich war damals neun Jahre alt, zwei Schildkröten. Max und Moritz. Viel konnten wir mit den beiden nicht anstellen. Man konnte sie gerade mal unter dem Hals streicheln, und dann machten sie ihn länger und länger. Aber sie waren pflegeleicht, verursachten keinen Lärm und Dreck und waren genügsam. Ein paar Salatblätter oder Obststücke reichten ihnen, um satt zu werden, und auch Platz brauchten sie nicht viel.

Meine Tierliebe war unvorstellbar groß. In der Nähe unseres Wohnhauses beispielsweise gab es eine große Ruine mit kleinen Maueröffnungen, in denen Hunderte von Spatzen nisteten. Wenn sie brüteten, fielen ständig frisch geschlüpfte Vögelchen tot aus den Nestern und lagen auf der Straße oder zwischen den Trümmern. Immer, wenn ich diese winzigen Körper irgendwo liegen sah, sammelte ich sie ein und hob für sie kleine Gräber aus, um sie anständig zu beerdigen. Und bevor ich sie dann unter die Erde brachte, küsste ich sie, selbst wenn sie bereits länger gelegen hatten und schon etwas rochen. Es war mir egal. Ich küsste sie gern, ein Abschiedskuss gehörte für mich zu einer ordentlichen Beerdigung dazu, und auch Tiere sollten eine ordentliche Beerdigung haben. Natürlich blieb das nicht folgenlos: Ich bekam ein brombeerförmiges Ekzem nach dem anderen an den Lippen, und wenn eines gerade abgeheilt war, kam sofort das nächste. Aber das war mir gleichgültig.

Auch heute noch sammle ich kranke oder tote Vögel ein, wenn ich bei meinen Spaziergängen mit meinem Hund welche finde. Und man findet viele, wenn man bereit ist, sie zu sehen, vor allem kranke Tauben. Dann nehme ich das Tier hoch, lege es vorsichtig in eine Tüte und gehe mit ihm zum Tierarzt, damit er es mit einer Spritze tötet. Das kostet nichts, und dem armen Vogel wird damit weiteres Leid erspart.

LERNEN FÜRS LEBEN?

Die Entscheidung für die Handelsschule war in meinem Fall das Verkehrteste, was mein Vater machen konnte – Buchführung, Handelskunde und Wirtschaftsrechnen, das war gar nichts für mich. Ich wäre am liebsten Tierärztin geworden, doch an ein Studium war nicht einmal im Traum zu denken. Und niemals wäre ich auf die Idee gekommen, diesen Wunsch überhaupt zu äußern, dafür war ich viel zu feige und zu schüchtern.

Die Folge war, dass ich die Handelsschule von ganzem Herzen hasste und sie mehr schwänzte, als dass ich dort war. Von Anfang an unterschrieb ich meine katastrophalen Zeugnisse selbst mit dem Namen meines Vaters, er hat es zum Glück nie herausgefunden und fragte auch nie danach.

Das einzig Gute war, dass meine Schulfreundin Charlotte mit mir gemeinsam zur Handelsschule ging. Charlotte war so alt wie ich, hatte aber schon einen Freund, einen Italiener, von dem sie mir stundenlang begeistert erzählte. Die Herrlichkeit war jedoch schneller zu Ende als gedacht. Schon nach wenigen Wochen nahm mich Charlotte in einer Pause zur Seite und zog mich in eine Ecke des Flurs, wo uns niemand hören konnte.

»Ingrid, ich muss dir etwas sagen!« Sie sah mich betreten an, in ihren Augen standen Tränen. »Ich muss von der Schule abgehen und heiraten. Ich bin schwanger!«

Ich war fassungslos. Wie oft hatte ich Charlotte gewarnt, dass sie nicht mit ihrem Freund schlafen solle! »Natürlich mache ich das nicht, was denkst du denn!«, erwiderte sie dann jedes Mal. Und dann war es offenbar doch passiert.

Zwar war ich selbst damals noch Jungfrau, hatte aber schon eine Ahnung, was ablief, wenn ein Mann und eine Frau zusammenkamen – obwohl unsere Mutter mir nicht einmal erzählt hatte, dass ich irgendwann meine Regel bekommen würde. Es war Jutta, von der ich das eines Tages, ich war vielleicht dreizehn, erfuhr, und als sie mir erklärte, dass ich bald jeden Monat mehrere Tage lang untenheraus bluten würde, knallte ich ihr eine, weil ich dachte, sie würde mich anlügen und wolle mir einen Schrecken einjagen. Dass mir einmal so etwas Ekliges passieren würde, und das auch noch einmal im Monat, war für mich schlicht nicht vorstellbar.

Charlottes Schicksal wollte ich auf keinen Fall erleiden. Ich wollte mich für den Richtigen aufsparen. Der Mann, dem ich meine Jungfräulichkeit schenkte, sollte auch mein Ehemann werden. – Das war mein Traum. Allerdings ging er nicht in Erfüllung, so wie viele Träume junger Mädchen nicht in Erfüllung gehen.

Nachdem Charlotte die Schule verlassen hatte, machte ich erst recht bei jeder Gelegenheit einen weiten Bogen um das Schulgebäude. Lieber verdiente ich mir mit kleinen Jobs, zum Beispiel als Garderobiere im Haus der Jugend, ein bisschen Geld, denn Taschengeld gab es bei Stengerts nicht.

In dieser Zeit entdeckte ich auch das Tanzen für mich. Twist, Soul und Rock 'n' Roll – alles, was aus Amerika kam, war Mitte der sechziger Jahre angesagt, und Jutta brachte mir bei, wie ich zu Hause an der Türklinke die Rock 'n' Roll-Drehungen trainieren konnte, wenn unser Vater es nicht mitbekam. Die Mutter hatte seltsamerweise keine Einwände gegen unser neues Hobby. Und da ich schon immer sehr gelenkig und ein Bewegungstalent war, lernte ich schnell, so schnell, dass Jutta mich bald für würdig erachtete, sie in die Disco zu begleiten.

Nirgends sonst außer beim Tanzen konnte ich den Albtraum Handelsschule und die Enge und Lieblosigkeit unseres Elternhauses vergessen, und mit jeder Bewegung zur Musik spürte ich eine große Lebendigkeit in mir. Immer öfter tauchte ich jetzt mit Jutta in die Berliner Discoszene ein – genau genommen lebten Jutta und ich bald mehr in Diskotheken als zu Hause. Vor allem im Big Apple in Wilmersdorf, der zweitgrößten Berliner Diskothek damals, trafen wir uns regelmäßig mit Freunden.

Wir kannten viele Leute, mit denen wir herumzogen und feierten, eine richtig große Clique waren wir. Häufig kamen Jutta und ich erst so spät am Abend nach Hause, dass unsere Eltern schon schliefen. Von unseren Disco-Ausflügen wusste unser Vater jedoch nichts, und um Ausreden waren wir nicht verlegen. Manchmal dauerte es eine geschlagene halbe Stunde, bis es uns endlich gelang, lautlos die Wohnungstür zu öffnen, damit vor allem der Vater nichts hörte. Noch heute sehe ich uns vor mir, wie wir vor der Tür stehen, den Schlüssel Millimeter um Millimeter im Schloss drehen und immer wieder an der Tür horchen, ob sich drinnen etwas rührt.

Am liebsten wäre ich gar nicht mehr nach Hause gekommen. Denn meine Eltern hatten eines Tages beschlossen, dass sie in getrennten Zimmern schlafen wollten, was zur Folge hatte, dass meine Schwester und ich das gute Zimmer, in dem wir unsere Betten hatten, an den Vater abtreten mussten. Da Udo inzwischen ausgezogen war, bekam Jutta das »halbe« Zimmer, mich als Jüngste traf nun das härteste Los: Ich musste mit meiner Mutter im Elternbett schlafen. Und ich konnte nichts dagegen tun. Es war mir nicht nur zutiefst zuwider, dass ich als Sechzehnjährige mit meiner Mutter das Bett teilen musste, sondern ich erinnerte mich jetzt häufig an die Zeit, als ich noch zwischen den Eltern gelegen hatte. Und wenn ich mir dann auch noch vorstellte, dass ich bei Käthe Stengert da unten herausgekommen war, musste ich mich jedes Mal übergeben. Doch mir blieb nichts anderes übrig, als zu gehorchen und mich anzupassen, wie es von mir verlangt wurde.

Manchmal, wenn ich beim Einschlafen die Atemzüge meiner Mutter hörte, stellte ich mir vor, wie schön es sein müsste, irgendwann einmal ein eigenes Zimmer zu haben. Ein Zimmer, das nur mir gehörte, in dem es eine Tür gab, die ich abschließen konnte, und in dem ich tun und lassen konnte, was ich wollte, ohne auf andere Rücksicht nehmen zu müssen. Aber es dauerte noch Jahre, bis ich es bekam.

Zunächst einmal war ich jedoch selbst überrascht, als ich nach den drei Jahren Handelsschule tatsächlich ein Abschlusszeugnis als Stenotypistin in Händen hielt. Doch es bedeutete mir nichts. Ich hasste diesen Beruf wie die Pest. Ich hasste Schreibmaschineschreiben, und ich hasste die Vorstellung, in Zukunft in irgendwelchen muffigen Büros langweilige Briefe und Rechnungen abtippen zu müssen. Eine Vorstellung davon, welchen Beruf ich stattdessen gern ergreifen würde, hatte ich nicht. Es fragte mich auch nie jemand: »Ingrid, was möchtest du denn mal werden?« Ich hatte vielleicht etwas über die Arbeit in einem Büro gelernt, aber wie man selbstbestimmt ins Leben geht, davon hatte ich keinen blassen Schimmer.

DIE TRÄNEN MEINES VATERS UND DAS SCHWEIGEN MEINER MUTTER

In der Rückschau stellt sich meine Kindheit traurig und lieblos dar. Aber so war es nun mal. Wir wehrten uns nicht, denn wir empfanden unser Leben damals als ziemlich normal. Den meisten unserer Klassenkameraden und Freunde ging es kaum anders. Bis heute versuche ich, trotzdem zu begreifen, warum mein Vater und meine Mutter so mit uns umgingen. Auch wenn ich es nie ganz verstehen werde. Natürlich war es hart für einfache Leute wie meine Eltern, die das Wenige, das sie einmal besessen hatten, im Krieg verloren hatten und nun inmitten der Trümmer der Nachkriegszeit drei Kinder großzuziehen und zu ernähren hatten. Es gab keine Lebensmittel, keinen Wohnraum, kein Geld und lange Zeit keine Arbeit. Es fehlte an Nährboden für Wärme und Liebe.

Wir Kinder lernten vor allem, was wir nicht durften. Niemand erklärte uns etwas, niemand sprach mit uns, wir mussten selbst herausfinden, was wir falsch gemacht hatten. Ohrfeigen und Prügel wiesen uns Weg und Richtung.

Was mir aber bis heute sehr nachhängt, sind weniger die Schläge als die Tatsache, dass man nicht miteinander reden, kein Freud und kein Leid miteinander teilen konnte. Wenn ich heute mitbekomme, welche Mühe Eltern sich geben, ihren Kindern eine schöne Kindheit zu bereiten, oder wie Jugendliche mit ihrer Mutter oder ihrem Vater ihre Probleme besprechen, dann werde ich durchaus ein bisschen neidisch.

Mit meinem eigenen Älterwerden rückt mein Vater immer stärker in den Vordergrund meiner Kindheitserinnerungen. Dabei wissen meine Geschwister und ich nur wenig über ihn. Eine Ausbildung zum Drucker musste er abbrechen, weil er eine Allergie gegen die Stoffe entwickelte, die beim Drucken verwendet wurden. Im Krieg war er Sanitätsgefreiter, er musste also nicht schießen, und direkt nach dem Krieg arbeitete er unter anderem in einer Apotheke, bevor er eine feste Stelle als Teppichverkäufer bei Hertie fand. Aus der Apotheke brachte er uns immer widerlich schmeckenden Lebertran mit, den wir schlucken mussten, weil es zu wenig zu essen gab und wir Kinder dünn und schwächlich waren.

Ich besitze nur wenige Fotos von meinem Vater. Eines davon, auf dem er in Wehrmachtsuniform zu sehen ist, schaue ich mir häufig an, in der Hoffnung, diesen Mann, vor dem ich stets solche Angst hatte, vielleicht doch irgendwann zu verstehen. Wenn ich das Foto genauer betrachte, finde ich, dass er eigentlich ein ganz hübsches Gesicht hatte. Von der Härte und Strenge, mit der er meine Mutter und uns Kinder behandelte, ist darauf nichts zu erkennen.

Was hat meinen Vater wohl zu dem lieblosen, strengen Menschen werden lassen, als den wir alle ihn in Erinnerung haben? Welche Träume hatte er, welche Sorgen drückten ihn, welche Enttäuschungen musste er verarbeiten? Heute kann er es mir nicht mehr sagen. Und damals, als er noch lebte, hätten wir uns nie getraut, ihn zu fragen. Unsere Eltern sprachen nie mit uns über irgendetwas, das über das Alltägliche hinausging. Sie sprachen eigentlich überhaupt nicht – weder mit uns noch miteinander. Wie also sollten sie uns etwas erzählen?

Auch über die Eltern meines Vaters wissen meine Geschwister und ich nichts. Der Großvater war früh gestorben, wir haben ihn nie kennen gelernt. Ich kannte nur die Mutter meines Vaters, sie wohnte in Königs Wusterhausen in der damaligen Ostzone und war genauso streng mit uns wie unser Vater. Dennoch gehören die Besuche bei der Großmutter zu meinen schöneren Kindheitserinnerungen. Die alte Frau schlug uns zwar häufig wegen irgendwelcher Dinge, die wir in ihren Augen falsch gemacht hatten, genau wie unser Vater. Doch wir hatten dort ein Kinderleben, von dem wir in Berlin nur träumen konnten. Königs Wusterhausen bedeutete für uns immer ein Stück Freiheit und ein Stück Freude.

Die Großmutter hatte einen riesigen Garten mit Obstbäumen und Gemüsebeeten, in dem wir Äpfel stibitzen und uns prima verstecken konnten. Und wir konnten im Wald spielen und anschließend die vom Krieg übrig gebliebenen Granaten zählen, die wir dort gefunden hatten. Bei der Großmutter gab es zwei Hunde, eine Schar Hühner, die ich über alles liebte, und mehrere Kätzchen, und bei der Arbeit half ihr der Knecht Gerhard, ein einfacher Mensch, der von der Großmutter genauso beschimpft wurde wie wir. Gerhard war ungefähr achtundzwanzig, aber für uns war er uralt. Wir mochten ihn, denn er versuchte oft, uns zu helfen und uns vor der Wut der Großmutter in Schutz zu nehmen, wenn wir in ihren Augen wieder etwas angestellt hatten.

Wenn die alte Frau Mittagsschlaf hielt, nahmen wir manchmal den armen Hofhund Niki, der sonst nie von der Kette kam, und den Schäferhund Dinah und rasten mit den beiden Tieren über die Felder, so weit uns die Füße trugen. Ich könnte nicht sagen, wer mehr Spaß an diesen heimlichen Ausflügen hatte – wir Kinder oder die beiden Hunde. Ein paarmal ging das gut, aber dann kam die Großmutter dahinter und schloss Jutta und mich zur Strafe mittags in der Abstellkammer ein, deren Fenster fest zugenagelt war, so dass es für uns kein Entkommen gab. Doch der gute Gerhard hatte Mitleid mit uns und öffnete mühsam das Fenster von außen, so dass wir hinausklettern und abhauen konnten. Die Schläge der Großmutter nach unserer Rückkehr waren zwar alles andere als witzig, aber das war es uns wert gewesen. Wir hatten unsere Freiheit, und wir hatten Spaß. Ein richtiges Kinderleben. Ganz anders als zu Hause bei unserem strengen Vater.

Ich kann mich nur an einen Moment erinnern, in dem mein Vater so etwas wie Gefühle zeigte und in dem etwas Weiches, Zugängliches, Liebevolles durch seine harte Schale schimmerte. Es war kurz vor seinem Tod im Jahr 1982, ich lebte damals in Frankreich, in der Nähe von Paris, auf dem Land. »Opa« – wir nannten ihn Opa, seit der erste Enkel den alten Mann so nannten –, »Opa, ich hol dich für ein paar Wochen zu mir und Jean-Paul nach Frankreich!« Und da hat dieser verbitterte Mann geweint. Das werde ich nie vergessen.

Auch wenn es in unserer Kindheit kein Zeichen elterlicher Liebe gab, sehe ich im Nachhinein, dass mein Vater einiges für uns getan hat und dass er es nicht leicht hatte, uns alle durchzubringen. Nach seiner Arbeit kochte er immer für uns. Ich weiß gar nicht, ob meine Mutter überhaupt kochen konnte. Und er ging mit meiner Schwester und mir Petticoats und Schuhe einkaufen, als wir größer waren. All das machte er neben seinem Beruf, mit dem er das Geld für den Unterhalt seiner kleinen Familie verdiente. Viel kann es nicht gewesen sein, was er monatlich bei Hertie bekam, es reichte gerade so für die Grundbedürfnisse. Urlaubsreisen kannten wir nicht, unsere Ausflüge ins Strandbad Wannsee waren schon richtiger Luxus.

Wenige Monate nachdem ich zum ersten Mal die Tränen meines Vaters gesehen hatte, saß ich zu Hause in Berlin neben seinem Bett. Es war mitten in der Nacht, außer mir war niemand im Zimmer. Nach mehreren Schlaganfällen lag Kurt Stengert im Sterben, in einer Art Wachkoma, wund gelegen und kaum mehr ansprechbar.

»Vater, ich verzeihe dir«, sagte ich in die Stille hinein.

Seine Hände bewegten sich und machten eine abwehrende Bewegung, als wolle er eine Fliege verscheuchen.

»Eigentlich gibt es gar nichts zu verzeihen«, fuhr ich fort, »in meinen Augen hattest du kein gutes Leben. Ich glaube, ich kann verstehen, dass du mit uns Kindern nichts anfangen konntest.«

Wieder diese flatternde Handbewegung. Früher hatte nur er gesprochen, und ich hatte geschwiegen. Jetzt war es umgekehrt.

»Du kannst ruhig sterben, Vater, mach dir keine Sorgen. Ich bin dir nicht böse. Es tut mir nur leid, dass wir nicht vorher zueinander gefunden haben.«

Jetzt gestikulierte er regelrecht mit den Armen, stumm und hilflos, und ich hatte das Gefühl, er wollte allein sein. Leise verließ ich das Zimmer, und als ich drei Minuten später zurückkam, war mein Vater tot.

Für mich war es ein guter Abschied, ich war unendlich erleichtert, dass ich ihm diese Worte, die mir so wichtig waren, zum Abschied noch hatte sagen können. Denn ich wollte meinen Vater nicht hassen, und ich wollte nicht, dass er starb und dachte, ich hasste ihn. Das Gespräch, das wir vielleicht endlich nach so vielen Jahren hätten beginnen können, konnte zwar nicht mehr stattfinden. Und doch fühlte sich alles richtig an.

Meine Mutter verstarb, bevor ich die letzten Zeilen dieses Buches zu Ende geschrieben hatte, im April 2013. Hundertjährig. Und dement.

Ich erinnere mich noch genau an den Augusttag im Jahr 2012, als wir im Familienkreis ihren hundertsten Geburtstag in ihrem Krankenzimmer im Pflegeheim feierten. Ich hatte mich irgendwann in eine Ecke zurückgezogen und sah mir in aller Ruhe die Familienmitglieder an, die sich um ihr Krankenbett versammelt hatten und die sie alle nicht mehr erkannte. Meine Schwester, mein Bruder, mein Neffe Michi, Enkelkinder und Urenkel. Alle wünschten ihr zum Geburtstag alles Gute. Ich aber wünschte der alten Frau, die dort weiß, wächsern und teilnahmslos in den Kissen lag, dass sie doch endlich sterben könnte.

Nun war sie gestorben. Meine Mutter, von der ich glaube, dass sie nie wirklich gelebt hat. Endlich hatte sie gehen dürfen. Endlich ließ sie los, trennte sich von dem Ort, an dem sie wohl schon viel zu lange kein Glück mehr empfunden hatte.

Auf den wenigen Fotos, die es von unserem Familienleben gibt, ist sie auf keinem lachend oder gar strahlend zu sehen. Gern wüsste ich, was sie so verhärtet, so kalt, so aggressiv und lieblos gemacht hat. Dann könnte ich wenigstens verstehen, warum sie ihren Kindern so viele Schläge und Strenge zugemutet hat. Und warum sie uns ablehnte und uns kein Interesse entgegenbrachte. Dann würde ich wissen, dass sie es nicht tat, weil sie mich nicht liebte, sondern dass sie es tat, weil sie schon sich selbst nicht mehr lieben konnte. Ein Mensch, der die Liebe zu sich selbst unwiederbringlich verloren hat, kann auch keinen anderen Menschen lieben.

Doch es gibt nicht einmal Spuren, die in ihre Vergangenheit führen. Über die Herkunft und das Aufwachsen meiner Mutter weiß ich noch weniger als über die väterliche Familie. In meiner Geburtsurkunde steht nicht mal ihr Mädchenname, geschweige denn, woher sie kam oder ob sie einen Beruf erlernt hatte.

Und jetzt kann ich sie nicht mehr fragen.

Doch auch als sie sich noch erinnern und sprechen konnte, wäre nie ein Gespräch über die Vergangenheit zustande gekommen. Mir ist es deshalb nie wirklich gelungen, hinter ihre Fassade zu schauen. Als ich meine Mutter vor vielen Jahren einmal freundlich und ganz direkt bat: »Erzähl mir etwas von früher. Vater und du – ihr müsst doch einmal glücklich gewesen sein?«, bekam sie einen Tobsuchtsanfall und schrie mich an: »Lass mich in Ruhe mit solchen Fragen, ich will nicht darüber reden!« So wie sie nie mit ihren Kindern über irgendetwas Persönliches sprach.

Wie konnte meine Mutter nur so hart sein? Sie war noch schlimmer als mein Vater, und ich glaubte, sie zu hassen. Für all das, was sie uns Kindern an Liebe und Zärtlichkeit verweigert hatte. Für ihre Schläge und ihre Ablehnung. Nie hätten wir es gewagt, zu ihr zu gehen und uns an sie zu kuscheln, um uns zu nehmen, wonach wir uns so sehr sehnten.

In den letzten Jahren, mit Fortschreiten ihrer Demenz, spürte ich jedoch, dass ich nicht mehr böse auf sie war. Ich empfand sie nur nie als Mutter. So wie eine Mutter sein sollte. Ich konnte sie genauso gut Käthe nennen. Käthe Stengert. Und ich hätte dieser Käthe gern noch einiges gesagt und sie vieles gefragt, aber sie war schon lange nicht mehr in dieser Welt. *Woher kam deine Familie, Käthe?*, hätte ich sie gerne gefragt. *Wer sind unsere Vorfahren? Was hat dich so verletzt? So gefühllos werden lassen?* Und die wichtigste Frage: *Hast du mich irgendwann einmal geliebt?*

Wenn ich heute Eltern sehe, die ihr Kind knutschen und herzen, dann schmerzt es mich, und ich kann nichts dagegen tun, auch nach so vielen Jahren nicht. Als hätte ich etwas Wertvolles verloren, das ich in Wirklichkeit nie besessen habe.

Meine Mutter hat verfügt, nach ihrem Tod verbrannt zu werden, und gern würde ich all die schlechten Gefühle und Erinnerungen mit in das Feuer geben und zu Asche verfallen lassen. Aber auch wenn dies so nicht möglich ist, verspüre ich eine enorme Erleichterung. Endlich hat dieses unwürdige Sterben sein Ende gefunden! Endlich hat das Schweigen meiner Mutter seinen Ort gefunden.

Es ist gut. Es ist okay.

Kapitel 2:
Ein Körper wird entdeckt

Erst heute, wenn ich mir Fotos von früher anschaue, begreife ich so richtig, wie schön mein Körper damals war. Ich sehe eine schlanke, voll erblühte junge Frau mit Rehaugen und der unschuldigen Ausstrahlung eines kleinen Mädchens. Vielleicht ist es deshalb nicht verwunderlich, dass ich einen bestimmten Typus von Männern anzog wie das Licht die Motten. Dass sich einige von ihnen das, was sie haben wollten, dann einfach nahmen, wenn ich es ihnen nicht freiwillig gab, dagegen habe ich mich nicht wehren können – wie schon bei meinem Großvater nicht. Hinzu kam, dass uns unsere Mutter nie aufgeklärt hatte, das Wort »Geschlechtsverkehr« oder das Wort »Sex« wäre ihr niemals über die Lippen gekommen. Nicht einmal in einer Umschreibung oder als Andeutung.

Das steht in krassem Gegensatz zu der praktischen Lektion, die mir meine Eltern in Kinderjahren erteilt hatten, als ich noch bei ihnen schlafen musste: Zwischen Mann und Frau läuft im Bett häufig etwas ab, das die Frau nicht will. Und trotzdem nimmt es sich der Mann. So ist die Rollenverteilung, so sind die Machtverhältnisse. Der Körper der Frau gehört nicht ihr. *Mein Körper gehört nicht mir.* Und dabei gab dieser junge Frauenkörper immer wieder den Ausschlag dafür, wohin mein Lebensweg mich führen sollte.

BAMBIS ERSTES MAL

Wenn am Wochenende mal wieder die Westdeutschen die Berliner Diskotheken fluteten, organisierte häufig irgendjemand aus Juttas und meiner Clique, die sich oft im Big Apple traf, eine Privatparty. So auch an einem Wochenende während meiner Handelsschulzeit. Ein paar Jungen hatten bereits eigene Autos und nahmen dann die Jüngeren und die, die noch keinen Führerschein hatten, mit.

»Fährst du mit mir, Bambi?«, fragte ein großer, gutaussehender Typ um die zwanzig, der sich im Big Apple zu uns an die Bar gestellt hatte. Ich hatte ihn noch nie in der Clique gesehen und wusste auch nicht, wie er hieß. Dass er so selbstverständlich meinen Spitznamen benutzte, störte mich aber nicht, schließlich nannten mich die meisten so, ich war nun mal mit Abstand die Kleinste und Zarteste und mit meinen achtzehn Jahren wohl auch eine der Jüngsten.

Ohne mir etwas dabei zu denken, willigte ich ein und stieg kurze Zeit später zu ihm in seinen hellblauen VW-Käfer.

»Hey, ist es für dich okay, wenn wir noch bei mir zu Hause vorbeifahren?«, fragte er, während er den Motor anließ. »Ich will nur schnell meine Gitarre und ein paar andere Sachen für die Party holen.«

Natürlich sagte ich Ja, warum auch nicht? Wir fuhren durchs nächtliche Berlin und hielten irgendwann vor einem Haus. Ich hatte keine Ahnung, wo wir waren, es interessierte mich auch nicht.

»Kannst du kurz mit reinkommen und mir tragen helfen, dann geht es schneller?«, fragte er beim Aussteigen.

Noch immer schöpfte ich keinen Verdacht, es klang alles plausibel. Er wollte ja nur eben ein paar Sachen holen.

Im Hausflur, auf einer alten Steintreppe, die in einen dieser widerlichen, muffigen, dunklen Nachkriegskeller führte, wie es sie in Berlin damals überall gab, passierte es dann: Er drückte mich auf die feuchten, kalten Stufen, zerrte mir den

Rock hoch, riss mein Höschen herunter und öffnete seinen Gürtel. Ich wollte mich wehren, aber er war stärker. Ich schrie verzweifelt, aber er schlug mir mit der Faust ins Gesicht und hielt mir den Mund zu. Ich wurde fast ohnmächtig vor Angst.

Schock, Panik, Entsetzen, Schmerz und Nichtbegreifen. Nichts hatte vorher darauf hingedeutet, nichts hatte mich gewarnt. Er hatte im Big Apple weder versucht, sich mir anzunähern noch mich zu berühren oder zu küssen. Ein scheinbar harmloser, ganz normaler junger Mann, der mich zu einer Party mitnehmen wollte. Und jetzt fiel er plötzlich über mich her, von einer Sekunde auf die andere.

Ich spürte nichts als Schmerzen, die meinen ganzen Körper durchzuckten wie Blitze. Ich war wie gelähmt, es war entsetzlich, ich wusste auch überhaupt nicht, was da gerade mit mir geschah. Das Einzige, woran ich mich genau erinnere, ist, dass er irgendwann keuchte: »Ah, jetzt hattest du einen Orgasmus!« Dabei hatte ich immer wieder aufgeschrien, weil es so schrecklich weh tat.

Zum Glück brauchte er nicht lange, das war das einzig Positive. Später in meinem Leben, wenn mir etwas Ähnliches wieder geschah – und es sollte noch viele Male geschehen –, sagte ich mir anschließend immer: »Ich hatte Glück, denn es ging schnell vorbei.«

Mein Mantra. Das Mantra einer vergewaltigten Frau.

Als er fertig war, zog er seine Hose hoch, schloss den Gürtel und war weg. Das war es. Es war vorbei.

Irgendwie schaffte ich es, aufzustehen, meine Kleidung zu richten und dieses fremde Haus zu verlassen. Jeder Schritt schmerzte, aber ich lief einfach die unbekannten Straßen entlang, bis ich eine Straßenbahn-Haltestelle fand. Wie betäubt stieg ich in eine Bahn ein, um nach Hause zu fahren. Niemand nahm Notiz von mir. Meine Kleider waren unbeschädigt, und auch der Faustschlag hatte keine sichtbaren Spuren hinterlassen.

Als ich endlich zu Hause ankam und die Wohnungstür

hinter mir schloss, hätte ich mich am liebsten in eine Ecke verkrochen. Aber eine solche stille Ecke gab es bei uns nicht. Ich sehnte mich danach, hemmungslos weinen zu dürfen, aber ich verbot es mir, meine Mutter hätte sonst sofort gefragt, was mit mir los sei. Und was hätte ich ihr antworten sollen? Ich wusste genau, wie sie reagiert hätte, also riss ich mich zusammen und schwieg. Immer wieder geisterten mir jetzt dieselben Fragen im Kopf herum: Was war geschehen? Warum war mir das passiert? War ich daran schuld? Ich fühlte mich schuldig und beschmutzt. Und ich wollte nur noch aufhören, daran denken zu müssen. Zu meiner großen Erleichterung sah ich den Typen nie wieder.

Nach und nach schaffte ich es, die Erinnerung an diesen grauenhaften Tag beiseitezuschieben, immer tiefer vergrub ich sie in meinem Gedächtnis, bis ich sie schließlich für viele Jahre fast ganz verdrängte. Selbst Jutta, meiner engsten Vertrauten, erzählte ich jahrelang nichts davon, so sehr schämte ich mich. Und ich schämte mich dafür, dass ich nun keine Jungfrau mehr war.

Damals – wie vielfach auch heute noch – herrschte vor allem bei Männern die Meinung vor, dass es überhaupt nicht möglich sei, eine Frau gegen ihren Willen zu nehmen. Jedes Mal, wenn ich so etwas höre, steigen Aggressionen und Wut in mir hoch, denn das hieße ja, dass alle Frauen, die vergewaltigt werden, grundsätzlich lügen und dass sie eine Mitschuld an dem haben, was ihnen widerfährt! Ich sage es aus eigener, mehrfacher leidvoller Erfahrung: Wenn ein Mann bereit ist zu vergewaltigen, dann wendet er auch Gewalt an! Eine unheimliche Gewalt und Kraft, gegen die eine Frau nahezu chancenlos ist. Du versuchst, dich zu wehren, aber dann kommt die Angst dazu, die Ohnmacht. Du bestehst nur aus Furcht und Panik, denn ein Mann wird in dieser Situation zu einer rasenden Bestie.

Irgendwie ging mein Leben damals trotzdem weiter. Mein Leben? Das waren die streitenden Eltern, die Handelsschule oder besser das Schwänzen der Handelsschule, der dringende Wunsch nach einem eigenen Zuhause, aber auch wieder das Ausgehen mit Jutta und die Diskotheken, die fast schon ein Ersatzzuhause wurden. Berlin hatte keine Sperrstunde, ich brauchte also nicht die ganze Nacht das Bett mit meiner Mutter zu teilen.

GO-GO BLACK AND WHITE

Nachdem ich die Handelsschule endlich hinter mir hatte, fand ich zunächst eine feste Stelle als Stenotypistin in einem Architekturbüro. Ich musste Briefe tippen, Kaffee kochen und die völlig grundlose Eifersucht der Frau des Chefs ertragen. Es war schrecklich langweilig, und viel Geld gab es auch nicht, vierhundert Mark vielleicht. Das war besser als nichts, aber nicht viel besser. Ich hatte zwar keinen Plan, was ich eigentlich machen wollte, aber dass ich hier nicht alt werden würde, wusste ich genau. Bis ich etwas Besseres fand, musste ich allerdings gute Miene machen und mitspielen. Vater und Mutter erwarteten das so, und solange ich noch nicht volljährig war – das war damals erst mit einundzwanzig der Fall – und bei ihnen zu Hause wohnte, hatte ich ihnen zu gehorchen und einen Teil des Geldes, das ich verdiente, für Kost und Logis abzugeben.

Morgens verabschiedete ich mich in den folgenden beiden Jahren immer mit den Worten »Ich gehe zur Arbeit!« von meinen Eltern, und sie glaubten es. Dabei verlor ich die Stelle bei dem Architekten schon nach einem knappen Jahr wieder, weil das Büro aufgelöst wurde. Zu Hause erzählte ich nichts davon, sondern versteckte mich nach der morgendlichen Verabschiedung so lange bei Jutta im Zimmer, bis die Eltern aus dem Haus waren, und ging anschließend mit Jutta gemeinsam jobben. Ab und zu arbeiteten wir als Platzanweiserinnen in einem Kino am Kurfürstendamm, oder ich tippte nächtelang in Büros irgendwelche Akten ab. Aufregend war das nicht, aber es gab Geld.

Am meisten Spaß machte es, wenn Jutta und ich abends gemeinsam bei Rolf Eden in seinem Eden Playboy Club am Kurfürstendamm Go-go tanzten. Berlins Nachtclubkönig, Rolf Eden, hatte mich und Jutta eines Abends tanzen sehen und uns direkt gefragt, ob wir Lust hätten, regelmäßig in seinem Club gegen Geld zu tanzen und die Gäste zum Mitmachen zu animieren. Ich war damals ein solches Tanz-Naturtalent, dass beinahe jeder, sobald ich zu tanzen anfing, beiseitetrat und mir zuschaute. Ich bewegte mich sehr gut und sexy, aber ich tanzte grundsätzlich am liebsten allein, denn nur dann war ich wirklich frei, konnte mich gehen lassen und musste mit niemandem reden.

Jutta und ich nannten uns »Go-go Black and White«, denn Jutta hatte schwarze Haare und ich blonde. Der Eden Playboy Club war damals der letzte Schrei im Nachkriegsberlin der sechziger Jahre. Innen gab es den berühmt-berüchtigten so genannten »Pool«, der aber in Wirklichkeit nur ein niedriges, wassergefülltes Schwimmbecken aus Plastik war, in der Art, wie heute Kinderplanschbecken sind. Es gibt Fotos, auf denen ich zu sehen bin, wie ich in einem geblümten Kleidchen und mit hoch aufgetürmter Haarspray-Frisur à la Brigitte Bardot in diesem »Pool« plansche. Sie sind so geschickt aufgenommen, dass man wirklich glaubt, ich stünde in einem tiefen Wasserbecken, dabei reichte mir das Wasser im Stehen gerade mal bis zum Knie. Wir Mädchen sollten in diesen Pool springen und dort herumalbern, um die Gäste dazu zu bringen, sich ebenfalls in voller Montur ins Wasser zu stürzen. Das klingt verrucht, war aber völlig harmlos. Bei Eden ging es ganz und gar züchtig und gesittet zu, wir hätten damals nicht im Traum daran gedacht, auch nur ein einziges unserer Kleidungsstücke abzulegen.

Rolf Eden sah nicht nur gut aus, sondern war auch ein absoluter Gentleman. Ich will nicht leugnen, dass er anfangs versuchte, etwas mit mir anzufangen. Doch auch wenn mich seine Avancen ehrten, gab ich ihm einen Korb. Ich, die kleine, unbedeutende Ingrid Stengert, hatte viel zu viele Hemmungen, um etwas mit dem großen und bekannten Eden anzufangen. Er verstand es und respektierte meine Entscheidung.

Der Go-go-Job war recht gut bezahlt, Jutta und ich hatten ein ordentliches Angestelltenverhältnis mit Stechuhr, und jede bekam zwei Freibier pro Abend. Wenn wir nicht tanzten, spülten wir Gläser oder vertrieben uns anderweitig die Zeit. Wir machten uns keine großen Gedanken darüber, was wir da eigentlich taten, und wir hatten auch nicht das Ziel, daraus mehr zu machen. Hauptsache, wir mussten nicht zu Hause sein.

Dabei brauchten wir unseren Job nur noch vor dem Vater zu verheimlichen, der Mutter hatten wir es eines Tages gesagt. Und so streng sie sonst mit uns war – darauf, dass ihre beiden Töchter vor Publikum tanzten und damit gar nicht schlecht Geld verdienten, schien sie ein bisschen stolz zu sein. Sie ging sogar so weit, Jutta und mir kurze Faltenröcke für unsere Auftritte zu nähen. Zu diesen Röckchen trugen wir langärmlige T-Shirts, auf denen der Schriftzug »Eden Playboy Club« prangte, und flache weiße Courrèges-Stiefelchen mit abgeschnittener Kappe und Schleifchen oben am Schaft. Zu unserem Glück erfuhr unser Vater wirklich nie davon, ich möchte mir nicht ausmalen, was sonst mit Jutta und mir geschehen wäre.

Für mich wurde der Eden Playboy Club eine regelrechte Zufluchtsstätte. Hier konnte ich endlich ein paar Stunden schlafen, ohne ständig die Atemzüge meiner Mutter neben mir zu hören. Ich bin kein Nachtmensch und war es schon damals nicht. Wenn ich müde wurde, suchte ich mir deshalb einfach ein ruhiges Plätzchen in einer Ecke oder hinter dem Vorhang, mit dem der große Raum unter der Woche, wenn wenig los war, unterteilt wurde, und schlief. Es war mir egal, ob das unbequem war, überall war es besser als zu Hause.

Und ich war so klein, dass ich mich sogar ohne Probleme wie eine Schnecke auf einem Stuhl zusammenrollen und schlafen konnte.

Im Eden Playboy Club lernte ich eines Tages auch einen ehemaligen Rockmusiker kennen. Er arbeitete jetzt als Diskjockey, denn nach einem schweren Busunfall hatte man ihm ein Bein amputieren müssen. Seitdem hatte er eine Prothese. Und mit diesem Ersatzbein konnte er nicht auf die Bühne zurück. Ich spürte, dass er sehr darunter litt. Er war jung, und seine Band war auf der Karriereleiter gerade ganz oben angelangt, als für ihn plötzlich alles aus war.

Der Musiker und ich verliebten uns heftig ineinander und waren bald unzertrennlich. Wegen ihm kam auch mein erstes Pressefoto zustande: Er war bekannt, ich war vollkommen unbekannt, aber wir hingen in der Disco aneinander wie die Kletten, was den Fotografen, der uns so entdeckte, natürlich freute. Am nächsten Tag erschien ein großes Foto von uns in einer Berliner Zeitung. Wie peinlich mir das war! Entsetzt raste ich von der Arbeit – ich hatte zu der Zeit gerade noch die Stelle in dem Architekturbüro – zurück nach Hause und ließ mich sofort krankschreiben. Hoffentlich sah mein Vater das Foto nicht! Zwar stand mein Name nicht darunter, aber ich war deutlich zu erkennen. Doch ich hatte Glück, und die ungewollte Öffentlichkeit zeigte keinerlei Folgen.

Der Musiker war alles andere als zurückhaltend, doch ich wollte noch keinen Sex mit ihm haben, auch wenn ich sehr verliebt in ihn war und ihn gern als meinen ersten festen Freund haben wollte. Also log ich ihm vor, dass ich noch Jungfrau sei, aber das machte es nicht besser, im Gegenteil: Ich fühlte mich immer heftiger bedrängt und gab schließlich nach. Die Sorge, dass er mitbekommen würde, dass ich ihn angeschwindelt hatte, überdeckte nun alle anderen Sorgen... Oder würde er es vielleicht gar nicht merken, dass es nicht mein erstes Mal war? Ich konnte es ihm auf keinen Fall sagen, dafür schämte ich mich zu sehr.

Wir trafen uns eines Abends in der Wohnung eines Freundes, hatten aber beide große Hemmungen, uns voreinander auszuziehen. Wenigstens tat es dieses Mal nicht weh, Gott sei Dank. Aber Gefühle? Ich kann mich nicht erinnern, welche gehabt zu haben. Mein Körper war stumm und gefühllos, als sei er ein Stück totes Holz.

Natürlich entging es meinem Freund nicht, dass ich ihn angelogen hatte und keine Jungfrau mehr war. Er wurde wütend und schien sehr enttäuscht, aber ich hielt trotzdem an meiner Version fest. Umsonst. Wenig später trennte er sich von mir.

MEINE KLEINE FAMILIE

Wenn ich die Zeit zwischen meinem neunzehnten und einundzwanzigsten Lebensjahr Revue passieren lasse, muss ich feststellen, dass ich ein total unorganisiertes und unstrukturiertes Leben führte. Ich lebte von der Hand in den Mund, jobbte mal hier, mal da, wohnte immer noch bei meinen Eltern, wo ich nach Juttas Auszug das Sofa zum Schlafen hatte, versuchte aber dennoch, so wenig wie möglich zu Hause zu sein.

Meine Schwester war inzwischen verheiratet, sie hatte mit achtzehn Jahren ihr erstes Kind bekommen, einen Jungen namens Akasaka, den wir alle nur Pitti nannten. Doch als Jutta mit dem zweiten Kind schwanger war, fuhr ihr Mann in seine Heimat Thailand, um seine Eltern zu besuchen, und kam nicht mehr zurück. Sie schrieben sich noch einige Male, dann hörte auch das auf. Jutta saß plötzlich allein da, hochschwanger, ohne Geld und mit einem Kleinkind. Ihr blieb nichts anderes übrig, als nach Hause zu den Eltern zurückzukehren. Das bedeutete, dass ich wieder bei meiner Mutter im Bett schlafen musste, das Körbchen mit dem kleinen Pitti auf dem Boden neben mir, während Jutta mit dem nun neugeborenen Michi im kleinen Zimmer schlief. Das gute Zimmer gehörte meinem Vater.

Es war unerträglich. Wir waren alle zusammen, und doch war jeder für sich allein. Vier Erwachsene und zwei Kleinkinder in zweieinhalb Zimmern auf fünfundfünfzig Quadratmetern, das war einfach zu viel. Jutta und ich waren abwechselnd wie auf der Flucht. Nur raus aus der Enge! Mal blieb sie bei den beiden Kindern, mal ich, mal meine Mutter, mal nahmen Jutta und ich die Kleinen auch mit.

Ich sehnte mich verzweifelt nach einer eigenen Wohnung, wenigstens nach einem eigenen Zimmer, und nach Ruhe. Doch ich hatte kaum einen Pfennig Geld und hätte mir eine eigene Wohnung nicht leisten können. Eines Tages, ich war zwanzig, nahm mir jedoch meine Mutter die Entscheidung ab. Es war der Tag, an dem sie uns eröffnete, dass ihr Vater, Opa Paul, nun auch noch bei uns einziehen würde. Der Großvater mit den Marzipanstücken, der mich als kleines Mädchen begrapscht und befummelt hatte! Er war inzwischen Witwer geworden, und unsere Mutter fand, es sei dem alten Mann nicht zuzumuten, allein zu leben und sich selbst zu versorgen. Jutta sollte dafür mit ihrer kleinen Familie in Opas Wohnung ziehen.

Das war's. Ich war entsetzt und fassungslos. Mit dem Opa unter einem Dach zu wohnen kam für mich nicht in Frage. Lieber schlief ich unter einer Brücke! Sofort packte ich ein paar Sachen, haute aus der elterlichen Wohnung ab und nahm mir bei einem Bekannten aus meiner Disco-Clique ein winziges Zimmer zur Untermiete. Das Geld dafür musste ich mir zwar mühsam zusammenkratzen, und das »Zimmer« war ein elendes Loch mit einem Schrank aus Pappe und einem schmalen Bett. Meine Sachen bewahrte ich auf einem Brett auf, das mit Schnürsenkeln an zwei Haken an der Wand festgebunden war, und das einzige Bad auf der Etage teilte ich mir mit zwei Mitbewohnern. Eine Küche gab es nicht. Aber mir war das alles egal. Zum ersten Mal in meinem Leben hatte ich das, was ich mir seit meiner Kindheit gewünscht hatte: mein eigenes Zimmer! Und mein eigenes Bett!

Fast im selben Moment, als ich den Entschluss fasste, von zu Hause zu flüchten, beschloss ich, mir einen Hund aus dem Tierheim zu holen. Ein Hund! Mein größter Wunsch, seit ich denken konnte. Rasse und Aussehen waren mir vollkommen egal, Hauptsache, der Hund war lieb und ich durfte ihn in meinem Zimmerchen halten.

Charly war ein Pfeffer-und-Salz-farbener Mittelschnauzer. Er saß in der Ecke seines Käfigs im Tierheim, völlig verängstigt, mit großen, traurigen Augen, und versuchte, sich ganz klein zu machen – so wie ich häufig. Der und kein anderer sollte es sein! Ich öffnete den Käfig, nahm seinen verschmutzten Kopf in meine Hände, küsste ihn auf die Nase und flüsterte ihm ins Ohr: »Wir gehören jetzt zusammen!« Ich war glücklich, er war glücklich.

Manchmal wusste ich zwar nicht, wie ich uns beide durchbringen sollte, aber für Charly hätte ich alles getan. Er gab mir so viel Liebe und Zärtlichkeit. Ich erledigte weiterhin Schreibarbeiten und tanzte bei Eden. Hin und wieder bekam ich auch Angebote von Fotografen, die mich in den Diskotheken tanzen sahen, für sie Modell zu stehen. Unter ihnen war der BZ-Fotograf Frank Quade, der mich 1966 im Eden Club entdeckte und mich fragte, ob ich Lust hätte, mich ab und zu fotografieren zu lassen und damit ein bisschen Geld zu verdienen. Warum nicht?

In seinem Atelier, einem chaotischen Raum, vollgestopft mit Kameras, Spiegeln, Leinwänden, Scheinwerfern und gebrauchten Kaffeetassen, nahm er zuerst ganz harmlose Porträtfotos von mir auf. Irgendwann bat er mich, im Bikini zu posieren, und nach ein paar weiteren Sitzungen fiel schließlich auch mein BH. Mein erstes Nacktfoto. Nackte Brüste, überhaupt nackte Frauen waren in den eigentlich prüden sechziger Jahren eine Sensation und brachten dem Fotografen gutes Geld. Natürlich hatte ich davon keine Ahnung, ich machte einfach mit, wie immer, und machte mir weiter keine Gedanken, wohin das mit den Fotos und meinen Gelegenheitsjobs führen sollte. Warum auch? Mein Körper gehörte schon lange nicht mehr mir. Und wenn ich wollte, konnte ich ihn von einer Sekunde auf die andere ausblenden. Indem ich meinen Körper ignorierte, verschwand auch meine Scham. Ich passte mich auf diese Weise an, ich tat, was Frank Quade sagte. Das war einfacher, und es gab keinen Ärger. Und das zusätzliche Geld konnte ich nur zu gut brauchen. Vor allem, als Charly und ich eines Tages Gesellschaft bekamen: Es war Michi, der nun zweijährige Sohn meiner Schwester Jutta, der gerade begann, die ersten Wörter zu sprechen.

Auch Jutta musste sich damals hart durchbeißen, um für sich und ihre beiden kleinen Jungen zu sorgen. Da sie keine abgeschlossene Ausbildung hatte, bekam sie jedoch nur schlecht bezahlte Gelegenheitsjobs. Eines Abends stand sie unangekündigt mit Michi vor meiner Zimmertür. Ich merkte sofort, dass etwas nicht stimmte.

»Ingrid«, fing sie stockend an, als wir nebeneinander auf meinem abgewetzten grauen Sofa saßen, »du musst mir helfen, ich weiß wirklich nicht weiter!« Ich konnte sie kaum verstehen, weil sie so leise sprach. Den Kleinen hatte sie auf mein Bett gelegt, wo er sofort eingeschlafen war. »Ich habe die Möglichkeit, in einem Restaurant in Westdeutschland als Kellnerin zu arbeiten, aber mit den beiden Kindern ist das unmöglich. Pitti kann bei den Eltern bleiben, aber für Michi habe ich keine Lösung. Ich weiß, du kommst selber kaum über die Runden, aber meinst du, du könntest Michi trotzdem ein paar Wochen zu dir nehmen?«

Ich hielt erschrocken die Luft an und sah vorsichtig zu dem kleinen Kerl hinüber, der ruhig mit rosigen Wangen dalag und schlief und nichts von dem ahnte, was sich da zusammenbraute. Ein Kleinkind! Ich in meiner Situation – ohne festen Job, ständig unterwegs, wie sollte das gehen?

»Na klar!«, entgegnete ich, ohne mir meine Bedenken anmerken zu lassen. »Wir werden das schon hinkriegen.«

Wir waren ja eine Familie, trotz allem. Wir waren »Go-go Black and White«, wir gehörten zusammen, und ich liebte den kleinen Michi von ganzem Herzen.

Jutta brachte mir am nächsten Tag ein Köfferchen mit ein paar Sachen für Michi vorbei, küsste ihren Sohn und musste auch schon fort.

Da saß ich nun. Ingrid Stengert, Gelegenheitstippse, Gelegenheitstänzerin und mittlerweile als Gelegenheits-Fotomodell bekannt unter dem Künstlernamen Ingrid Steger – das zweite »e« schob ich erst später ein, als ich »die Steeger« wurde, die Steeger aus *Klimbim* –, wohnhaft in einer winzigen Absteige, die sie kaum bezahlen konnte, und verantwortlich für ein Kleinkind, das nicht ihr eigenes war.

»Wir werden es schon schaffen! Wir müssen es schaffen!«, sagte ich laut in eine unbestimmte Richtung. Michi saß vor mir auf dem Boden, schaute mich aus seinen braunen, leicht mandelförmigen Augen fragend an und fing an, fröhlich zu glucksen. Charly saß neben Michi, wedelte erwartungsvoll mit dem Schwanz und stellte neugierig die Ohren auf. Beide schienen sehr zufrieden zu sein, und ich wollte, dass sie es auch blieben.

»Ich werde es schon schaffen«, sagte ich jetzt zu mir selbst und holte tief Luft.

Die folgende Zeit war wirklich nicht einfach, denn ich musste unbedingt mehr Geld verdienen. Michi und Charly brauchten schließlich regelmäßig etwas zu essen. Noch heute habe ich meinem Neffen gegenüber ein schlechtes Gewissen, weil ich ihn manchmal sogar nachts mit Charly allein ließ, um arbeiten zu gehen. Aber es ging nicht anders. Ich tanzte jetzt immer öfter im Eden Club, und dorthin konnte ich den Kleinen beim besten Willen nicht mitnehmen. Wenigstens konnte ich Michi und auch Charly in den Büros, wo ich nach Büroschluss tippte, bei mir haben.

Das Geld, das ich verdiente, reichte jedoch hinten und vorn nicht, und in meinem Zimmer gab es keine Möglichkeit, etwas zu kochen. Ich selbst brauchte nicht viel, aber der Kleine wuchs und hatte ständig Hunger, Charly ebenfalls. Außerdem wurde es Winter, und in unserem Zimmerchen war es lausig kalt. Schließlich kaufte ich in einem amerikanischen Armeeladen einen billigen Esbit-Kocher. Auf ihm konnte ich immerhin in einem großen Topf Wasser heiß machen und den Inhalt einer Tüte Fertigsuppe hineinschütten. Ich sehe es noch heute vor mir, wie wir drei – Charly, Michi und ich – um den Kocher herum saßen und darauf warteten, dass unsere Suppe endlich heiß wurde.

In meiner Erinnerung waren wir drei trotz allem fröhlich. Ich bekam die zwei immer irgendwie satt, wir lachten viel und rückten mehr und mehr zusammen. Jetzt hatte ich eine richtige kleine Familie, endlich!

Hin und wieder bekam ich unverhofft auch Hilfe. An einen älteren Mann erinnere ich mich bis heute: Er betrieb eine Karateschule in der Nähe, wir begegneten uns ab und zu auf der Straße, wenn ich mit Michi an der Hand und Charly an der Leine spazieren ging. Jedes Mal, wenn er mich sah, blieb er stehen und lüftete höflich seinen Hut.

Eines Tages, es war ein klirrend kalter Wintertag, der Schnee knirschte unter meinen Füßen, und ich hatte die Hände tief in den Taschen meiner Strickjacke vergraben, sprach er mich an: »Entschuldigen Sie, mein Fräulein« – er lächelte freundlich –, »ich sehe Sie immer so nett mit dem Kind und dem Hund hier vorbeilaufen, aber ich sehe auch, dass Sie anscheinend keinen warmen Mantel haben. Würden Sie mir erlauben, Ihnen einen Wintermantel zu kaufen?«

Ich war so überrascht, dass ich ihn nur groß ansah, ohne ein Wort zu sagen. Ein wildfremder Mann bot mir an, mir einen Mantel zu kaufen! Dahinter konnte doch nur wieder eine bestimmte Absicht stecken. Und darauf hatte ich nicht die allergeringste Lust.

Er schien meine Gedanken lesen zu können. »Bitte vertrauen Sie mir, ich meine es ernst. Ich möchte Ihnen einfach helfen und erwarte keinerlei Gegenleistung. Machen Sie mir die Freude, und nehmen Sie mein Angebot an.«

Irgendetwas in seinen Augen sagte mir, dass er es ehrlich meinte, und ich willigte ein. Wir gingen ins KaDeWe, und ich durfte mir einen warmen dunkelblauen Trenchcoat aus Wolle aussuchen, mit Kapuze. Wunderbar! Ich genoss es, mich in den schweren Stoff zu kuscheln und endlich auf meinen Spaziergängen nicht mehr frieren zu müssen wie ein Schneider. Immer, wenn ich nun auf der Straße meinem Wohltäter begegnete, lächelten wir uns an, er tippte grüßend an seine Hutkrempe, und jeder ging seiner Wege.

Eigentlich hätten Michi, Charly und ich es also ganz nett haben können, wenn nur mein Nachbar nicht gewesen wäre, ein großer, durchtrainierter Mann um die vierzig, der, soviel ich mitbekommen hatte, mit einem Bein im Rotlichtmilieu stand. Er wohnte im Zimmer neben mir, das deutlich größer war als meines. Ich hatte schon lange ein Auge darauf geworfen, denn ich brauchte unbedingt mehr Platz. Das dritte Zimmer auf der Etage bewohnte eine Bardame, die so gut wie nie da war.

»Ingrid«, sagte mein Nachbar eines Tages zu mir, als wir uns zufällig auf dem Flur begegneten, »ich ziehe in einer Woche aus. Du kannst mein Zimmer haben, wenn du willst. Mit dem Kind und dem Hund brauchst du doch mehr Platz. Wenn du möchtest, kannst du rüberkommen und es dir anschauen.«

Ich konnte mein Glück kaum fassen und nahm das Angebot natürlich sofort an. Doch was dann kam, nachdem ich bei ihm klopfte und er mir die Tür öffnete, war schrecklich: Ich trat ein, er schloss die Tür hinter mir, drehte den Schlüssel um und sagte nur: »Du kannst so laut schreien, wie du willst, es hört dich niemand, es ist niemand da. Und dein Hund und das kleine Kind können dir auch nicht helfen. Also sei nett zu mir, dann muss ich dir nicht weh tun.«

Mit diesen Worten öffnete er seine Hose und kam auf mich zu.

Trotz seiner unverhohlenen Drohung versuchte ich zu schreien, so laut ich konnte, aber er stieß mich aufs Bett und hielt mir den Mund zu. Ich schlug mit Armen und Beinen um mich, strampelte und versuchte verzweifelt, mich freizubekommen. Irgendwann ergab ich mich. Ich hatte keine Chance.

Schlagartig verstummte ich und hielt still. Dieses Erstarren kam ganz automatisch. Ich konnte nicht mehr denken oder gar einordnen, was mit mir geschah. Nur eines wusste ich: Ich hatte schon wieder verloren. »Danach« entschuldigte er sich bei mir, und gleichzeitig musste ich ihm versprechen, dass ich niemandem davon erzählen würde. Und ich hielt Wort, aus Angst vor ihm und vor seinem Milieu. Gedemütigt und wertlos kam ich mir vor.

Auch dieses Mal dauerte es Jahre, bis ich über den Vorfall sprechen konnte. Wieder verstärkte sich in mir die Gewissheit, dass meine Bedürfnisse, das, was ich selbst wollte, nicht zählten. Ich war einmal mehr aus meinem Körper ausgestiegen, er kam mir wie der Leib einer Fremden vor. Auf diese Weise konnte ich, wenn schon nicht meinen Körper, so doch wenigstens meine Seele ein wenig schützen.

Ich überlebte auch diese Vergewaltigung, genau wie die vielen, die später noch folgen sollten. Und wieder einmal tröstete ich mich mit dem Gedanken, dass es doch schnell vorbei gewesen war. Es sollte sich zum Glück auch nicht wiederholen, der Nachbar versuchte es kein zweites Mal und zog kurz danach tatsächlich aus. Sein Zimmer bezog ich jedoch nicht.

Bald darauf kam Jutta zurück. Sie hatte einen, wie sie glaubte, wirklich guten neuen Job als Kellnerin im Rheinland gefunden und sehnte sich danach, Michi endlich wieder bei sich zu haben. Mir tat der Abschied von dem Kleinen weh, aber es war besser so – für uns alle. Durch die verschiedensten

Jobs, zu denen bald auch die ersten kleinen Rollen in Sexfilmchen kommen sollten, verbesserte ich mich finanziell zumindest so weit, dass ich mir an der Bundesallee in Wilmersdorf ein klitzekleines Apartment mieten konnte, in dem ich mich fühlte wie in einem Palast. Hinter einem Vorhang war mein Bett – mein eigenes Bett! –, es gab Telefon und Fernseher, sogar eine kleine Küche und vor allem ein eigenes Bad.

Doch kurze Zeit später stand Jutta plötzlich wieder mit Michi vor der Tür. »Ingrid, der Kellnerinnenjob war eine einzige Katastrophe, ich hab es nicht mehr ausgehalten! Und ich habe dich und Berlin so sehr vermisst. Was meinst du – sollen wir uns nicht zusammentun und gemeinsam hier wohnen? Ich könnte mich um den Haushalt kümmern, während du deine Jobs machst. Dann wären wir eine richtige kleine Familie.«

Ich brauchte gar nichts zu sagen. Wortlos fielen wir uns in die Arme, damit war der Pakt besiegelt. »Go-go Black and White« gingen wieder gemeinsam durchs Leben.

MISS FILMFESTSPIELE

Ein professionelles Fotomodell, das von Agenturen für bestimmte Shootings gebucht wurde, war ich eigentlich nie. Meine Fotojobs liefen so nebenbei: Fotografen, die mich kannten, machten Fotos von mir, weil ich sexy und unschuldig zugleich rüberkam. Eine aufregende Mischung, wie sie fanden. Solange niemand meinen Namen kannte und mit dem Finger auf mich zeigen konnte – was sollte es? Hauptsache, ich brachte wieder etwas Geld nach Hause. Außerdem war ich inzwischen einundzwanzig und damit volljährig. Niemand hätte es mir verbieten können.

Diese heimlichen Modelljobs gingen so lange gut, bis mich Ron, der Discjockey des Eden Playboy Club, im Juli 1968 eines Abends mit den Worten begrüßte: »Hallo, Ingrid, gleich gibt es im ›New Eden‹ die Wahl zur Miss Filmfestspiele. Du musst unbedingt mitmachen! Du brauchst gar nichts weiter zu tun, zieh dir einfach einen Bikini an und geh auf die Bühne, wenn du gerufen wirst.«

Ich war völlig perplex. Was sollte ich im Bikini auf der Bühne? Und was musste ich können, um Miss Filmfestspiele zu werden?

»Gar nichts musst du können«, erklärte mir Ron. »Eden braucht einfach ein paar Mädchen auf der Bühne. Sie sollen gut gebaut und hübsch anzusehen sein und sich nett bewegen können. Die Gewinnerin bekommt tausend Mark in bar, und natürlich werden die Journalisten Fotos für die Zeitungen machen!«

Tausend Mark! Mir wurde allein bei der Vorstellung von so viel Geld ganz schwindlig. Ich hatte schon wieder Mietschulden – und außerdem Jutta, Michi und Charly zu versorgen.

»Na gut, ich mach mit«, hörte ich mich plötzlich sagen. »Aber ich brauche einen Bikini!« Was vielleicht nach Spontaneität, Naivität oder Abenteuerlust klingt, war für mich einfach die Chance, uns vier durchzubringen.

»Kein Problem«, meinte Ron, verschwand hinter der Bühne und kam mit einem blau-rosa Bikini zurück. »Hier, zieh den an, und beeil dich, gleich geht es auch schon los!«

Ich sah mir den Zweiteiler an, und allein bei der Vorstellung, in diesem Stoffwinzling auf die Bühne zu müssen, wurde mir vor Unwohlsein abwechselnd kalt und heiß, und ich wäre am liebsten umgedreht. Aber es war zu spät. Das hier war kein Fotoshooting und keine Studioatmosphäre. Da saßen wildfremde Leute, die mich und meinen Körper kritisch betrachten würden, und ich sollte beweisen, dass ich die Schönste war! War ich das wirklich? Ich selbst fand mich nie schön, ich fand mich höchstens ganz niedlich.

Das Publikum johlte und klatschte, und Eden holte mich auf die Bühne. Ich tippelte barfuß im Bikini die Stufen hinauf, knickste nach links und rechts, machte ein paar alberne Tanzbewegungen, winkte ins Publikum, warf Kusshändchen à la Marilyn und floh anschließend in die nächste Toilette, wo ich mich einschloss. Niemand sollte mich finden. Nackt vor der Kameralinse eines einzelnen Fotografen zu stehen war viel weniger schlimm, als fast nackt vor einem großen Publikum auf der Bühne zu tanzen. Ich schämte mich.

Da hämmerte es plötzlich an der Klotür. »Ingrid, mach auf!«, hörte ich die Stimme Rons, »du hast gewonnen! Du bist Miss Filmfestspiele 1968! Du hast die tausend Mark gewonnen!«

Mein Herz setzte für einen kurzen Moment aus. Tausend Mark! So eine Menge Geld! Dafür, dass ich eine Minute im Bikini auf der Bühne herumgehüpft war! Das würde mir niemand glauben.

Ich holte tief Luft, öffnete die Toilettentür und folgte Ron in den Saal. Wieder musste ich auf die Bühne, wieder im Bikini, aber nun bekam ich wenigstens eine breite Schärpe umgelegt. Rolf Eden kam mit einem großen Blumenstrauß auf die Bühne, umarmte mich, legte mir den Strauß in den Arm, gab mir Küsschen auf beide Wangen und überreichte mir einen Umschlag mit dem Geld. Von allen Seiten brach ein Blitzlichtgewitter los.

»Herzlichen Glückwunsch, Ingrid, jetzt kommst du groß raus! Morgen ist dein Bild in allen Berliner Zeitungen. Du hast es dir wirklich verdient, so süß, wie du aussiehst.«

Eden küsste mich noch einmal leicht auf beide Wangen, reichte mir – ganz Gentleman – den Arm und führte mich die Stufen der Bühne wieder hinunter. »Mach etwas draus, Mädchen«, raunte er mir noch zu. Und damit verschwand der große Eden wieder in seinem Büro, wie immer begleitet von einer Schar hübscher junger Damen.

Ich war perplex und konnte mein Glück kaum fassen. Tausend Mark! Unfassbar viel Geld. Die Bikini-Nummer hatte sich für mich jedenfalls gelohnt, auch wenn sie mir entsetzlich peinlich war. Und sie wirkte nach: Dadurch, dass ich als »Miss Filmfestspiele« in den Berliner Clubs nun eine gewisse Bekanntheit hatte, sah man von nun an immer mal wieder ein Foto von mir in einer Zeitung. Ab und zu wurde ich auch für Aufnahmen auf Vernissagen oder bei Eröffnungen geholt und bekam dafür Geld. Was ich aus diesen beruflichen Anfängen alles hätte machen können... Mein Leben ging weiter, auch ohne Plan.

DAS SPRUNGBRETT INS FILMGESCHÄFT

Ingrid Steeger und ihre Sexfilme! Nicht wenige bringen mich noch heute damit in Verbindung. Doch das, was so aufregend und verrucht klingt, war ganz und gar harmlos, langweilig und obendrein jugendfrei. Im *Schulmädchen-Report*, *Hausfrauen-Report* und wie diese Pseudo-Aufklärungsfilme alle hießen, wurden kurze Episoden rund um die Themen Liebe und Sexualität erzählt, und die Darsteller und Darstellerinnen zeigten sich in den Geschichten nackt. Ein paar harmlose Andeutungen, das war es dann aber auch schon. Als Darsteller in diesen kurzen Episoden brauchten die Macher immer wieder neue, unbekannte Gesichter und Körper. So kam auch ich eines Tages dazu, die kleine Steger, die anscheinend keine Scheu davor hatte, sich nackt fotografieren zu lassen. Hatte ich auch nicht. Jedenfalls nicht, solange mich niemand kannte.

Die Sexfilmchen beschäftigten mich neben meinen Jobs als Fotomodell und Discotänzerin ungefähr vier Jahre lang. Sie bedeuteten mir nichts, es waren auch nur Jobs. Nein, den Ehrgeiz und den Wunsch, Schauspielerin zu werden, hatte ich nie, und für begabt hielt ich mich sowieso nicht, der Besuch einer Schauspielschule kam mir also gar nicht in den Sinn. Aber das Spielen von Rollen machte mir vom ersten Moment an Spaß, und bei den *Report*-Filmen lernte ich so grundlegende Dinge, wie vor der Kamera zu agieren und dabei auf den – später synchronisierten – Text zu achten. Mehr brauchte man bei dieser Art von Filmen nicht zu können. Entscheidend war, dass man als Frau einen knackigen Po und einen hübschen Busen hatte. Ich hatte beides, und das genügte, um davon meinen Lebensunterhalt zu bestreiten. Die Modell- und Schauspielerkollegen lebten ähnlich wie ich, von Tag zu Tag und von der Hand in den Mund. Man machte sich damals nicht viele Gedanken über finanzielle Sicherheit und wirtschaftliche Zukunft, es war eine andere Zeit. Trotzdem war mir klar, dass ich solche Filme nicht ewig drehen konnte und wollte. Aber ich wusste auch genau: Ich würde auf keinen Fall zurück in irgendein langweiliges Büro gehen.

Wie die Filme von Oswald Kolle, so beanspruchten auch die *Report*-Filme für sich, Aufklärungsfilme zu sein und das Sexualleben der Deutschen so zu zeigen, wie es wirklich war – und nicht sein sollte. Der Inhalt war simpel. Junge Mädchen kommen zum Beispiel nach München, und der Film zeigt, was sie dort alles erleben.

Die meisten Filme drehten wir in München an Originalorten, in schönen Wohnungen oder in einer Art Schloss in München-Schwabing. Für mich war es ein prima Geldjob, mit den Gagen konnte ich mich einigermaßen über Wasser halten. Es ging mir nicht besonders gut, aber es ging mir auch nicht schlecht, und ich lernte wirklich nette Leute kennen, mit denen ich zum Teil bis heute befreundet bin.

Die *Report*-Filme waren sehr erfolgreich und liefen damals offiziell im Kino. Millionen von Menschen haben sie gesehen. Die Tatsache, dass die Darsteller teilweise unbekleidet auftraten, war Ende der sechziger Jahre natürlich eine Sensation, entsprechend schlugen die Filme ein. Viele Schauspieler, die damals noch völlig unbekannt waren, schwammen auf der Sexfilm-Welle mit und verdienten damit ihr Geld – unter ihnen Heiner Lauterbach, Konstantin Wecker, Sascha Hehn, Elisabeth Volkmann, um nur ein paar zu nennen.

Worüber ich mich bis heute amüsiere, ist die Tatsache, dass die Produzenten und Regisseure damals meine Stimme ganz entsetzlich fanden und mich grundsätzlich synchronisieren ließen. Die Stimme, über die heute noch Menschen, die mich zum ersten Mal treffen oder mich am Telefon hören, sagen: »Ich habe Sie gleich an Ihrer Stimme erkannt!« Ausgerechnet meine Stimme hat bis heute einen hohen Wiedererkennungswert. Wer hätte das gedacht!

Ich wurde nun aber nicht nur vor der Kamera, sondern auch sonst als Sexobjekt wahrgenommen. Ein erster Blick auf meinen Busen war die Normalität. Schon damals fing ich deshalb an, mich privat zu verhüllen und meinen Busen geradezu »einzupacken«. Die Blicke der Männer waren mehr als aufdringlich, ich fand sie einfach nur widerlich. Ernst nahm mich keiner – wer war ich schon? Eine, die sich auszog, mehr nicht.

Für einen sehr netten jungen Mann bedeutete ich dann doch mehr als das: Lothar Elias Stickelbrucks, genannt »Stickel«, ein preisgekrönter Kameramann aus München, gebürtiger Pole und vier Jahre älter als ich.

Wir lernten uns im Jahr 1972 bei den Dreharbeiten zu *Autozentauren* kennen, einem Fernsehfilm mit Konstantin Wecker und Karl Dall. Ich spielte die Ehefrau von Konstantin Wecker, der damals noch ziemlich unbekannt war. In diesem Rollenangebot sah ich eine Chance, etwas Neues zu machen. Und was mich am glücklichsten machte: Ich durfte endlich mal meinen Pullover anbehalten.

In dem Film lieben die Männer ihre Autos so sehr, dass sich ihre Unterkörper in Autos verwandeln, ähnlich wie bei den Zentauren in den griechischen Sagen, die halb Mensch, halb Pferd sind. Für den Film wurden kleine Buggys so präpariert, dass die Oberkörper der Schauspieler, die die Zentauren spielten, vorne aus dem Chassis »herauswuchsen«.

An einem Drehtag sollte ich einen solchen Autozentauren-Buggy – meinen »Ehemann«, der von Konstantin Wecker gespielt wurde – langsam in Richtung Kamera lenken, um dann kurz vor dem Kameramann Stickelbrucks abzubremsen. Doch niemand wusste, dass ich keinen Führerschein hatte und keine Ahnung vom Autofahren. Was sollte ich tun? Auf keinen Fall wollte ich meine Rolle aufs Spiel setzen! Schon beim Casting hatte ich verschwiegen, dass ich keinerlei praktische Erfahrung mit Autos hatte. Ich wusste inzwischen zwar ungefähr, wo die Bremse und wo das Gaspedal waren, aber ob das reichte? Es musste reichen... Es würde schon klappen!

Dann kam es, wie es kommen musste: Ich sollte bremsen. Aber wo war noch mal die Bremse, und wo war das Gaspedal? Schnurstracks steuerte ich auf den armen Stickelbrucks zu, der sich nur durch einen Hechtsprung in Sicherheit bringen konnte. In meiner Not lenkte ich den Buggy schließlich einfach in den Graben, unter dem Gejohle und dem Gelächter des ganzen Teams. Der Flurschaden, den ich angerichtet hatte, war dennoch beträchtlich: eine zerstörte Kamera und ein zersplitterter Scheinwerfer. Stickelbrucks, Wecker und ich waren glücklicherweise unverletzt. Der Regisseur Chuck Kerremans bekam einen Tobsuchtsanfall angesichts solcher Blödheit, aber Stickelbrucks lud die noch weinende und dann ganz plötzlich strahlende Ingrid Steger für den Abend auf einen Drink ein. Und das war erst der Anfang.

Kapitel 3:
Der stumme Star

Das Jahr 1973 stellt einen der ganz großen Wendepunkte in meinem Leben dar. Alles änderte sich, alles war neu, fremd und ungewohnt. Ich war Mitte zwanzig, sah aber viel jünger aus, hatte wenig Ahnung vom Leben an sich, machte, was man mir sagte, hielt ansonsten den Mund und begann zaghaft, mir so etwas wie ein Privatleben aufzubauen. Und dann kam Michael Pfleghar mit *Klimbim* und stellte alles, aber auch alles auf den Kopf, beamte mich geradezu in ein anderes Universum.

GESUCHT: NAIVE BLONDINE MIT SEX UND WITZ

»Stickel, meine Agentur hat gerade angerufen: Ich soll mich bei einer Filmproduktionsfirma namens CBM in München vorstellen. Es geht um eine Rolle in einer Fernsehproduktion. Der Regisseur heißt Michael Pfleghar. Sagt dir der Name etwas?«

Ich schaute Stickel erwartungsvoll an, er kannte sich in der Filmbranche viel besser aus als ich. Wir waren vor einem halben Jahr in München zusammengezogen, nachdem wir uns am Ende des Drehs von *Autozentauren* in Berlin heftig ineinander verliebt hatten. Ich war ganz und gar fasziniert von diesem Mann: Seine vollen dunklen Haare und die schwarze Kleidung, die er trug, waren so etwas wie sein Markenzeichen. Er war ein besonderer Typ. Dabei lebhaft, fast überschwänglich und immer freundlich. Stickel lachte unentwegt, und das ist bis heute so geblieben. Er war völlig anders als ich: Ich verhielt mich zurückhaltend und sprach nur wenig, er kam mit allen Leuten schnell in Kontakt und wusste mit seinem unendlichen Repertoire an Geschichten wie aus Tausendundeiner Nacht bestens zu unterhalten. Seine ganz und gar positive Ausstrahlung schlug mich immer wieder in den Bann.

Als er nach dem Dreh von *Autozentauren* zurück nach München ging, verstärkte die räumliche Trennung nur meinen Wunsch nach einem eigenen Zuhause, gemeinsam mit diesem vor Leben überschäumenden, humorvollen, zärtlichen Mann. Stickel schien für eine feste Beziehung genau der Richtige zu sein. Wir beschlossen, dass ich zu ihm nach München ziehen würde.

Da in München gerade die letzten Episoden der *Report*-Filme gedreht wurden, passte mein Wechsel auch beruflich. Und so packte ich kurzerhand meine wenigen Habseligkeiten zusammen und zog in Stickels einfache Mansardenwohnung in der Schleißheimer-/Ecke Schellingstraße mit ein. Nur der Abschied von Charly fiel mir schwer. Ich hätte ihn am liebsten mitgenommen, aber für ihn war es besser, in seiner vertrauten Umgebung in Berlin zu bleiben. Eine Freundin nahm ihn zu sich, und es ging ihm dort sehr gut.

Die Schleißheimer Straße war damals zwar nicht gerade die beste Wohngegend in München, aber sie lag zentral. Und die Wohnung war nicht teuer, was für uns entscheidend war, denn viel konnten Stickel und ich uns damals nicht leisten. Wir schliefen auf einer Schaumgummimatte auf dem Fußboden, hatten kein Bad, dafür immerhin eine alte Dusche, die wir in der Küche aufgestellt hatten, und einen simplen Ölofen. Wir waren zwar nicht mehr ganz jung, aber noch jung genug, dass uns das nicht störte. Irgendwann kauften wir uns einen rustikalen, riesigen spanischen Esstisch und vier Stühle. Den Tisch besitzt Stickel heute noch.

Als Kameramann war Stickel damals bereits recht bekannt und gefragt, aber er verdiente kaum mehr als ich. Wir lebten so, wie auch heute noch viele leben, die als Kostümbildner, Maskenbildner, Requisiteure oder Schauspieler in der Filmbranche beschäftigt sind: von heute auf morgen, immer hoffend, dass jeden Moment das Telefon klingelt und ein neuer Auftrag hereinkommt. Es war uns auf diese Weise natürlich nicht möglich, uns ein finanzielles Polster zuzulegen. Aber uns machte es nichts. Wir waren sehr ineinander verliebt, fühlten uns beim anderen geborgen und waren sicher, dass uns nichts passieren konnte.

An Stickels Seite lernte ich Welten kennen, die für mich vollkommen neu waren. Mit ihm und Klaus Lemke war ich beispielsweise zum ersten Mal in New York: Lemke führte Regie in einem Film mit der Schauspielerin Cleo Kretschmer, Stickel war der Kameramann. New York empfand ich als sehr aufregend, ich war noch nie in so einer riesigen Stadt und überhaupt noch nie in Amerika gewesen. Wir fuhren gemeinsam mit zwei befreundeten dunkelhäutigen Amerikanern durch Harlem und gingen in Lokale, in denen sich normalerweise kein Weißer blicken ließ. Nicht ganz ungefährlich! Denn wer sich als Weißer allein nach Harlem traute, spielte damals noch mit seinem Leben. Aber mit unserer Begleitung fühlten wir uns sicher.

Klaus Lemke war nett, doch viel Kontakt hatten wir auf dieser Reise nicht. Was sicher an mir lag, denn ich habe damals praktisch nicht gesprochen, niemand kam an mich heran. Wenn jemand das Wort an mich richtete, lächelte oder grinste ich höchstens. Ich war voller Hemmungen und Ängste Fremden gegenüber, versuchte dies aber möglichst zu überspielen. Nicht auffallen, niemanden stören und nichts falsch machen, das war mir am wichtigsten.

Ich weiß nicht, wie tief Stickels und meine Liebe überhaupt ging. Für mich ist die Zeit mit Stickel ganz eng mit meinem Einstieg ins Filmgeschäft verbunden, er erlebte meine Anfänge und meinen Durchbruch bei *Klimbim* mit. Wenn Stickel nicht gewesen wäre, wenn er nicht mit mir ins Büro von CBM-Produktionsleiter Bernd Tewaag gefahren wäre – wer weiß, welchen Weg ich gegangen und ob ich jemals Schauspielerin geworden wäre.

»Ingrid, ist das wahr?«, fragte Stickel mich in diesem Augenblick, und ich schaute ihn erwartungsvoll an. »Du kennst Michael Pfleghar nicht? Er ist einer der wichtigsten Show-Regisseure in Deutschland! Und CBM ist eine Produktionsfirma. Wer auch immer dich dort ins Gespräch gebracht hat – es ist eine Riesenchance für dich, du musst unbedingt hingehen!«

Unschlüssig nagte ich an meiner Unterlippe. Bestimmt war das wieder so ein Sexfilm, und das war etwas, das ich nun wirklich nicht mehr machen wollte. Es widerte mich geradezu an.

Eigentlich hatte ich überhaupt keine Lust auf das Filmgeschäft. Ich wusste nur wenig über die Fernseh- und Showbranche, sie hatte mich bis dahin auch nicht sonderlich interessiert. Die Leute waren nett, aber was sollte ich dort? Ich war keine Schauspielerin. Bei den Sexfilmchen musste ich immer nur hübsch aussehen und wahlweise meinen Busen oder meinen Po in die Kamera halten, aber das war es dann auch schon.

»Stickel, ich will wirklich nicht. Ich habe meiner Agentur zwar gesagt, dass ich zu diesem Vorstellungstermin gehen werde, aber eigentlich möchte ich am liebsten absagen. Was soll ich denn da? Kannst du nicht anrufen und für mich absagen?«

»Auf gar keinen Fall!«, erklärte er entschieden. »Die Agentur hat dich für die Rolle vorgeschlagen, sie werden schon wissen, weshalb. Wenn du nicht hingehst, brüskierst du alle, und dann kannst du dich in der Branche nicht mehr blicken lassen. Du willst doch aus diesen Sexfilmchen aussteigen, oder? Na bitte! Außerdem lässt man einen Pfleghar nicht einfach sitzen. Nicht, wenn man nur Ingrid Steger heißt und eigentlich ein Niemand ist. Du wirst dahin gehen. Ich fahre dich auch, damit du nicht im letzten Moment kneifst.«

Damit war die Sache entschieden. Ich gehorchte.

Er fuhr mich nach Grünwald, einem Vorort im Süden von München, wo sich das Büro von CBM befand. Auf dem Weg dorthin erklärte er mir, wer Michael Pfleghar überhaupt war. Stickel erzählte mir, dass er mehrere Jahre als Regisseur in den USA gearbeitet hatte und nun in Deutschland eine ganz neue Art von Fernsehshows machte, mit denen er sehr erfolgreich war. Eine davon war *Wünsch dir was* mit Dietmar Schönherr und Vivi Bach. Ich hatte nie davon gehört, Fernsehshows interessierten mich nicht. Außerdem – ich und Shows? Was sollte das?

»Eule« – so nannte mich Stickel, weil ich damals ein Faible hatte für Eulen und ihre ruhige Art, mit großen Augen bloß zu schauen –, »geh einfach rein und hör dir an, was sie von dir wollen. Absagen kannst du immer noch!« Aufmunternd nickte er mir noch einmal zu, nachdem er mich vor dem Eingang abgesetzt hatte, hinter dem sich die Räume von CBM befanden. »Viel Glück!«

Ich atmete einmal tief durch, betrat das Gebäude und wurde von einer freundlichen Sekretärin empfangen. »Guten Tag, Frau Steger, schön, dass Sie da sind! Die Herren erwarten Sie bereits.«

Sie begleitete mich in den ersten Stock und führte mich in ein Büro, in dem drei Männer saßen: Einer, ein sportlicher, großer Mann mit faszinierenden braunen Augen und dunklem, vollem Haar, durch dessen Vorderpartie sich eine kräftige Silbersträhne zog, stellte sich als Michael Pfleghar vor. Die beiden anderen waren der Filmproduzent Bernd Tewaag und Helmut Holger, ein Kostümbildner, der mich kennen gelernt hatte, als ich zusammen mit Erik Ode in einer

Folge des *Kommissars* spielte. Ich hatte dort vier Sätze in einer Nebenrolle gehabt, aber offenbar gefiel ich Helmut Holger so gut, dass er mich Michael Pfleghar vorschlug. Helmut Holger war also mein eigentlicher Entdecker.

»Frau Steger, wir freuen uns, dass Sie hier sind!«, fing Pfleghar das Gespräch an und musterte mich freundlich. Ich spürte, wie mir heiß wurde, und schlug verlegen die Augen nieder. »Es geht um die Besetzung für eine Neuproduktion, eine Mischung aus Sketch und Comedy«, fuhr er fort. »Die Idee kommt ursprünglich aus Amerika, es gibt dort bereits eine ähnliche Sendung, sie heißt *Rowan and Martin's Laugh'in*. Wir suchen für die deutsche Version ein Mädchen in der Art von Goldie Hawn, aber mit mehr Sex-Appeal. Kurz gesagt: Wir brauchen eine Schauspielerin, die komisch, naiv, spontan und sehr sexy ist. Ich führe Regie, Helmut Holger wird die Kostüme entwerfen, CBM macht die Produktion im Auftrag des WDR. Die Serie wird *Klimbim* heißen.«

Goldie Hawn? Den Namen hatte ich noch nie gehört. Aber immerhin verstand ich, dass es sich nicht wieder um einen reinen Sexfilm handelte. Das war ja schon mal was.

Pfleghar sah mich eine Zeitlang schweigend und nachdenklich mit halb geschlossenen Augenlidern an. Ich spürte ein Kribbeln in den Handflächen und ein Ziehen in der Magengegend. Was würde jetzt kommen?

»Können Sie singen, können Sie tanzen?«, fragte er plötzlich.

Fast tonlos erwiderte ich: »Äh, ich war mal im Kirchenchor. Da stand ich ganz hinten an der Orgel.«

Pfleghar und Tewaag sahen sich grinsend an, während ich ängstlich versuchte, keine Miene zu verziehen, damit sie meine Zahnlücken nicht sahen.

»Was meinst du, sollen wir sie nehmen? Ich glaube, wenn ich ein bisschen mit ihr arbeite, könnte sie ganz witzig rüberkommen.« Pfleghar schaute zu Tewaag.

»Gut, versuchen wir es!«, sagte der.

»Okay«, wandte sich Pfleghar an mich. »Sie haben die

Rolle! Meine Sekretärin wird sich bei Ihnen und Ihrer Agentur melden.«

Ich brachte kein Wort heraus.

»Frau Steger, sind Sie einverstanden?«, hakte Tewaag nach und blickte dabei ungeduldig zur Tür, hinter der offensichtlich bereits weitere Kandidaten warteten.

»Du kannst ja immer noch absagen«, hatte mir Stickel zugeraunt. Aber ich spürte, dass ich gar nicht absagen wollte. Ich brachte trotzdem noch immer keinen Ton heraus, doch wenigstens nickte ich jetzt.

Die drei Männer grinsten sich schon wieder an und verabschiedeten sich von mir.

»Und lassen Sie sich die Haare blondieren, Sie müssen hellblond sein!«, gab mir Pfleghar noch mit auf den Weg. Wieder nickte ich.

»Der Nächste bitte«, hörte ich Tewaag laut rufen, als ich die Tür öffnete, um das Büro zu verlassen. Ein schmaler, großer Herr erhob sich von seinem Stuhl, auf dem er gewartet hatte, deutete mit dem Kopf einen Gruß an und steuerte auf die Tür des Büros zu. Später erfuhr ich, dass es Dieter Augustin, genannt »Gustl«, war, der in den ersten beiden Folgen meinen Vater spielen sollte.

»Viel Glück«, hatte ich ihm noch hinterhergeflüstert. Ich hatte das Gefühl, er könne es brauchen.

Nach ein paar Tagen erhielt ich einen Vertrag für die ersten beiden Folgen *Klimbim*, ich musste mich also erst beweisen.

HORROR-GABY GIBT IHR DEBÜT

Stickel hatte draußen vor dem Gebäude auf mich gewartet. Als ich ihm erzählte, wie das Gespräch gelaufen war, strahlte er nur und nahm mich fest in den Arm. »Herzlichen Glückwunsch, Eule! Das ist die Chance deines Lebens!«

Dieses Gefühl hatte ich selbst überhaupt nicht, ich musste

nur ständig an die abschätzenden Blicke der grinsenden Männer denken. Was wollte dieser Michael Pfleghar von mir? Warum hatte er ausgerechnet mich ausgesucht, eine völlig Unbekannte, die noch dazu kaum Erfahrung im Filmgeschäft hatte?

»Mach dir nicht so viele Gedanken, Eule«, beruhigte mich Stickel. »Pfleghar ist ein hervorragender Regisseur, er weiß, was er macht, und er wird dir schon beibringen, was du vor der Kamera zu tun hast. Du musst nur machen, was er dir sagt. Du bist begabt! Du schaffst das schon! Es ist also auf jeden Fall vernünftig, es wenigstens zu probieren. Du hast nichts zu verlieren.«

Trotz seiner Worte blieb ich nachdenklich, während wir zurück nach Schwabing fuhren. Ich freute mich über das Engagement, und gleichzeitig hatte ich Angst vor dem, was mich erwartete.

Drei Monate später stand ich pünktlich um 7.00 Uhr in der Maske des WDR-Studios in Köln. Ich war müde. Das frühe Aufstehen war mir sehr schwer gefallen, und vor lauter Aufregung hatte ich die ganze Nacht kein Auge zugetan.

»So, Frau Steger, dann wollen wir Sie mal in Horror-Gaby verwandeln!«, sagte Anne, meine Maskenbildnerin, gut gelaunt und stülpte mir eine blonde Perücke über meine frisch blondierten Haare. Der lange Pony kitzelte mich auf der Stirn, die Haarnadeln, mit denen sie die Perücke befestigte, piecksten, und die beiden Rattenschwänze links und rechts über den Ohren sahen schrecklich aus. Ungläubig schaute ich mich im Spiegel an.

Anne zog hilflos und entschuldigend die Schultern hoch. »Herr Pfleghar will es so.« Mit diesen Worten setzte sie mir eine kleine runde Nickelbrille auf die Nase, die sie mit dicken Einmachgummis an meinen Ohren befestigte.

»Jetzt kommen noch die Zähne dran«, sagte sie. Ich musste den Mund öffnen, damit sie mir meine beiden Schneidezähne mit einem stinkenden schwarzen Lack anmalen konnte.

»So, das hätten wir«, sagte sie schließlich und betrachtete ihr Werk zufrieden im Spiegel.

Ich fand es völlig abstrus. Seit einigen Jahren versteckte ich verschämt drei Zahnlücken im hinteren Teil meines Gebisses. Als Kind hatte ich stark Karies gehabt, aber meine Eltern hatten nichts dagegen unternommen. Es hatte sie nicht interessiert. Als Frank Quade die ersten Fotos von mir machte, hatte ich immer wieder schreckliche Zahnschmerzen und konnte kaum lächeln. »Ein Freund von mir ist Zahnarzt, der wird dir die Zähne machen«, sagte Quade und gab mir eine Adresse. Doch statt mir die Zähne zu richten, machte dieser Zahnarzt sich die Arbeit leicht und begann, mir die betroffenen Backenzähne nacheinander zu ziehen. Die Lücken blieben, denn ich hatte natürlich kein Geld für Brücken.

Und jetzt prangten für mein neues Fernsehgesicht zwei dicke Lücken ganz vorne in meinem Gebiss! Ich erkannte mich kaum wieder. Das sollte Horror-Gaby sein? Plötzlich war ich richtig wach. Ich sah mich noch einmal genauer an, und interessanterweise stellte ich dabei fest, dass ich mich in dieser schrägen Aufmachung sogar recht wohl fühlte.

»Jetzt noch das Kostüm!«

Helmut Holger hatte entschieden, dass die Figur einen beige-gelb-grünlich gesprenkelten Spielanzug und eine lilafarbene, kurzärmelige gepunktete Bluse mit Puffärmelchen tragen sollte, dazu einen gelben Schlabberlatz mit einer Ente drauf, eine rote und eine schwarze Socke, kleine braune Stiefelchen und weiße Strickhandschuhe. Zur Krönung band mir Anne eine riesige rote Schleife ins Haar, trug eine helle Grundierung auf mein Gesicht auf, malte mir Sommersprossen auf die Wangen und stäubte mit der Quaste noch ein wenig Puder über Stirn und Nase. »Horror-Gaby« war geboren. Helmut Holger hatte eine Kultfigur erschaffen.

Die ersten Drehtage waren eine einzige Schinderei, für mich war alles neu. Ich wurde buchstäblich ins kalte Wasser geschmissen und sollte nun plötzlich schauspielern. In meinen bisherigen Filmen war das nun wirklich nicht nötig gewesen. Mit das Schwierigste für mich war, den gelernten Text und die Bewegungen richtig aufeinander abzustimmen, was an meiner unglaublichen Aufregung lag. Ich war manchmal so auf den Bewegungsablauf fixiert, dass mir im entscheidenden Moment der Text nicht mehr einfiel. Ich hatte ihn nicht vergessen, sondern war einfach nur in Panik. Es war Stress pur, und ich wurde jedes Mal kreuzunglücklich, wenn es hieß, dass ich etwas vollkommen falsch gemacht hätte. Dabei gab ich mir die größte Mühe. Ich wollte unbedingt, dass alle mit mir zufrieden waren.

Pfleghar war ein absoluter Perfektionist und verlangte von uns das Gleiche. Er ließ uns von Anfang an immer wieder Szenen wiederholen, bis er irgendwann endlich zufrieden war.

Mein Glück war, dass wir am ersten Drehtag das böse Kind Gaby drehten. Und als böses Kind war ich richtig gut, denn wenn ich als Horror-Gaby verkleidet war, fiel mir das Schauspielern geradezu leicht. In diesem lächerlichen Strampelanzug und mit diesen scheußlichen Zähnen war ich nicht ich selbst und konnte einfach drauflosspielen, ohne sexy sein zu müssen oder etwas darzustellen, das ich mir erst mühsam aneignen musste. Das böse Kind war mir deshalb bis zum Ende von *Klimbim* die liebste Rolle, wie überhaupt alle Jungsrollen – Pfadfinder, Ausbrecher, Fußballer oder Boxer. Für diese Art von Rollen war ich wohl ein schauspielerisches Naturtalent. Jedenfalls zeigten sich alle am Set regelrecht begeistert von meinem Debüt.

Wenn ich mir heute die ersten Folgen von *Klimbim* ansehe und sie mit etwas späteren vergleiche, dann erkenne ich, dass ich innerhalb kurzer Zeit riesige Fortschritte gemacht habe. Am Anfang sprach ich jedoch viel zu schnell und japste vor lauter Aufregung nach Luft. Dadurch entstand das, was ich im Lauf der Zeit immer weiter perfektionierte und was schließlich eines meiner Markenzeichen werden sollte: Blondies »Hauchstimme«. Bis heute sprechen mich Menschen auf der Straße an und singen mir den Refrain vor, den Blondie zu Beginn jeder *Klimbim*-Folge allein zu singen hatte: »Dann mach ich mir 'nen Schlitz ins Kleid und find es wunderbaaar!« Dieser gehauchte Satz scheint sich den Leuten unauslöschlich eingeprägt zu haben. Anfangs irritierte mich das, heute freut es mich.

Mein zweites Markenzeichen ist eigentlich ebenfalls aus der Not geboren: das spitzmündige Blondie-Kichern. In einer der ersten *Klimbim*-Folgen sollte ich eine betrunkene Braut spielen, die an einem Kiosk immer wieder Alkohol verlangt, und dabei richtig künstlich und betrunken lachen. Aber wie sollte ich das machen? Ich wusste nicht, woher ich die Technik nehmen sollte, und, schlimmer noch, ich fürchtete mich mal wieder entsetzlich davor, dass man meine echten Zahnlücken sehen würde. Also erfand ich in meiner Verzweiflung dieses bekannte Kichern mit gespitztem Mund. Keiner sah meine fehlenden Backenzähne, und keiner merkte, dass ich gar nicht richtig lachen konnte. Alle dachten, das Kichern gehörte so, und fanden es witzig. Nach den ersten beiden Folgen ließ ich mir die Zähne zwar richten, aber das Blondie-Kichern blieb.

PFLEGHARS »ZARTES SHOWPFLÄNZCHEN« WIRD EIN STAR

Selbst heute, nach so vielen Jahren, kann ich es manchmal noch nicht ganz begreifen, wie berühmt ich durch *Klimbim* plötzlich wurde und wie viele Leute mich seitdem kennen und mich erkennen. Die Erstausstrahlung der ersten Staffel war am 24. Juli 1973. Ganz zu Anfang war das Publikum noch etwas prüde und hielt sich vorsichtig zurück: Wie konnte man nur über so einen Blödsinn lachen? Aber recht bald sprang der *Klimbim*-Funke über. Die Serie begeisterte die Leute mehr und mehr, viele erzählen mir noch heute, dass sie schließlich keine Folge mehr verpassen wollten.

Als wäre es gestern gewesen, erinnere ich mich daran, dass ich aus der Anonymität herausschoss wie ein Torpedo. Der große Erfolg von *Klimbim* traf uns alle vollkommen unvorbereitet, er war nicht wirklich vorherzusehen gewesen. Das amerikanische Vorbild *Laugh'in* war in Amerika zwar gut gelaufen, aber niemand konnte wissen, ob das in Deutschland auch der Fall sein würde. Doch es funktionierte womöglich noch besser als in Amerika.

Die erste Kritik, die ich über mich las, erschien in der *Hörzu*. Ich drehte gerade *Drei Männer im Schnee* mit Klaus Schwarzkopf und Thomas Fritsch. In dieser Erich-Kästner-Neuverfilmung hatte ich eine kleine Rolle als Tochter von Gisela Uhlen. Wir drehten im Ötztal und waren nach einem plötzlichen Wintereinbruch eingeschneit, so dass ich ungeplant Zeit hatte und in Ruhe Zeitungen und Zeitschriften studieren konnte. In der *Hörzu*-Kritik hieß es, Michael Pfleghar habe ein »zartes Showpflänzchen« entdeckt und er solle dieses Showpflänzchen reichlich begießen, damit es noch weiter wachse. Der Name dieses Pflänzchens war Ingrid Steeger – das zweite »e« hatte ich mir zu Beginn der *Klimbim*-Dreharbeiten zugelegt. Es sah einfach schicker aus, fand ich.

Von allen Beteiligten traf der Erfolg mich vielleicht sogar am überraschendsten. Ich war ja ein relativer Neuling in der Branche, ich hatte keinerlei Erfahrung mit Presse und Fernsehen, und es half mir niemand, mit meiner plötzlichen Popularität umzugehen. Zwar wurde ich in der ersten Zeit auf der Straße noch nicht erkannt, denn niemand wusste, wie Horror-Gaby oder die sexy Blondie in Wirklichkeit, ungeschminkt und ohne Perücke, aussah. Doch mit der Zeit verlor ich diese schützende Anonymität, mein richtiges Gesicht wurde durch Fernsehauftritte und Shows immer bekannter.

Über den großen Erfolg der Sendung wurde mit uns Schauspielern jedoch nicht gesprochen, auch untereinander diskutierten wir nicht darüber, er war eben einfach da. Doch die plötzliche Pressepräsenz erschlug mich fast. Ich hatte jede

Woche mindestens einen Titel auf einer Zeitung, Zeitschriften und Fernsehsender rissen sich um mich, und natürlich zerrten alle meine alten Nacktfotos aus den Schubladen. Das war zwar zu erwarten gewesen, aber ich fand es entsetzlich, ich starb fast vor Scham. Als ich die Nacktfotos und die Sexfilmchen machte, hatte ich nicht im Traum damit gerechnet, dass sie irgendwann einmal für eine so große Öffentlichkeit von Interesse sein würden.

Eines Tages sagte Pfleghar zu mir: »Ingrid, du bist jetzt ein Star.« Das war der einzige Satz zu dem Thema, den ich jemals von ihm hörte, und viel konnte ich damit auch nicht anfangen. Ich hatte keine Ahnung, wie man mit so großem öffentlichem Interesse umging, zog mich mehr und mehr zurück und verabredete mich nur im engen Freundeskreis. Stickel versuchte, mir so gut wie möglich zur Seite zu stehen, gab Ratschläge und unterstützte mich, doch er war fast nie zu Hause, sondern als Kameramann ständig in anderen Städten. Wir sahen uns kaum. Ich musste mit meinem neuen Leben als Showstar deshalb mehr oder weniger allein fertig werden. Würde ich das schaffen?

Ingrid Steeger, der Showstar, die »Ulknudel« – dieses Etikett haftet mir bis heute an. Erst sehr viel später wurde ich auch als Schauspielerin gesehen. Häufig musste ich mir in Interviews die Frage anhören: »Wollen Sie nicht einmal Schauspielerin werden?« Das haute mich dann jedes Mal fast um. Anscheinend glaubten die Leute, ich sei auch in Wirklichkeit so wie die Figuren, die ich in *Klimbim* spielte, vor allem die süß-naive, aber etwas dümmliche Blondie. Wenn ich zu irgendwelchen Veranstaltungen musste, spürte ich genau, dass die Leute eigenartige Erwartungen an mich hatten. Aber was dachten sie sich eigentlich? Sollte ich auf Händen laufen, oben ohne, und ein Lied singen? Manchmal war ich richtig müde davon. Dass es nicht so einfach ist, solche Figuren überzeugend darzustellen, und dass das ohne ein schauspielerisches Talent gar nicht möglich ist, sahen lange Zeit nur wenige.

Auch meinen Schauspieler-Kollegen brachte der Erfolg von *Klimbim* Berühmtheit und Anerkennung, doch ich wurde von allen am bekanntesten. Warum das so war, ist mir bis heute nicht ganz klar. Elisabeth Volkmann sagte mir sehr viel später einmal, dass ihr mein Erfolg durchaus wehgetan habe, weil sie insgeheim gehofft hatte, sie würde groß herauskommen. Aber sie ließ es mich nie spüren. Elsbeth war neun Jahre älter als ich, sie hatte eine fundierte Schauspielausbildung und bereits Erfahrung in mehreren Kinofilmen und beim Theater gesammelt. Um die mageren Gagen aufzubessern, hatte auch sie eine Zeitlang in den *Report*-Filmen mitgespielt, wir hatten in ein paar Episoden sogar zusammen gedreht. Elsbeth hatte Erfolg, doch Klein Steeger drängelte sich ungewollt vor.

Obwohl Elsbeth und ich völlig unterschiedliche Typen waren, kamen wir dennoch immer sehr gut miteinander aus. Elsbeth wurde im Lauf der Jahre zu einer meiner engsten Vertrauten, aber nie zu einer wirklichen Freundin. Ich liebte sie, aber auf meine Art. Wir beide waren die Einzigen, die von der Erstbesetzung übrig blieben und bis zur letzten Folge dabei waren. Peer Augustinski, den ich grundsätzlich »Pierre« nannte, und Horst »Horstl« Jüssen kamen erst später dazu. Die »*Klimbim*-Familie« sollte für die nächsten Jahre so etwas wie eine »richtige« Familie für mich werden.

FRAU STICKELBRUCKS

Am 17. April 1973, ich war gerade sechsundzwanzig geworden und drehte die zweite Staffel von *Klimbim*, wurde ich im Standesamt Berlin-Wilmersdorf in einer nüchternen und unromantischen Zeremonie die Frau von Lothar Elias Stickelbrucks. Minuten vor der Abfahrt zum Standesamt fiel ich

Jutta weinend in die Arme. »Jutta, ich habe Angst! Soll ich wirklich?«

Nun fing auch Jutta an zu heulen. »Zu spät«, sagte sie nur.

Es war ein schöner, aber kalter und windiger Tag, meine Familie war ziemlich vollzählig versammelt. Die Presse war auch da. Die »Ulknudel« heiratete! Ich war stolz. Ob meine Eltern es auch waren?

Mein Vater war mein Trauzeuge, und meine Mutter schimpfte, weil ich statt eines anständigen Brautkleids eine Ziegenfelljacke, Latzhose und Plateauschuhe trug. Ich traute mich nicht, ihr zu erklären, dass ich trotz meines *Klimbim*-Engagements kein Geld hatte, um mir ein schönes Hochzeitskostüm zu kaufen.

Anschließend gab es einen kleinen Empfang, den meine Schwester in ihrem Haus für uns ausrichtete. Jutta war inzwischen zum zweiten Mal verheiratet, mit dem besten Mann der Welt, der noch dazu ein erfolgreicher Geschäftsmann war. Das war mein Hochzeitstag. Nun hieß ich bürgerlich Ingrid Stickelbrucks, Künstlername Ingrid Steeger, und war eine seriöse Ehefrau, auf dem Papier zumindest.

Einen Antrag hatte mir Stickel nicht gemacht, wir hatten einfach irgendwann beschlossen zu heiraten. Ich hatte die verzweifelte Hoffnung, dass es mir gelingen würde, uns ein gemeinsames Leben aufzubauen, jenseits von *Klimbim* und jenseits von dem Mann, ohne den bei *Klimbim* nichts lief und ohne den ich es inzwischen kaum wagte, einen eigenständigen Satz zu sprechen: Michael Pfleghar.

Kein Zweifel, Stickel und ich waren aufrichtig ineinander verliebt. Unsere Heirat war der Versuch meinerseits, ein wenig Normalität in unser verrücktes und unstetes Alltagsleben zu bringen. Ich träumte davon, uns ein schönes Zuhause in Schwabing zu schaffen. Doch eigentlich war es eine Flucht oder wenigstens ein Fluchtversuch.

»Du heiratest!?«, hatte Pfleghar mich schneidend gefragt, als ich ihm von Stickels und meinen Plänen berichtete. Pfleghar war mein Chef, ohne seine Erlaubnis wollte ich einen solch wichtigen Schritt nicht tun. »Ich kann dich nicht daran hindern, Ingrid. Aber ich sage dir: In einem Jahr bist du wieder geschieden.«

Ich glaubte natürlich nicht, dass er mit seiner Prophezeiung recht behalten würde. Aber Stickel war nach wie vor ständig unterwegs, und ich musste für den *Klimbim*-Dreh immer wieder wochenlang nach Köln. Wir hatten nicht nur wenig gemeinsame Zeit in unserer Wohnung in München, wir sahen uns überhaupt sehr selten. Trotz Heirat. Wahrscheinlich musste es schiefgehen mit uns beiden. Und da war Michael Pfleghar, dieser besessene, faszinierende und charismatische Mann, der mich schon sehr bald in Besitz zu nehmen wusste, ohne dass ich etwas dagegen tun konnte. Ich begann mich in ihn zu verlieben. Oder war ich das schon längst?

DIE GELIEBTE DES GROSSEN REGISSEURS

Als hätte er gespürt, dass es zwischen Stickel und mir nicht besonders gut lief, begann Pfleghar während der Dreharbeiten, mich nach und nach zu seinem Geschöpf zu machen. Auch im Privaten hatte ich immer mehr das Gefühl, in eine Abhängigkeit zu ihm zu geraten. Und ich ließ es mit mir geschehen und wehrte mich nicht. Ich bewunderte und fürchtete diesen dominanten Mann, schon seit unserer ersten Begegnung im Büro von CBM ging er mir nicht mehr aus dem Kopf. Zwar heiratete ich Stickel, doch innerlich gehörte ich bereits Pfleghar, ohne dass es mir bewusst war.

Wenn wir drehten, gab ich alles, was mir möglich war, in der Hoffnung, ihn irgendwann einmal zufriedenzustellen. Ich lernte wie eine Besessene meine Texte, ich studierte die Bewegungen und die Mimik ein, die er von mir verlangte – und doch gab er mir nie das Gefühl, ich hätte etwas wirklich gut gemacht. Dabei wurde er nie laut, sondern ging sehr subtil vor: Wenn er mich nur anschaute, den Kopf schüttelte und sich scheinbar resigniert abwandte, dann war ich augenblicklich vor Angst wie gelähmt, konnte kein Bein, keinen Fuß mehr bewegen und wusste nicht mehr, wie ich den Text herausbekommen sollte. Es war ein Albtraum. Wie damals, als mich mein Vater die Fusseln vom Teppich suchen ließ und nie zufrieden war.

Dass Pfleghars Vorgehen System hatte und dass ich ein gefundenes Opfer war, begriff ich erst viele Jahre später. Indem Pfleghar mich ständig in dem Gefühl ließ, unzulänglich zu sein, spornte er zum einen meinen Ehrgeiz und meinen Perfektionismus nur noch mehr an und holte auf diese Weise auch noch das Letzte aus mir heraus, mehr, als ich von mir aus bereit gewesen wäre zu geben. Zum anderen trat er mein ohnehin verkümmertes Selbstbewusstsein mit Füßen. Er hatte sehr schnell erkannt, dass ich formbar war wie ein Stück Wachs, und das schien ihm zu gefallen. Ich tat alles, was er von mir verlangte, mein ganzes Denken und Fühlen war nur darauf ausgerichtet, es ihm recht zu machen. Und ich hatte dabei immer diese große kindliche Angst, ausgeschimpft und bestraft zu werden.

Beruflich habe ich ihm trotz der harten Zeit im Studio sehr viel zu verdanken, alles, was ich in Bezug auf Schauspielerei und das Filmgeschäft gelernt habe, brachte er mir bei. Noch vor der Scheidung von Stickel, im Jahr 1975, wurde ich Pfleghars »heimliche« Geliebte, von der in Wirklichkeit viele wussten.

Pfleghar drängte sich wie selbstverständlich in meine sterbende Beziehung zu meinem Ehemann, und ich ließ es widerstandslos geschehen, weil ich dachte, es müsste so sein. Es war, als hätte die Katze sich die Maus gefangen, von der sie die ganze Zeit wusste, dass sie ihr sowieso nicht würde entkommen können.

Die kleine, naive Ingrid Steeger und der berühmte, weltgewandte Regisseur – das war jedoch alles andere als eine gleichberechtigte Beziehung. Ich war nicht in der Lage, die Verantwortung für mich selbst zu tragen, und ließ sie mir gern durch scheinbar überlegene, erfahrene Menschen wie Pfleghar abnehmen. Er sagte mir, was ich zu tun und zu denken hatte, und ich folgte bereitwillig. Alles überließ ich ihm. Er bestimmte mein Leben, in dem ich ohne ihn nicht klargekommen wäre und es vielleicht auch nicht wollte, und ich war nicht unglücklich darüber.

Doch es war nicht nur Pfleghar, der sich das von mir nahm, was ihn interessierte. Da ich in der Filmbranche überhaupt keinen Durchblick hatte, mir niemand etwas erklärte und niemand mir zur Seite stand, der mir half und mich unterstützte, dachte ich einfach, ich könnte das alles nicht. Und die Menschen um mich herum ließen mich zum Teil gern in dem Glauben. Nur zu bereitwillig überließ ich Entscheidungen und Dinge, von denen ich nichts zu verstehen glaubte, Menschen, die seit dem *Klimbim*-Erfolg um mich herum waren und vorgaben, es gut mit mir zu meinen. Manche meinten es tatsächlich ehrlich, aber viele dachten in erster Linie an sich selbst.

Dabei war es nicht nur Bequemlichkeit, die mich dazu bewog, andere für mich denken und handeln zu lassen. Ich war wegen des überraschenden Erfolgs den Menschen, die sich meiner annahmen, aus welchen Gründen auch immer sogar dankbar. Und selbst dann, wenn ich im Grunde genommen wusste, dass ich belogen und betrogen wurde, wollte ich es nicht glauben. Ich fand immer noch eine Entschuldigung, wenn es eigentlich schon längst keine mehr gab.

Auch meinen aufkeimenden Wissensdrang stoppte Pfleghar erfolgreich. Für ihn brauchte ich nicht gebildet zu sein. Wenn ich Angst hatte, in einer Show oder in einem Interview womöglich einen selbständigen Gedanken formulieren zu müssen, beruhigte er mich, indem er sagte: »Ingrid, mach dir keine Sorgen! Du musst gar nicht so gebildet sein, wie du glaubst. Lies die Überschriften der Tageszeitungen, damit kannst du in jeder Unterhaltung mithalten.« Er schenkte mir immerhin ein Fremdwörterlexikon – das einzige Geschenk in all den Jahren – und sagte: »Such dir ein paar komplizierte Wörter raus und streu sie in die Unterhaltung ein. Das reicht und macht immer Eindruck!«

Auf diese Weise schaffte er es, dass ich mich selbst immer so präsentierte, wie er mich gern hatte. Es gefiel ihm offenbar, dass ich die süße Kindfrau blieb, die er lenken und beherrschen konnte. Pfleghar bestimmte, was ich anzog, was ich sagte, was ich dachte, er bestimmte, welche Filmrollen ich neben *Klimbim* annehmen und welche Werbespots ich drehen durfte. Im Grunde genommen war er mein Vormund. Obwohl ich durchaus unzufrieden damit war, immer die Naive geben zu müssen, wehrte ich mich nicht gegen seine Bevormundung, ich kannte es ja auch nicht anders. Heute würde man wohl sagen, ich war überangepasst. Eine typische Verhaltensweise für missbrauchte Kinder übrigens. Dazu passt auch, dass ich mit niemandem über diese heimliche Beziehung sprach und es also niemanden gab, der mir hätte die Augen öffnen oder mir hätte helfen können, mich aus Pfleghars Umklammerung zu befreien. Das musste ich erst selbst lernen. Und heute bin ich stolz darauf, dass es mir gelungen ist, auch wenn es sehr schmerzhaft und mit Rückschlägen verbunden war und mehrere Jahre dauern sollte.

Als Mann war Michael Pfleghar für viele Frauen ein faszinierender Traummann, ein Mann von Welt, gutaussehend und sehr charmant. Manchmal wurde ich fast wahnsinnig, wenn ich neben ihm stand und miterleben musste, wie andere Frauen ihn anhimmelten. Man konnte in ihren Augen immer schon das Glitzern sehen.

Oft kam es durch seine Geheimnistuerei für mich zu völlig makabren Situationen. Einmal saß ich zum Beispiel morgens auf meinem Schminkstuhl in der Maske, und Anne, inzwischen meine persönliche Maskenbildnerin, war dabei, mich als Blondie herzurichten. Sie plapperte vor sich hin, während ich mich auf meinen Text konzentrierte.

»Ich war gestern mit Pfleghar im Bett, aber es hat nicht so ganz geklappt«, hörte ich sie plötzlich sagen. »Er will mich sogar in sein Haus nach Sardinien einladen. Ich weiß gar nicht, was ich machen soll!«

Ich erstarrte. Jetzt nur nicht weinen! Anne durfte nichts merken, außerdem durfte mein Make-up nicht verlaufen. Offensichtlich ahnte gerade sie nichts von unserem Verhältnis. Es war demütigend, doch ich schwieg, denn sowohl Pfleghar als auch ich leugneten der Presse und dem Team gegenüber konsequent unsere Beziehung. Er hatte mir strikt verboten, darüber zu sprechen: »Es ist nicht gut für die Öffentlichkeit, wenn der Regisseur ein Verhältnis mit seiner Schauspielerin hat!«, war seine Begründung. Ich hielt mich daran, wenn ich es auch nicht verstand.

Den restlichen Tag durchlebte ich wie in Trance. Wie ein Automat ging ich ins Studio und versuchte, Pfleghar nicht anzusehen. In mir tobte ein Sturm, aber am Abend, als wir unter uns waren, blieb ich stumm.

Mein Verhältnis zu Michael Pfleghar mag wie sexuelle Hörigkeit wirken. Doch ich muss betonen, dass es das nicht war. Ich hatte Sehnsucht nach seiner, nach unserer Körperlichkeit. Nur war es über die intimen Stunden hinaus keine zärtliche Liebe. Das gab er mir nicht. Pfleghar und ich trafen uns regelmäßig nach dem Dreh in seinem Hotelzimmer, und morgens schlich ich mich wieder in mein gemietetes Apartment zurück, um mich auf den Tag vorzubereiten. Später wohnte ich bei ihm auf derselben Etage im Hotel, aber natürlich in meinem eigenen Zimmer, nie in seinem. Wir sprachen auch privat nicht über unsere Beziehung, egal was passierte – Gespräche über berufliche Themen hielt er extrem kurz, und sie waren sehr selten. Es war, als lebten wir zwei Leben – eines tagsüber im Studio und eines in der Nacht im Hotel.

Kapitel 4:
Blondie lacht und weint

In der ganzen Zeit während der *Klimbim*-Produktionen gab es einen Mann in meinem Leben, dessen Meinung mir stets sehr wichtig war und es bis heute ist und der mich, wann immer es ging, moralisch unterstützte: Lothar Elias Stickelbrucks. Es wurde zwar nicht die Art von Ehe, die wir beide uns erhofft hatten, und wir ließen uns tatsächlich schon anderthalb Jahre nach unserer Hochzeit wieder scheiden, genau wie Pfleghar es vorausgesagt hatte. Doch Stickel und ich sind bis heute befreundet. Wir freuen uns, wenn wir uns sehen, wir haben Kontakt und eine gute Meinung voneinander.

Die Trennung ging völlig unspektakulär über die Bühne, ungefähr genauso unspektakulär wie unser Entschluss zu heiraten. Eines Tages sagte ich zu ihm: »Stickel, ich habe eine Wohnung gefunden und ziehe aus«, und er antwortete nur: »Okay.« Wir nahmen uns in die Arme.

Es hatte bereits in der Luft gelegen, dass wir uns trennen würden, deshalb war er wahrscheinlich nicht sonderlich überrascht von meiner Entscheidung. Und ich gehe davon aus, dass Stickel von meiner privaten Beziehung zu Pfleghar wusste. Trotzdem waren wir auch traurig, dass wir es nicht geschafft hatten.

Ich machte meine Ankündigung also wahr und verließ die

Wohnung in der Schleißheimer Straße. In der Elvirastraße im Münchner Stadtteil Neuhausen hatte ich eine entzückende neue Bleibe gefunden, mit einer riesigen umlaufenden Terrasse, auf der ich Rollschuh hätte laufen können. Die Wohnung selbst war nicht besonders groß, aber optimal geschnitten. Voller Elan machte ich mich daran, sie umzugestalten – meine allererste eigene Wohnung! Die Küche lackierte ich rot, genau wie die Heizkörper und die Türen. Das Bad wiederum war ganz in Lila gehalten. Endlich konnte ich einmal machen, was ich wollte!

Gemeinsam gingen Stickel und ich zu einem prominenten Münchner Scheidungsanwalt. Wir verzichteten gegenseitig auf etwaigen Unterhalt, und so ging die Trennung schnell und problemlos über die Bühne. Aus Ingrid Stickelbrucks wurde auch juristisch wieder Ingrid Steeger.

Und ab jetzt sollte ich Michael Pfleghar ganz gehören.

EIN MEER VON TRÄNEN

Klimbim beamte mich vom ersten Moment an in eine andere Welt – in eine Welt des schönen Scheins und der harten Wirklichkeit dieser Branche, in eine Welt der Freunde und der Neider, der Freude, aber auch der Angst.

Unter der Regie von Michael Pfleghar habe ich eine Schule durchlaufen, die härter nicht hätte sein können. Doch was ich in den *Klimbim*-Jahren lernte, hätte mir keine Schauspielschule beibringen können. Pfleghar warf mich ins eiskalte Wasser und ließ mich buchstäblich um mein Leben schwimmen. Ich gewöhnte mich daran, Texte von einem Tag auf den anderen perfekt auswendig zu lernen, Szenen und Bewegungsabläufe einzustudieren und mich unter den Händen der erfahrenen *Klimbim*-Maskenbildner wahlweise in Horror-Gaby, ein sexy Nummerngirl, einen kleinen Jungen oder einen verführerischen Vamp zu verwandeln und diese Figuren anschließend vor der Kamera zu spielen. Durch *Klimbim* wurde ich endgültig eine gnadenlose Perfektionistin.

Eines allerdings habe ich bis heute trotzdem nicht abgelegt: meine Angst vor der Filmkamera. Sobald ein Objektiv auf mich gerichtet ist und das Kommando »Film ab!« ertönt, bekomme ich noch immer Beklemmungen und Schluckbeschwerden. Auch wenn das im fertigen Film niemand merkt – ich hatte und habe immer noch Angst davor, mitten im Satz schlucken zu müssen. Vor der Kamera fühle ich mich bis heute nicht wohl – im Gegensatz zum Theater, das im Lauf der Jahre zu meiner Bühne geworden ist.

Damals suchte ich mir meinen Spaß und meine Freude also selten vor, dafür aber häufig hinter der Kamera – Requisiteure, Beleuchter und Maskenbildnerinnen wurden zu meinen Kumpel, und so fand ich die Arbeit für *Klimbim* ab und zu sogar »wunderbar« – wenn ich mich nicht nur immer wieder hätte nackt zeigen müssen. Eigenartigerweise waren für mich die Nacktszenen besonders schwierig, die mir zuvor in den Sexfilmchen keinerlei Probleme gemacht hatten. Aber jetzt schämte ich mich plötzlich unendlich, sobald ich in einer Szene meinen blanken Busen oder Po zeigen musste. Aber Blondie musste sexy sein, und dazu gehörte es auch, dass ich mich auszog. Das Resultat war zwar sehr hübsch und ansehnlich, doch ich wäre jedes Mal am liebsten in Grund und Boden versunken. Immer, wenn wir eine Nacktszene im Studio drehten – und das kam recht häufig vor –, musste ich vor Scham so heftig weinen, dass wir unterbrechen mussten, bis ich mich wieder beruhigt hatte. Und natürlich gab das Ärger mit Pfleghar.

Meine Maskenbildnerin Anne hatte regelmäßig ihre liebe Mühe damit, mich neu zu schminken und mein Gesicht wieder herzurichten. Sie entwickelte schon eine Art siebten Sinn: Wenn ich wieder kurz davor war loszuweinen, stand sie bereits mit einem zusammengezwirbelten Stück Kleenex bereit, um mir die Tränen aus den Augenwinkeln zu tupfen, damit sie mir nicht übers Gesicht liefen und das Make-up zerstörten. Und Michael Pfleghar hatte kein Fünkchen Verständnis, sondern meckerte noch laut über das Studiomikro, dass ich den Ablauf des Drehs stören würde. Und wieder musste ich weinen. Es war ein Teufelskreis. Ich vergoss literweise Tränen, während ich mit aller Kraft versuchte, den Erwartungen, die Pfleghar hatte, zu entsprechen. Ich wollte alles richtig machen, ihm gefallen. Aber er gab mir stattdessen das Gefühl, nicht zu genügen. Und er signalisierte mir, dass nur er wusste, was für mich gut war. Ich hatte mich ihm und seinen Entscheidungen unterzuordnen.

Pfleghar war in seiner Art jedoch alles andere als feinfühlig. Er wusste zum Beispiel, dass ich mit zwei Daumen an der linken Hand zur Welt gekommen und ein Daumen kurz nach der Geburt operativ entfernt worden war. Der andere stand seitdem seltsam schräg zur Seite. Ich hielt den Daumen deshalb meist so, dass er in der Innenfläche meiner Hand verschwand. Natürlich funktionierte das nicht immer perfekt. Nach den ersten sechs Folgen von *Klimbim* meinte Pfleghar deshalb: »Ingrid, so geht das nicht. Mit deinem abstehenden Daumen siehst du aus, als ob du ewig einen Anhalter spielen würdest. Lass ihn dir operieren!«

Ich musste schlucken. In der Schule hatten mich die Kinder »Missgeburt!« gerufen. Damals hatte ich mich damit getröstet, dass ein Mensch, der einen Finger oder einen Zeh zu viel hat, angeblich ein Glückskind ist. So jedenfalls hatte es mir mal ein freundlicher Mensch erzählt. Na ja!

Nach Pfleghars Kommentar ließ ich den Daumen operativ begradigen. Anschließend hatte ich monatelang wahnsinnige Schmerzen. Außerdem musste ich für lange Zeit eine hautfarbene Schiene tragen. Für die Dreharbeiten kaschierte der Kostümbildner mein armes neues Däumchen mit Glitzerketten und anderen Requisiten. Pfleghar war natürlich immer noch nicht zufrieden. Er wollte immer etwas finden, und er fand auch etwas.

Mit der Beziehung zu Pfleghar und unseren intimen Stunden im Hotel wuchs seine Kritik an meiner Arbeit mehr und mehr. Manchmal fasste er sich nach einer von mir gespielten Szene wortlos an den Kopf, zwirbelte eine Haarsträhne zwischen den Fingern und wandte sich wortlos ab. Solches Schweigen kannte ich von meiner Mutter. Pfleghars Ablehnung traf mich tief.

Manchmal, wenn ich es nicht mehr aushielt, weil er mich dieselbe Szene zum x-ten Mal spielen ließ, brach jetzt ein verzweifeltes »Das kann ich nicht!« aus mir heraus. Dann schauten sich die Kollegen am Set ganz betreten an, denn es kam sehr selten vor, dass ich von mir aus etwas sagte, das nicht im Drehbuch stand. Normalerweise war ich stumm wie ein Fisch. »Das kann ich nicht!« war mein Hilfeschrei, die Kollegen hatten es rasch begriffen. Aber Pfleghar weigerte sich konsequent, ihn zu hören.

Eines Tages, als ich wieder einmal die Notbremse zog, »das kann ich nicht!« rief und in Tränen ausbrach, haute er mir einen Spruch um die Ohren, den ich niemals vergessen werde und an den ich seitdem immer denken muss, wenn ich vor einer scheinbar unüberwindlich schwierigen Aufgabe stehe.

»Ingrid, merk dir eins fürs Leben: Den Satz ›Das kann ich nicht!‹ gibt es nicht. Es darf ihn auch für dich nicht geben!« Dabei sah er mich mit einem solch drohenden Blick an, dass es mir durch Mark und Bein ging. Doch im Nachhinein muss ich sagen: Er hatte recht. Den Satz »Das kann ich nicht!« gibt es für mich seitdem nicht mehr. Nein, das stimmt nicht ganz. Später habe ich ihn sogar einmal für eine lange Zeit ignoriert.

Das ganze *Klimbim*-Team war zwar einer Meinung, dass Pfleghar es übertrieb und mich zu hart rannahm, und nicht umsonst schickten sie mir hinterher, wenn alles vorbei war, zum Trost häufig Blumen ins Hotel oder nahmen mich in den Arm. Doch niemand traute sich, Pfleghar gegenüber für mich einzutreten und mich vor ihm zu schützen. Ich musste mir schon selbst helfen. Und das sah so aus, dass ich versuchte, mich an seine durchaus sadistische Art, die er bezeichnenderweise nur mir gegenüber an den Tag legte, zu gewöhnen. Was natürlich unmöglich war.

Es kam wohl einiges zusammen, was mich bei den *Klimbim*-Drehs so verletzlich und dünnhäutig werden ließ. Pfleghars Art zum einen, aber auch der Druck, der durch den Erfolg entstand, und das Interesse der Öffentlichkeit an meiner Person, vor allem wenn ich die Hüllen fallen ließ. Die Serie hatte bald Millionen von Zuschauern, und die Leute erkannten mich jetzt auch ohne Maske und Kostüm auf der Straße, weil sie meine privaten Fotos in der Zeitung oder auf Zeitschriftencovers gesehen hatten. Mir war die Vorstellung, dass all diese Menschen wussten, wie ich nackt aussah, extrem unangenehm. Jetzt nutzte es auch nichts mehr, dass ich so leidvoll erlernt hatte, meinen Körper wie etwas Fremdes von mir abzuspalten. Die Augen der anderen hielten mir nun immer wieder einen Spiegel vor. Ich schämte mich zutiefst. Und diese Scham kam von ganz tief innen heraus, wo sie mir schon als Kind eingepflanzt worden war. Aber das war mir damals nicht bewusst.

Als wäre dieses Gefühlsdurcheinander nicht schon genug gewesen, verkomplizierte Pfleghar es noch, indem er mir verbot, mich aufreizend anzuziehen, wenn er nicht dabei war. Ein Ausschnitt, der auch nur ein bisschen Busenansatz zeigte, war grundsätzlich tabu. Pfleghars Anordnung für mich lautete: »Dein Busen gehört mir und *Klimbim*, vergiss das nicht!«

Dabei verhinderte eine privat zugeknöpfte Ingrid Steeger nicht gerade die Flut an Nacktaufnahmen, die von mir durch die Presse geisterten. Ein Schweizer schnitt sogar einen Ingrid-Steeger-Sexfilm aus den verschiedenen *Report*-Episoden von mir zusammen. Ich erwirkte vor Gericht zwar eine einstweilige Verfügung für Deutschland, was mich ein kleines Vermögen kostete, doch in der Schweiz wurde der Film gezeigt. Das war nicht das letzte Mal, dass ich viel Geld für einen Anwalt ausgeben musste.

Der ganze Stress schlug sich, wie ich heute erkenne, auf meine Psyche nieder und äußerte sich nicht nur in Tränen, sondern auch in eigenartigen Krankheitssymptomen: Immer, wenn ich besonders schwierige Szenen für *Klimbim* hatte, bekam ich Hustenanfälle wie bei einer schweren Bronchitis. Erst als die Klappe für die allerletzte *Klimbim*-Folge gefallen war, verschwand auch der Husten – und sogar die Angst, mitten in einem Satz schlucken zu müssen. Doch bis es so weit war, vergingen sechs anstrengende, verrückte, aufregende Jahre.

ENDLICH EIGENES GELD

Bei *Klimbim* verdiente ich zum ersten Mal in meinem Leben regelmäßig Geld. Ungefähr dreitausend Mark pro Folge, von denen die Hälfte für die Steuer wegging. Mit dem Betrag, der zum Leben übrig blieb, musste ich manchmal mehrere Monate auskommen, denn wir produzierten immer nur sechs Folgen pro Jahr. Große Sprünge machen oder gar Rücklagen bilden war also nicht drin. Mit uns *Klimbim*-Schauspielern konnte man das machen, denn wir waren damals niemand. Und warum sollte man jemandem, der vollkommen unbekannt war, eine hohe Gage zahlen? Hohe Gagen gibt es in unserem Geschäft erst, wenn man einen Namen hat. Na ja, selbst Elisabeth Volkmann, die zu der Zeit bereits ein wenig bekannter war, bekam für ihre Rolle als Mutter Jolanthe trotzdem nicht mehr als der Rest der »Familie«.

Auch später, als *Klimbim* erfolgreich war, gelang es uns nicht, höhere Gagen bei der Produktion durchzusetzen. Einmal wagten wir, danach zu fragen, doch man sagte uns nur: »Den Namen holt ihr euch bei *Klimbim* und das Geld gefälligst von woanders.« So blieb es bis zum Schluss. Über die gesamte Laufzeit der Produktion bekamen wir keine Gagenerhöhung und bis heute auch kein Wiederholungshonorar.

Als ich mich 1975 von Stickel hatte scheiden lassen, wollte der Scheidungsrichter wissen, wie viel ich im Jahr verdiente. Ich nannte wahrheitsgemäß eine relativ geringe Summe, denn damals hatte ich auch noch keine Nebeneinnahmen, zum Beispiel durch Werbung. Der Richter lachte zuerst nur, denn er konnte es nicht glauben, dass die vom Fernsehen bekannte Ingrid Steeger so wenig Geld verdiente.

Deshalb war ich, genau wie meine *Klimbim*-Kollegen, darauf angewiesen, dazuzuverdienen, beispielsweise durch Werbung, Gastauftritte in Shows und Autogrammstunden. Alles in allem schnitt ich mit diesen Zusatzaufträgen finanziell nicht schlecht ab. Werbeauftritte, in denen ich nur kurz präsent sein musste, die also auch nicht viel Drehzeit beanspruchten, waren besonders lukrativ. Aber so, wie das Geld reinkam, ging es auch wieder raus.

Plötzlich waren viele Menschen um mich herum. Jeder wollte etwas von mir, natürlich auch Geld, und ich gab es gern. Ich war fast glücklich: Ich, Klein Steeger, wurde gebraucht! Hier Benzinkosten bezahlen, da die Miete übernehmen oder Freunden den Kühlschrank für eine Woche füllen ... Das Helfen tat mir gut. Ich habe nie Geld verliehen, ich gab es und sagte meinen Standardsatz: »Du brauchst mir nichts zurückzugeben, aber wenn es mir mal schlecht gehen sollte, dann denk an mich!« Viel, viel später zeigte sich, dass von denen, die gern genommen hatten, keiner an mich dachte ...

Zum Glück war es nicht schwer, an Werbeaufträge zu gelangen, ich musste selbst gar nicht viel dafür tun. Die Leute kamen auf mich zu, und ich sagte Ja, so wie ich zu vielem Ja sagte. Ich dachte nicht weiter darüber nach, auch nicht, weshalb ich wohl so gefragt war.

Ich warb schließlich für alles Mögliche – für eine Bank, für eine Möbelfirma, ich musste in einem Spielcasino eine goldene Kugel ins Spiel bringen, den Startschuss beim Sechstagerennen geben, und ich gab viele Autogrammstunden, die damals ebenfalls begehrt waren.

Besonders gut bezahlt war Fernsehwerbung. Unter anderem drehte ich mehrere entzückende Werbespots für die Rolo-Schokoladenpralinés. In jeder Folge war ich als irgendeine Figur verkleidet, zum Beispiel als Micky Maus, die aus einem Mauseloch kriecht und einen Rolo-Werbespruch aufsagt, während sie scheinbar eine Rolo-Praline von einer Backe in die andere schiebt. In Wirklichkeit hatte ich einen Korken im Mund. Dazu musste ich etwas sagen wie: »Lieber Kater, Rolo bringt dein Mäuschen völlig aus dem Häuschen!« In diesem Moment taucht der riesige Schatten einer Katze auf, ich schrecke zusammen, und das war's.

In einem anderen Spot musste ich vorsichtig im kurzen Röckchen über eine Bühne laufen, ein bisschen im Stil des Nummerngirls bei *Klimbim*. Die Bretter knarren, ich drehe mich um, lege den Zeigefinger an die Lippen und mache »psst« in Richtung des imaginären Publikums. Dann verschwinde ich hinter dem Vorhang, komme wieder vor und sage: »Übrigens – das war eine Schleichwerbung für Rolo!« Die Firma bekam sogar eine Auszeichnung dafür.

In dieser Art gab es viele verschiedene Folgen, ich war das für Rolo, was man heute Testimonial nennt, durch mich gewann die Marke an Glaubwürdigkeit. In einem Spot imitierte ich beispielsweise Marlene Dietrich und sang: »Ich bin von Kopf bis Fuß« – dabei schob ich wieder den Korken von der rechten in die linke Wange – »auf Rolo eingestellt, weil's schmeckt und mir gefällt und sonst gar nichts.« Ich war auch Charly Chaplin, Karnevalsmädchen, ein Bayer und alles Mögliche andere. Solche Auftritte waren eigentlich eine ganz nette Eigenwerbung, und ich erhielt für damalige Verhältnisse richtig gute Honorare. Natürlich hatte ich immer alles mit Pfleghar abzusprechen. Trotz Agentur. Und das war mir damals nicht nur unangenehm, ich gab die Verantwortung in dieser Hinsicht sogar gern ab und hätte mich wohl auch völlig überfordert gefühlt, mich neben dem harten Job selbst zu managen.

STUMM AUF SARDINIEN

Das Verhältnis zwischen Pfleghar und mir kann man im Nachhinein eigentlich nur als schräg bezeichnen, wenn nicht sogar als Psychodrama. Wenn ich zurückdenke, habe ich eigentlich immer nur geweint. Gingen wir zusammen mit seinen Freunden oder Geschäftsleuten aus, dann ignorierte er mich regelrecht. Er tat, als wäre ich Luft für ihn. Er sah durch mich hindurch, ich war für ihn überhaupt nicht vorhanden. Um mich herum unterhielten sich alle bestens, aber er bezog mich nicht einmal durch Blicke in das Gespräch mit ein. Ich saß irgendwann nur stumm in einer Ecke und heulte schweigend in mich hinein. Auch darauf folgte keine Reaktion von ihm. Mir liefen dann die Tränen bald nur so über das Gesicht, ohne dass ich dabei eine Miene verzog.

Vielleicht waren Pfleghar meine Gefühle einfach nur egal, vielleicht gefiel es ihm sogar, dass ich seinetwegen weinte. Genau genommen verhielt ich mich in seiner Gegenwart wie ein kleines geprügeltes Hündchen und fühlte mich schrecklich minderwertig. Ich freute mich, wenn er mir Aufmerksamkeit schenkte, und wartete geduldig und still leidend, wenn er keine Zeit für mich hatte und mich ignorierte.

Es war ihm durchaus wichtig, dass ich ihn möglichst oft begleitete und bei ihm war. Besonders intensiv sind mir deshalb die gemeinsamen Aufenthalte in seinem Haus auf Sardinien in Erinnerung. Das dreistöckige, schmale Haus lag ganz nah am Meer in einem kleinen Ort, dessen Namen ich vergessen habe. Unten befand sich das Gästezimmer mit Bad, darüber das Schlafzimmer und darüber das Wohnzimmer mit Küche, außerdem gab es oben eine wunderschöne weitläufige Terrasse. Nicht zu vergessen das kleine Motorboot, das zum Haus gehörte.

Wir flogen sooft dorthin, wie es ging, selbst für zwei oder drei Tage, wenn wir gerade Drehpause bei *Klimbim* oder einer anderen Produktion hatten. Häufig waren wir dort nur zu zweit, aber nicht selten nahm er auch seine gesamte Entourage aus Freunden und Jasagern mit.

Pfleghar war mit vielen Menschen befreundet, auch mit sehr bekannten Leuten. Er hatte Ende der sechziger Jahre in Amerika gelebt und war eine Zeitlang mit Frank Sinatras Tochter Tina liiert. Dadurch hatte er noch immer direkten Zugang zur ganz großen Welt des amerikanischen Showbusiness. Entsprechend gestaltete er seinen Lebensstil: Er flog nicht im ordinären Linienflugzeug, sondern mietete ein teures Privatflugzeug mit Privatpilot, der dann auf Sardinien tagelang darauf warten musste, bis er den Befehl bekam, die ganze Truppe wieder nach Deutschland zurückzufliegen. Und selbstverständlich bezahlte Pfleghar alles – Hotels, Restaurantrechnungen, Getränke, Flüge –, war deshalb oft in finanziellen Schwierigkeiten und lieh sich häufig Geld von Freunden. Auch ich gab ihm Geld – einen kleinen Teil bekam ich sehr viel später sogar zurück.

Dort auf Sardinien, wo es eigentlich wunderschön hätte sein können, weinte ich mehr, als dass ich lachte. Sobald andere mit dabei waren, war Pfleghar peinlichst darauf bedacht, dass wir nicht miteinander in Verbindung gebracht wurden. Ich musste im selben Hotel um die Ecke schlafen wie die anderen, obwohl alle wussten, dass er und ich ein Verhältnis hatten. Und wenn die anderen nachts zum Schlafen ins Hotel gingen, ging ich mit und lief anschließend zu Fuß zurück zu ihm ins Haus, um die Nacht bei ihm zu verbringen. Frühmorgens schlich ich mich wieder zurück ins Hotel und musste beim Frühstück das wissende Grinsen der anderen ertragen.

Das war nicht nur auf Sardinien so, sondern grundsätzlich immer, wenn wir Außenaufnahmen hatten und wir nicht zusammen in einem Hotel wohnten. Für Pfleghar war diese Geheimnistuerei selbstverständlich, und ich schwieg dazu, wie immer.

Auch auf Sardinien gab es keine echte Nähe zwischen uns.

Abends liefen wir schweigend am Strand nebeneinanderher, von Romantik keine Spur. Ich wagte nicht einmal, ihn anzusprechen. Aber was das Schlimmste für mich war: Ich traute mich nicht, ihn zu berühren. Diese Abende waren besonders schrecklich für mich. Das Meer, die Sterne – es hätte so schön sein können! Warum legte er nicht ein einziges Mal den Arm um mich? Ich hatte solche Sehnsucht danach, und doch gab es nie richtige Zärtlichkeit zwischen ihm und mir.

Es gab jedoch einen Menschen, der vielleicht zumindest ein wenig verstehen konnte, was ich durchmachte: Günter Netzer. Er war ein enger Freund von Pfleghar, zwischen den beiden bestand eine richtige Kumpelfreundschaft. Ein paarmal waren er, Pfleghar und ich zu dritt auf Sardinien, und ich erinnere mich, dass diese Aufenthalte für mich immer zu den schönsten gehörten.

Günter Netzer war damals bereits einer der besten und bekanntesten deutschen Fußballspieler, er hatte großen Erfolg und wurde überall erkannt. Wir kamen kaum mit ihm über die Insel, ohne dass er angesprochen wurde. Ich empfand ihn als sympathischen, ehrlichen, direkten, extrem zurückhaltenden, ja fast schon schüchternen Menschen. Auch er redete nicht viel, genau wie ich. Pfleghar war in unserer beider Augen ein großer Macher, und ich nehme an, dass Netzer Pfleghar damals irgendwie bewunderte.

Wenn Netzer und ich uns heute ab und zu treffen, nehmen wir uns schweigend in die Arme, und für einen kurzen Moment kommt die gemeinsame Erinnerung an Pfleghar und Sardinien zurück. Und obwohl die beiden gute Freunde waren, freute Günter Netzer sich später sehr für mich, als er hörte, dass ich es geschafft hatte, mich von Pfleghar zu trennen. Er schien zu wissen, dass dieser Mann nicht gut für mich war.

KLIMBIM IST UNSER LEBEN

Die Kollegen, mit denen ich über Jahre hinweg *Klimbim* drehte, wurden für mich so etwas wie eine Familie, wenn auch eine ziemlich spezielle. Nach den ersten beiden Staffeln änderte sich vor allem die Besetzung der männlichen Hauptrollen. Am Anfang waren Dieter »Gustl« Augustin und Manfred Jester dabei, die heute beide nicht mehr leben. Gustl Augustin spielte den Vater der Familie, Manfred Jester den Onkel. Beide nahmen das Ganze während der ersten beiden Folgen wohl nicht so richtig ernst, jedenfalls kehrten sie häufig erst morgens betrunken ins Hotel zurück, wenn ich bereits zum Drehen ins Studio fuhr. Sie kamen natürlich zu spät und lästerten über die Dreharbeiten. Die Konsequenz war, dass sie nach zwei Folgen umbesetzt wurden. Wahrscheinlich haben sie das später bereut.

Elisabeth Volkmann und ich blieben an Bord, während Gustl und Manfred durch neue Schauspieler ersetzt wurden. Horst Jüssen gehörte nun zur »Familie«, und schließlich, als Letzter, kam Peer Augustinski dazu, den ich als Einzige Pierre nennen darf, weil mir der Name so besser gefällt. Pierre spielte verschiedene Rollen, unter anderem den Vermieter, den Gasmann oder den Vertreter. Und alles, was bei *Klimbim* blond war, hatte ich zu spielen, die Jüngste am Set. Es dauerte nicht lange, und meine Kollegen begannen, mich ganz selbstverständlich mit meinem Rollennamen Blondie anzusprechen. Vor allem Horst Jüssen nannte mich bald auch im richtigen Leben so. Zumindest konnte ich mich damit trösten, dass niemand auf die Idee kam, mich Horror-Gaby zu nennen.

Die engste Verbindung hatte ich über die Jahre mit meiner *Klimbim*-Mutter Elisabeth Volkmann alias Jolanthe von Scheußlich. Elsbeth und ich mochten uns sehr. Sie konnte entzückend sein und sich rührend um andere kümmern, aber sie war auch unberechenbar und aggressiv. Es war wie bei Dr. Jekyll und Mr. Hyde. Alle, die sie kannten, wissen das.

Elsbeth spielte also meine Mutter in *Klimbim*, und so war sie auch in der Realität. Wenn Elsbeth etwas nicht passte, und das passierte hauptsächlich, wenn sie zu viele Malteser getrunken hatte, dann reagierte sie genau wie meine *Klimbim*-Mutter – mit dem einzigen Unterschied, dass sie mich nicht schlug. Dann war es besser, wenn man schwieg, denn ihr Echo war schwer zu ertragen. Aber ich hatte sie trotzdem gern.

Beruflich verbrachten wir eine lange Zeit miteinander, zuerst bei *Klimbim*, dann in den *Himmlischen Töchtern*, wo Elsbeth einen Gastauftritt hatte, und in der Serie *Susi*. Dazu kamen viele gemeinsame Showauftritte wie in den *Montagsmalern* und dem *Blauen Bock*, Talkshows und Sendungen wie *Verstehen Sie Spaß?*, wo mal sie mich mit versteckter Kamera reinlegte und mal ich sie. Unsere Wege kreuzten sich ständig, auch privat.

Immer wenn es darauf ankam, hielten Elsbeth und ich fest zusammen. Pfleghar wollte eine Zeitlang beispielsweise, dass ich zunahm, damit ich eine Figur bekam wie Marilyn Monroe. Die Presse schrieb damals über mich als »Westentasche-Monroe«, vielleicht hat ihn das geärgert. Ich war ihm zu handlich, nicht rund genug, kurzum: nicht sexy genug! Jeden Tag musste ich nun ein Stück Torte herunterwürgen. Ausgerechnet ich, die ich doch alles hasste, was süß war! Es war umsonst. Die Torte verursachte mir Brechreiz, und ich nahm kein Gramm zu, im Gegenteil: Ich wurde eher noch dünner.

»Ingrid, so geht das nicht weiter!«, erklärte mir Elsbeth eines Tages rigoros. »Du siehst aus wie ein kleiner dünner Junge mit Brust. Du musst mal etwas Anständiges essen! Wir gehen jetzt zusammen einkaufen, und dann kochen wir.«

»Hier, im Hotel?«, fragte ich entgeistert. Es war das Interconti in Köln, wo wir während der Dreharbeiten zu *Klimbim* immer wohnten.

»Natürlich, Dummchen, was dachtest du denn?« Sprach's,

nahm mich am Arm und marschierte mit mir in die Lebensmittelabteilung von Hertie.

Schwer bepackt kehrten wir nach einer Stunde ins Hotel zurück und verbargen die Tüten hinter unseren Rücken, während wir die Hotelhalle durchquerten, damit die Leute an der Rezeption nichts bemerkten. Anschließend liehen wir uns bei der Requisite einen Campingkocher aus und machten uns auf dem Hotelzimmer Spaghetti mit Tomatensoße und viel Knoblauch. Das Hotel übersah unsere Kocherei mit einem gequälten Lächeln, obwohl der ganze Flur nach Knoblauch stank. Doch auch Aktionen wie diese nützten nichts, ich nahm einfach nicht zu.

Für den Fall, dass Pfleghar bei den Szenen mit der gesamten *Klimbim*-Familie, die oft sehr kompliziert und schwierig waren, ungnädig werden könnte, versteckten Elsbeth und ich in der Requisite einen »Überlebenstrunk«, wie Elsbeth das nannte – es war Orangensaft mit einem Schuss Wodka –, und verschwanden auffällig oft. Langsam wurden wir immer frecher und nahmen unsere Gläser mit ins Studio – das, was drin war, sah ja wie Orangensaft aus. Eines Tages passierte das Unvermeidliche: Pfleghar hatte Durst, trank den »Saft«, und Elsbeth und ich erstarrten. Das war's – aber diesmal bekam nicht nur ich Ärger. Elsbeth scherte das jedoch nicht im Geringsten, sie brachte danach einfach immer einen kleinen Flachmann mit und versteckte ihn in der Sofaritze der *Klimbim*-Familie. Es klappte ganz gut!

Abends nach den Dreharbeiten sah ich Elsbeth und meine Kollegen nur selten. Pfleghar erlaubte mir nicht, in meiner Freizeit mit meiner »Familie« zusammenzusitzen. Es dürfe kein »Geklüngel« entstehen, war seine Begründung. Das gefiel mir nun gar nicht. Was für ein »Geklüngel« sollte das sein, was befürchtete er? Ich konnte nach der Arbeit doch nicht ständig allein im Hotelzimmer sein! Also traf ich meine Kollegen hin und wieder und bald immer öfter in der Bierstube des Interconti, wo wir nach Drehschluss zusammenkamen.

Ein netter Mensch an der Rezeption gab mir sofort Bescheid, sobald Pfleghar das Hotel betrat, so dass ich schnell über die Treppe nach oben und in mein Zimmer flitzen konnte. Auch damit ich telefonisch für ihn erreichbar war, wenn er von seinem Zimmer aus seine üblichen Kontrollanrufe tätigte. Nur einmal erwischte er mich, dass ich nicht auf dem Zimmer war. Aber das war es mir wert.

Die Einstellungen mit der *Klimbim*-Familie mochte ich immer am liebsten, weil es mich nicht allein betraf, wenn Pfleghar eine Szene endlos wiederholen ließ. Dann bekamen auch die anderen mal etwas ab. Und als »Horror-Gaby« musste ich nur selten befürchten, eins von Pfleghar auf die Mütze zu bekommen, denn da brauchte ich ja weder sexy noch sonst etwas zu sein. Es fiel mir leicht, die Figur zu spielen. Sie machte mir sogar Spaß!

Dafür fing ich mir von Elsbeth die schlimmsten Ohrfeigen ein, allerdings nicht aus Bosheit, sondern weil es so im Drehbuch stand. Pfleghar wies sie an, kräftig zuzuschlagen, damit es echt wirkte und mein Kopf so richtig schön nach links und rechts fliegen konnte. Es tat jedes Mal höllisch weh, wenn Mutter Jolanthe mir eine knallte, sie hatte ziemlich viele und vor allem dicke Ringe an den Fingern. Ständig hatte ich davon aufgerissene Ohrläppchen. Einmal schlug Elsbeth so fest zu, dass ich aus dem Bild flog und die Szene noch einmal gedreht werden musste. Was heißt hier einmal!

Später erfuhr ich, dass man fingiert zuschlagen und es trotzdem echt aussehen lassen kann. Aber Pfleghar wollte es nun mal »richtig« echt. Ich arrangierte mich irgendwie mit dieser Art von Schlägen, die zumindest nicht ernst gemeint waren. Dumm war nur, dass ich oft schon vor dem Schlag zusammenzuckte, und das wiederum bedeutete neuen Ärger.

GASTSTARS BEI *KLIMBIM*

Das große Zugpferd bei *Klimbim* waren natürlich die Gaststars, die in jeder Folge auftraten. Fast jeder, der im deutschen und internationalen Film- und Showgeschäft Rang und Namen hatte, tauchte früher oder später auch bei *Klimbim* auf. Manche Gaststars erlebte ich nur aus der Ferne, sie kamen, hatten ihren Auftritt und waren wieder weg. Andere wiederum sind mir bis heute in Erinnerung, weil sie so witzig, charmant, chaotisch oder alles zusammen waren.

Mit Alice und Ellen Kessler beispielsweise bin ich bis heute sehr gut bekannt. Wir fallen uns jedes Mal in die Arme, wenn wir uns sehen, seit wir bei *Klimbim* die »Kessler-Drillinge« gaben. Die Story war einfach, aber witzig: Laut Drehbuch hatten die Kessler-Zwillinge in Wirklichkeit eine dritte Schwester, und dieser dritte Drilling war ich. Im Film mussten wir gemeinsam ein Lied singen und dazu tanzen, Vollplayback natürlich, denn ich konnte ja nicht singen und kann es bis heute nicht. Wir mussten alle drei die gleichen Bewegungen machen, und schließlich flog Alice und Ellen in einem Bluebox-Trick der Oberkörper vom Rumpf. Auf Alices Hüften setzte man stattdessen meinen Oberkörper, so dass mein Oberkörper mit Alices Beinen weitertanzte. Verstanden? Nein? Ich auch nicht.

Eine andere großartige Tanzparodie hatte ich mit der beeindruckenden Margot Werner, die früher Ballerina gewesen war, aber ihre Tanzkarriere beenden musste, weil sie zu groß war und die männlichen Partner sie nicht heben konnten. Es muss schlimm für sie gewesen sein, doch zum Glück konnte sie Anfang der siebziger Jahre eine zweite Karriere als Chanson-Sängerin starten. Sie hatte eine gigantische Stimme. Bei ihrem *Klimbim*-Auftritt trug Margot ein spanisches Kleid und sang ihr spanisches Lied *Er war ein Grande*. Ich tanzte dazu auf ihrer Hand – als Torero verkleidet und durch einen Trick verkleinert. Diese beeindruckende Frau mit den feuerroten Haaren hat im Juli 2012 leider Selbstmord begangen, indem sie sich aus dem dritten Stock eines Münchner Krankenhauses stürzte.

Besonders große Aufregung herrschte natürlich am Set, wenn einer der internationalen Stars zu uns kam – Jerry Lewis, Jean-Pierre Cassel, Curd Jürgens oder Gilbert Bécault, um nur einige wenige herauszugreifen. Wenn solch eine Berühmtheit bei uns auftrat, wurde Michael Pfleghar ganz handzahm, rollte gewissermaßen den roten Teppich aus und behandelte selbst mich recht manierlich. Deshalb freute ich mich immer unbändig auf solche Gastauftritte. Für einige Zeit hatte ich dann meine Ruhe, Pfleghar maßregelte mich nie vor den Gästen. Es waren glückliche Tage für mich.

Manche Begegnungen sind für mich bis heute unvergessliche Highlights geblieben. Mein Auftritt mit Jerry Lewis zum Beispiel. Ich hatte eine – leider viel zu kurze – Szene mit ihm, in der er mich, ohne etwas zu sagen, in den Arm nehmen sollte. Ich starb fast vor Glückseligkeit, weil ich ihn so verehrte, doch wir wechselten weder vorher noch anschließend ein einziges Wort. Darüber war ich eigentlich sehr froh, denn mit den wenigen Brocken Englisch, die ich damals sprach, hätte ich mich vermutlich entsetzlich blamiert. Außerdem wäre mir vor lauter Bewunderung wahrscheinlich gar nichts Vernünftiges eingefallen. Diesmal war ich dankbar dafür, dass wir diese Szene fünfmal wiederholten, und ich strahlte während des gesamten Drehs.

Manchmal traf ich auch alte Bekannte von früher wieder, Bubi Scholz zum Beispiel oder auch Udo Jürgens. Bubi kannte ich noch aus der Zeit, als ich in Berlin in dem winzigen Apartment lebte. Ich hatte das Gefühl, dass er damals ein bisschen an mir interessiert war. Ich kann mich erinnern, dass er mich einmal zu seinem Geburtstag zu sich nach Hause einlud, und ahnungslos, wie ich war, nahm ich noch einen Freund zu der vermeintlichen Party mit. Bubi reagierte darauf jedoch ziemlich empfindlich und schmiss den Freund raus, weil er eigentlich nur mich eingeladen hatte und mit mir allein sein wollte. Daraus wurde jedoch nichts, denn ich ging mit meinem Freund, und Bubi musste seinen Geburtstag allein feiern. Als wir uns bei *Klimbim* wiedersahen – er spielte meinen Trainer und ich den Boxer –, grinste er nur vielsagend. Und viel später, als er bereits dement war, traf ich ihn noch einmal zufällig in einem Restaurant in Berlin. Er war in Begleitung seiner letzten Frau, die sich aufopferungsvoll um ihn kümmerte, und war kaum mehr in der Lage, selbständig den Arm zu heben, weil er mehrere Schlaganfälle gehabt hatte. Ich musste fast heulen, so sehr schmerzte mich dieser Anblick. Dabei war Bubi einmal ein so kraftstrotzender und lebhafter Mann gewesen.

Ein weiterer Superstar der damaligen Zeit hatte natürlich ebenfalls einen Gastauftritt bei *Klimbim*: der großartige Curd Jürgens. Privat war er reizend, ganz anders als die Bösewichte, die er häufig in seinen Kinofilmen verkörperte. Er war unglaublich charmant, lachte viel und gerne, und auch er knuddelte mich ständig. Ich ärgerte mich sehr, dass meine Szene mit ihm schon nach dem ersten Mal im Kasten war. Er war perfekt, aber auch ich gab mir wahnsinnig Mühe, damit ich mich vor diesem berühmten Schauspieler nicht blamierte. Selbst der ewig mäkelnde Pfleghar war ganz stolz, wie gut ich »funktionierte« und dass er dem großen Curd Jürgens dadurch zeigen konnte, wie die Arbeit bei ihm flutschte.

In dem Sketch ging es darum, dass ich als Blondie Curd Jürgens für Udo Jürgens hielt und mich partout keines Besseren belehren lassen wollte. Natürlich hatte ich dabei ein gigantisches Abendkleid an und musste Curd Jürgens anhimmeln, was mir natürlich nicht schwerfiel. Der Ärmste musste ständig versuchen, mir zu erklären, dass er nicht Udo, sondern Curd Jürgens sei, aber ich ließ ihn überhaupt nicht zu Wort kommen, redete auf ihn ein, warf mich ihm an den Hals und schmolz nur so dahin.

Irgendwann gab er auf, spielte Udo Jürgens und trug mich

zu dessen Hit *Es wird Nacht, Señorita* auf seinen Armen raus. Ich war hingerissen.

Udo Jürgens wiederum kannte ich witzigerweise tatsächlich, und das sogar schon seit Jahren. Lange vor *Klimbim*. Als Udo irgendwann ebenfalls bei *Klimbim* auftrat, freuten wir uns beide sehr über das Wiedersehen. Und auch als ich später für kurze Zeit nach Zürich zog, begegneten wir uns oft.

Am allerliebsten arbeitete ich jedoch mit Theo Lingen, diesem großartigen Schauspieler, der im Privatleben extrem korrekt und höflich war. Er war zweimal Gast bei *Klimbim*, und später arbeiteten wir in den *Himmlischen Töchtern* zusammen. Einen wahnsinnig langen und komplizierten *Klimbim*-Sketch mit dem Titel *Der Klempner kommt* mussten wir x-mal proben, weil ständig etwas schiefging. Es sollte eine turbulente Verwechslungskomödie mit einer Menge Stars sein, unter ihnen Horst Buchholz, Willy Millowitsch, Maria Schell, Barbara Valentin, Hansjörg Felmy und eben Theo Lingen. Das Bühnenbild bestand aus einer Wand mit vielen Türen, und hinter jeder Tür verbarg sich ein prominenter Gast. Laut Drehbuch hatten ich oder Horst Jüssen eine dieser Türen nach der anderen zu öffnen, und der Prominente, der dahinter auftauchte, musste seinen Text sprechen.

Theo und ich gaben im Zusammenspiel mit den anderen unser Bestes, doch niemand hatte damit gerechnet, dass die anderen Gaststars – insbesondere Horst Buchholz, der betrunken oder bekifft oder beides war – ständig die Türen verwechseln würden, hinter denen sie stehen sollten. Nichts passte mehr. Es war entsetzlich, und der Perfektionist Pfleghar platzte fast vor unterdrückter Wut.

Theo war während dieser Chaos-Produktion mein Anker und mein Ruhepol. Er schrieb sich genau auf, hinter welcher Tür er wann stehen sollte und was er wann zu sagen hatte. Ich war jedes Mal heilfroh, wenn Theo hinter der Tür auftauchte, die die Regie für ihn vorgesehen hatte, so dass ich nicht wieder gezwungen war zu improvisieren, wie bei den anderen Gastschauspielern. Wie sagte Pfleghar immer? »Improvisieren ist unprofessionell!« Jeder Satz, jede Bewegung musste auf den Punkt kommen und perfekt sitzen, bis in den kleinsten Fingerknochen.

Ohne Theos moralische Unterstützung hätte ich dieses »Theaterstück« wohl kaum unbeschadet überstanden, dafür herrschte einfach ein zu großes Durcheinander, und ich bin eigentlich extrem penibel, und Theo sowieso: Auch er war ein Perfektionist! Wenn, aus welchen Gründen auch immer, wieder einmal etwas nicht passte und Pfleghar kurz vor einem Wutausbruch stand, ging mein Blick jedes Mal zu Theo Lingen. Wenn er mich dann nur ganz ruhig anschaute und aufmunternd nickte, wusste ich, dass ich meine Sache gut gemacht hatte, und konnte aufatmen. Theos Blick war besser als jedes Lob, denn ich wusste, dass er es ehrlich meinte. Und dann, ich konnte es kaum fassen, lobte auch Pfleghar mich: »Du und Theo, ihr wart die Besten!« Hurra! Er ließ das Ganze am nächsten Tag trotzdem noch einmal vollständig aufzeichnen.

Auch später, als ich bei den *Himmlischen Töchtern* die Kikki und eine Prinzessin als komplizierte Doppelrolle zu spielen hatte, bekam ich, die kleine Ingrid Steeger, wiederholt Lob von Theo Lingen für mein genaues Spiel: »Egal, wie oft du das spielst, Ingrid – du bist immer gleich gut. Nichts weicht ab. Das ist etwas Besonderes, nicht jede kann das!« Mehr sagte er nicht. Doch für mich war das wie ein Ritterschlag.

Ich werde es Theo Lingen auch nicht vergessen, wie er mich auf einer riesigen Benefizveranstaltung mit jeder Menge Gaststars vor den Avancen von Inge Meysel rettete – die große Inge Meysel, von der man heute weiß, dass sie lesbisch war. Sie war bekannt dafür, dass sie hinter der Bühne gerne mal in einem offenen Bademantel herumlief, unter dem sie oben ohne war.

Auf dieser Veranstaltung sollte ich als Nummerngirl auftreten, ähnlich wie in *Klimbim*. Hinter der Bühne waren in einem riesigen Saal jede Menge Schauspielstars und Scharen von Maskenbildnern versammelt – ein Riesengetümmel, alle wurden dort geschminkt. Und Inge Meysel lief mir immer hinterher und machte mir eindeutige Avancen. Mir war das entsetzlich peinlich, ich wusste gar nicht, wie ich reagieren sollte. Sie war eine so bekannte Persönlichkeit, und ich wollte mir keinen Ärger einhandeln. Irgendwann bekam Theo das mit, stellte sich ihr in den Weg und sagte nur: »Inge, lass Ingrid in Ruhe und kümmere dich um deine eigenen Sachen! Sie will das nicht.« Inge Meysel schnappte zwar nach Luft und sah Theo entrüstet an, doch von nun an hatte ich Ruhe. Das werde ich ihm nie vergessen – noch heute muss ich, wenn ich an Theos Einsatz denke, lachen.

Nach der Vorstellung stand ich plötzlich Heinz Rühmann gegenüber. Er schaute mich schweigend an, nahm mich in den Arm und ging. Der große Heinz Rühmann! Ich war selig. Was für ein toller Abend!

Seit meiner Arbeit mit Theo Lingen habe ich mir angewöhnt, mir beim Drehen oder beim Theaterspielen immer einen Menschen hinter der Bühne oder hinter der Kamera auszugucken – einen Beleuchter, einen Kameramann oder eine Maskenbildnerin –, von dem ich das Gefühl habe, dass er mich mag und mir wohlgesinnt ist. Von diesem Menschen hole ich mir dann die Bestätigung, ob ich meine Sache gut gemacht habe. Ein Nicken, ein Lächeln genügten mir dafür. Wir sprechen das vorher nicht ab, sie spüren es, dass mir ihre Meinung wichtig ist.

DIE VERDREHTEN WAHRHEITEN

Mit das Schlimmste, an das ich mich im Zusammenhang mit meinem plötzlichen Erfolg bei *Klimbim* erinnere, war die Tatsache, dass ich nun immer wieder Interviews geben und in Talkshows auftreten musste.

Das erste Mal war ich zu Gast in der NDR *Talk Show*. Vor Aufregung konnte ich nächtelang davor nicht schlafen, und in der Sendung lief mir vor Angst, etwas Falsches zu sagen und mich dadurch zu blamieren, buchstäblich das Wasser von den Händen. Für jemanden wie mich, die eigentlich nie von sich aus sprach, war es ein Gräuel, vor Publikum auf private Fragen antworten zu müssen. Ich bemühte mich, mir bereits vorher Wörter und ganze Sätze zurechtzulegen und sie auswendig zu lernen. Natürlich funktionierte das nachher nur in den seltensten Fällen, und ich fühlte mich während der Sendung sichtlich unwohl. Die Moderatoren waren erstaunt über meine extreme Schüchternheit. Sie verstanden sie zwar nicht, aber sie fühlten mit mir. Ingrid Steeger, die sexy Ulknudel aus *Klimbim*, musste doch eigentlich auch im Privatleben frech, frei, offen und lustig sein – ulkig eben! War sie aber nicht. Ich war verklemmt und hatte Angst vor jeder Frage, genau wie früher in der Schule.

Bis heute habe ich diese Angst nie ganz abgelegt. Besonders hart ist es für mich, wenn ich als letzter Gast interviewt werde. Ich bin sowieso schon angespannt, und die Aussicht, auch auf Zwischenfragen zu den Themen der anderen Gäste in der Runde antworten zu müssen, macht das alles andere als besser. Wenn ich dann an der Reihe bin, meist viel kürzer als geplant, weil die Talkrunde sich an anderer Stelle schon »verquatscht« hat und die Sendezeit nicht überschritten werden darf, frage ich mich, wieso ich mich nur immer wieder so verrückt mache. Aber abstellen kann ich das nicht.

Heutzutage kommt man an Talkshows nicht vorbei, wie schön, wenn man es dann zumindest schafft, sie für ein eigenes Anliegen zu nutzen. Dann macht das wieder Sinn. Und so läuft es nun mal. Doch damals zu *Klimbim*-Zeiten war ich in dieser Hinsicht wirklich naiv. Talks und Interviews nutzen, das war mir völlig fremd. Und jedes Mal war ich hinterher entsetzt, was ich in Sendungen gefragt und was nach Zeitungsinterviews über mich geschrieben wurde. Kaum etwas stimmte mit der Wahrheit überein, fast alles war verdreht. Ich war jedes Mal fassungslos. Pfleghar verlangte irgendwann, dass man jegliche Interviews, Talks und andere Fernsehauftritte – auch das war Werbung für mich *und* für *Klimbim* – vorher mit ihm absprach. Auch wenn ihm der Regisseur oder die Besetzung eines Filmangebots nicht passten, musste ich absagen. Und er achtete stets penibel darauf, dass ich bei allen Terminen hochgeschlossene Kleider trug. »Dein Busen gehört *Klimbim* und mir. Ich habe also das letzte Wort, vergiss das nicht!«, sagte er immer wieder.

Einmal, es war im Jahr 1975, sollte ich als Gast in der Show *Berlin grüßt Bern* mit Peter Frankenfeld auftreten und ein Lied mit Edith Hancke singen. Der Text lautete: »Wir sind süß, aber doof, wir sind doof, aber süß.« Es war aber wirklich süß. Natürlich sangen wir Vollplayback. Das entsprechende Kleid für die Frankenfeld-Show wählte Pfleghar vorher persönlich für mich aus. Ein Kleid ohne Ausschnitt. Ich zog später aber trotzdem ein anderes an, mit einem Hauch von Ausschnitt. Das gab Riesenärger, Pfleghar warf das Kleid danach in hohem Bogen aus dem Fenster des Kölner Interconti. Immerhin, ich hatte mich ihm zum ersten Mal widersetzt!

Ich erzählte Pfleghar nicht, was Peter Frankenfeld, mit dem ich in der Sendung noch einen entzückenden Sketch gespielt hatte, später zu mir sagte: »Wenn du meine Freundin wärst, würde ich dich in einem goldenen Käfig einsperren.« Pfleghar hielt mich sowieso schon an der kurzen Leine. Damals empfand ich es aber auch als hilfreich, dass er sich vor allem in Pressesachen immer wieder einmischte, denn es dauerte noch viele Jahre, bis ich selbst lernte, vorsichtiger mit Journalisten und Co umzugehen. Aber ich wurde schlauer und verstand, dass ich mir Kritiken einfach nicht zumuten durfte. Ich begann, Artikel über mich gar nicht mehr zu lesen. Bis heute mache ich das so. Wenn da nur nicht diese vermeintlich »guten« Freunde wären, die einem gerade das zustecken, was man lieber nicht wissen möchte. Ich sehe mir auch keine Fernsehtalks an, in denen ich aufgetreten bin, und Fernsehaufnahmen von mir kann ich mir höchstens Monate oder sogar Jahre später anschauen. Ich habe an mir immer etwas auszusetzen, und nur wenn es nicht mehr aktuell ist, kann ich mich einigermaßen akzeptieren. Dann ist es vorbei, Schnee von gestern.

Wenn mich aber Fans auf der Straße ansprechen, weil sie mich im Fernsehen oder in einer Talkshow gesehen haben, dann freue ich mich. »Sie sind immer so authentisch«, sagt man mir oft. Auch nach dem Talk bei Sandra Maischberger bekam ich das von einer Mittfünfzigerin zu hören. Das war 2010 – in einer sehr schwierigen Lebensphase. Die Worte der Dame und ihre Umarmung mitten auf der Straße haben mir gutgetan.

ZWEI HIMMLISCHE TÖCHTER

Im Jahr 1977 gab es für mich ein wenig Abwechslung von *Klimbim*: Pfleghar beschloss, zwischen zwei *Klimbim*-Staffeln eine neue Comedy-Serie zu produzieren, eine Komödie in mehreren Folgen mit dem Titel *Zwei himmlische Töchter*. Ich sollte darin eine Hauptrolle spielen.

Es heißt immer, die Serie sei ein Spin-off, ein Ableger sozusagen von *Klimbim* gewesen, aber das ist nicht richtig. Es war zwar eine Komödie in mehreren Folgen, doch die Geschichte war durchkomponiert wie ein Film. Die Zuschauer dachten jedoch, es kämen wieder Sketche wie in *Klimbim*. Das war ein Irrtum und wahrscheinlich auch der Grund dafür, dass die Serie nicht so gut ankam – die Zuschauer hatten andere Erwartungen gehabt.

Trotzdem denke ich gern an die Dreharbeiten zurück. Es war eine harte Zeit, aber durchaus mit vergnüglichen Momenten, vor allem weil ich mich gut mit Iris Berben verstand.

Die *Himmlischen Töchter* waren zwei ehemalige Nachtclubtänzerinnen namens Chantal und Kikki, dargestellt von Iris Berben, die hier ihr Fernsehdebüt gab, und mir. Iris war damals in der Münchner Partyszene bekannt und lange mit Abi Ofarim liiert gewesen. Chantal und Kikki erben laut Drehbuch eine Ju 52, die sogenannte »Tante Ju«. Sie geben ihre Jobs auf, versuchen, das Flugzeug zu verchartern, und nehmen jeden noch so verrückten Auftrag an. Klaus Dahlen ist der Pilot und kann natürlich nicht fliegen, Iris und ich versuchen, den Job der Stewardessen zu übernehmen, was selbstverständlich zu schrägen Entwicklungen führt.

Die Innenaufnahmen wurden in den Bavariastudios gedreht, wo das Innere des Flugzeugs nachgebaut worden war. Doch die Außenaufnahmen fanden häufig mit der echten Maschine statt. Es war ein Wahnsinnsgefühl, mit der Tante Ju zu fliegen. Ach, wir flogen nicht, wir schwebten förmlich! Die Dreharbeiten waren aufregend und neu. Im Studio mussten wir viel mit Rückprojektion arbeiten, das heißt, dass sich der Hintergrund bewegt und die Schauspieler vor diesem bewegten Hintergrund agieren.

Iris und ich hatten viel Spaß beim Drehen und machten eine Menge Quatsch nebenher. Pfleghars Launen konnten uns dadurch nur wenig anhaben. Ich war zu der Zeit zwar noch mit ihm zusammen, nahm aber jede Gelegenheit dankbar wahr, mich seiner Dominanz zu entziehen. Klein Steeger begann ganz allmählich, so etwas wie Selbstbewusstsein zu entwickeln, und da kam die Neueinsteigerin Iris Berben, die sichtlich weniger Respekt vor Pfleghar hatte, gerade recht. Einmal verteidigte sie mich sogar gegen ihn, das werde ich nie vergessen. Wir mussten ein Lied im Studio aufnehmen, und ich hatte den Text am Drehort vergessen. Eigentlich war das nicht schlimm, es gab genügend Kopien, und die Zeilen waren obendrein eher von simpler Art gestrickt: »Wir sind Baumwollpflücker, Baumwolle wollen wir pflücken, wir sind Baumwollpflücker, wir pflücken jeden Tag! Oh mein Gott – wir pflücken und wir pflücken – oh mein Gott, der Rücken tut schon weh!« In der Inszenierung wurden Iris und ich schwarz geschminkt und mussten zu diesem Lied auch tanzen. Es war nicht so leicht wie gedacht, aber lustig. Für Pfleghar war die Tatsache, dass ich das Blatt mit den Texten vergessen habe, mal wieder ein Beweis dafür, wie unfähig ich war. Er warf mir vor, ich hätte keine Disziplin, dabei wusste er genau: Wenn jemand am Set Disziplin hatte, dann war ich das, ich gehorchte stets wie eine Eins.

»Das ist doch überhaupt nicht schlimm und gar kein Problem«, nahm mich Iris in Schutz. »Es ist total albern, Ingrid deswegen anzumeckern!«

Daraufhin war Pfleghar doppelt gekränkt. Eine Schauspielerin, die ihm Widerworte gab! Wütend verließ er das Aufnahmestudio, und wir nahmen das Lied ohne ihn auf. Iris und ich waren über Pfleghars Verschwinden nicht unglücklich, wenigstens hatte ich für den Rest des Tages Ruhe vor dem großen Zampano.

Es war nun keineswegs so, dass ich nur gelitten hätte während meiner Arbeit mit Pfleghar. Ich weinte viel, aber ich lachte auch viel. Ich suchte mir schon die Momente heraus, in denen ich meinen Spaß haben konnte. Anderen hätte das vielleicht nicht gereicht, aber ich war damit recht zufrieden. Doch es zeichnete sich schon während der *Himmlischen Töchter* ab, dass ich langsam – zu langsam – begann, mich von Pfleghar abzunabeln. Teammitglieder steckten mir überdies unentwegt, mit welcher Schauspielerin er angeblich gerade ein Verhältnis hatte. Lange Zeit versuchte ich, die Gerüchte zu ignorieren – zu oft hatte ich das in den vergangenen Jahren schon gehört –, aber es gelang mir nicht richtig.

DIE DROGEN UND DIE TRENNUNG

Es war an einem drehfreien Wochenende. Zwei Tage kein *Klimbim*! Ob Pfleghar wohl in Köln bleiben oder wegfahren würde? Er blieb!

»Komm heute Abend zu mir rüber ins Zimmer, ich hab da etwas für uns!«, raunte er mir am Samstagmorgen zu. Etwas für uns? Ich war neugierig, was das wohl sein könnte.

Erwartungsvoll ging ich am Abend zu ihm. Wir bestellten Essen und aßen wie immer schweigend. Dann gab er mir eine kleine Tablette. »Schluck das, es wird uns guttun!«

Was war das? Er erklärte es mir nicht. »Du wirst schon sehen!«

Ich nahm die Pille und wartete, was passieren würde. Gefühle wie Misstrauen und Angst waren wie ausgeschaltet, es galt für mich nur zu tun, was Pfleghar wollte. Die Wirkung der Tablette zog mir jedoch kurz darauf den Boden unter den Füßen weg. Ich sah meine ganze Umgebung völlig verzerrt, Pfleghars Gesicht, Körper, das Bett, die Türen – alles schien zu zerfließen, und überall war plötzlich Blut! Ich blutete, Pfleghar blutete. Aus seinen Augen, aus seinem Mund floss Blut, wir wateten in Blut.

Blankes Entsetzen ergriff mich. Nur raus hier!, war das Einzige, was ich denken konnte. Weg von diesem Horror!

Verzweifelt versuchte ich, das Fenster zu öffnen, aber Pfleghar zog mich zurück. Was war mit mir los? Ich bestand nur aus panischer Angst. An das, was danach passierte, erinnere ich mich nicht mehr, aber es dauerte Stunden, bis ich wieder einigermaßen zu mir kam. Ich hatte LSD geschluckt, wie mir Pfleghar hinterher erklärte, und offenbar einen Horrortrip gehabt!

Das Schockerlebnis wirkte noch den ganzen Sonntag in mir nach, ich nahm nichts richtig wahr und starrte nur vor mich hin. Am Montag stand ich – wie Pfleghar auch – wieder im Studio, keiner sollte es merken.

LSD war in den Siebzigern die Modedroge schlechthin, und von nun an hatte ich öfters »solche« Wochenenden. Vorsichtshalber gab Pfleghar mir fortan nur die halbe Dosis, doch die Wirkung war bei mir fast immer die gleiche: Es war grausig. Von nun an freute ich mich nicht mehr auf unsere

1 Unbeschwerte Glücksmomente einer harten Berliner Kindheit: Mit meinem Bruder Udo und meiner Schwester Jutta (rechts) genieße ich das Strandleben am Wannsee (um 1949).

2 (oben) Meine Schwester Jutta und ich halten zusammen. Das war schon in der Jugend so - und hat sich bis heute nicht geändert. Hier sieht man uns Mitte der 60er in von Jutta genähten Kostümen.

3 (unten) Auf der Bühne des »New Eden« Ich gewinne die Wahl zur »Miss Filmfestspiele 1968« und bekomme von Rolf Eder (Mitte) tausend Mark, aber ich schäme mich entsetzlich, weil ich dafür im Bikini vor großem Publikum rumhopsen musste

4 Braut in Latzhose und Ziegenfellweste: mit meinem ersten Ehemann Lothar Elias Stickelbrucks, genannt »Stickel«, am 17. April 1973 vor dem Wilmersdorfer Standesamt.

5 (rechts) Der Durchbruch mit *Klimbim:* Aus Ingrid Stengert/Steger/Steeger wird Horror-Gaby mit Nickelbrille und Entenlätzchen …

6 (unten)… ein kleiner Sträflingsjunge …

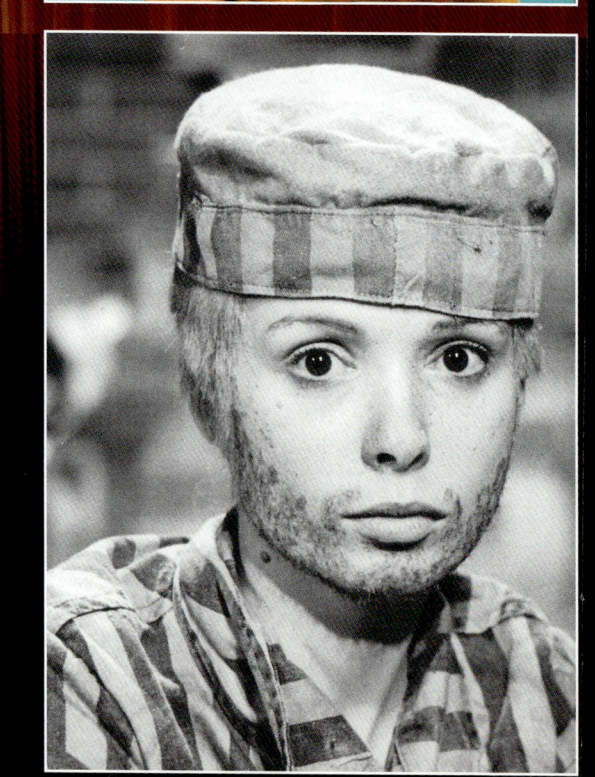

7 (links) … oder ein mondäner Vamp: mit Alice und Ellen Kessler in der *Klimbim*-Nummer »Die Kessler-Drillinge«.

8 (unten) Ein Fliegengewicht im wahrsten Sinn des Wortes: Mit meinen nur 1,58 Metern spiele ich in *Klimbim* neben dem großen Bubi Scholz (r.) einen kleinen Boxer.

9 (oben) *Die himmlischen Töchter:* Als Chantal und Kiki stehen Iris Berben (r.) und ich gemeinsam vor der Kamera. Hinter uns Regisseur Michael Pfleghar.

10 (unten) *Susi,* eine sechsteilige TV-Serie, ist mein letztes Filmprojekt mit Michael Pfleghar. Hier eine Probenszene aus dem Jahr 1980 mit Peer Augustinski (l.) und Klaus Dahlen.

11 (oben) Aus Ingrid Stengert wird Ingrid Steger, zunächst nur mit einem »e«: Das erste »Nacktfoto«, entstand 1966. Wenn ich es mir heute ansehe, muss ich herzlich lachen.

12 (links) Ingrid Steeger, die »Westentaschen-Monroe«? Mit *Klimbim* werde ich zum Sexsymbol und zum Star. Hier als »Blondie« im Brautkostüm.

13 (rechts) Zwischen zwei Welten: mit dem ehemaligen Großwildjäger und Lodge-Betreiber Peter Koenecke und der Schäferhündin Cole vor der Eingangstür seines Hauses in Mombasa (um 1978).

14 (unten) Auf Safari: Für dieses Fotoshooting in Kenia darf ich den Wildtieren Afrikas ganz nahe kommen, wie hier einem Geparden (1977).

beiden drehfreien Tage. Einmal versuchte ich, mit ihm darüber zu reden, aber er schwieg. Er gab mir mal wieder das Gefühl, dass alles, was ich sagte oder fragte, bescheuert war. So bescheuert, dass man gar nicht darauf reagierte. Ich fragte nie wieder.

Ein paar Monate später brachte er ein weißes Pulver mit, zog damit eine Linie auf der Tischplatte, rollte einen Geldschein zusammen und zog das Pulver durch die Nase ein. Kokain. Zur »Stimulierung der sexuellen Leistungsfähigkeit«, wie er mir später erklärte. Das war ihm wichtig. Bei mir zeigte das Pulver jedoch nicht die von ihm erhoffte Wirkung: Mir wurde nur unendlich übel, und ich konnte den Kopf weder nach links noch nach rechts drehen. Ihm gefiel es trotzdem. Von nun an nahmen wir beides, mal LSD, mal Kokain, und beides war für mich entsetzlich. Mein Körper rebellierte. Ich war jetzt immer froh, wenn Pfleghar am Wochenende wegfuhr. Ich wollte das alles nicht mehr, ich spürte vielleicht mehr instinktiv, dass ich das nicht überleben würde. Ich muss großes Glück gehabt haben, dass mein Körper und meine Psyche nicht abhängig von den Drogen wurden – ohne Pfleghar kam ich nicht mal auf die Idee, welche zu nehmen, viel zu bedrohlich waren die Erlebnisse im Drogenrausch. Vielleicht habe ich in dieser Hinsicht einen Schutzengel gehabt.

Einmal verschwand Pfleghar für eine ganze Woche während der Dreharbeiten, und niemand hatte eine Ahnung, wo er war. Damals hatte er eine Wohnung in Paris, in die er sich immer öfter zurückzog. Und nur ich wusste in der besagten Situation Bescheid: Er lag in einem Pariser Krankenhaus, nachdem ein alter Freund von ihm, den auch ich gut kannte, ihn in seiner Wohnung gefunden hatte, vollgepumpt mit Drogen. Der Dreh wurde unterbrochen und so lange verschoben, bis Pfleghar wiederauftauchte. Die offizielle Erklärung für sein Verschwinden war: Er habe in Rom einen Autounfall gehabt, sei eine Zeitlang wegen einer Gehirnerschütterung nicht ganz bei sich gewesen und instinktiv nach Paris geflüchtet. Zum Glück hatten wir alle eine Ausfallversicherung, so dass wir trotzdem unsere Gagen bekamen.

Danach ging alles scheinbar normal weiter. Niemand ahnte etwas, keiner merkte etwas. Wir drehten nach Pfleghars Rückkehr einfach weiter, als wäre nichts gewesen, aber für mich wurde die Situation immer quälender. Immer noch gehorchte ich seinem Verbot und sprach mit keiner Menschenseele über unsere Beziehung. Nicht einmal mit Jutta. Wenn ich bei ihr war und Pfleghar mich anrief, verschwand ich im anderen Zimmer, schloss mich ein, redete mit ihm und kam Minuten später heulend wieder heraus. Aber auf Fragen zuckte ich nur mit den Schultern. Und Jutta gab es irgendwann auf, nachzubohren, ich antwortete sowieso nicht. Sie litt wortlos mit mir.

Meine Verzweiflung und Hilflosigkeit wuchs ins Unermessliche. Wie sollte es nur weitergehen? Ich hatte ungeheure Angst vor der Zukunft. Nur wenn Pfleghar nicht in der Nähe war und seine Kontrolle lockerte, lebte ich auf. Begann sogar mein Leben ein bisschen zu genießen. Ich ging aus, besuchte Freunde, nur die Sorge, er könne es erfahren, trübte diese schönen Augenblicke. Das Schlimmste für mich war, dass ich ständig lügen musste. Ich wollte und konnte das alles nicht mehr ertragen. Ich musste mich irgendwie befreien. Aber wie?

Eine Trennung von Pfleghar war etwas ganz anderes als etwa die Scheidung von Stickel. Ich sah gar keinen Weg, von Pfleghar loszukommen. Und ich war müde. Von diesem anstrengenden und aufreibenden Leben, davon, es Pfleghar immer recht machen zu wollen und es ihm nie recht machen zu können.

Gerade als wir im Sommer 1977 zwischen zwei *Klimbim*-Staffeln die *Himmlischen Töchter* beendet hatten, kam meine Schwester mit einem Vorschlag: Wir würden als Familie endlich die Reise nach Norwegen machen, die wir schon lange geplant hatten. In einem ausgebauten VW-Bulli wollten

Jutta, ihr Mann Peter, mein Neffe Michi und ich das Land bereisen und uns eine Blockhütte in der Einsamkeit mieten. Fünf Wochen Freiheit, ohne Telefon und Fernseher! Ein Traum.

Vorsichtig tastete ich mich bei Pfleghar vor – würde er mich fahren lassen? Er zögerte, aber schließlich erlaubte er es. Es war ja »nur« meine Schwester, und es ging in die totale Einsamkeit... Wie glücklich ich war!

Und nun beginnt eine wirklich absurde, ein bisschen schwer zu begreifende Geschichte: Zwei Wochen vor unserer Abreise in die »Freiheit« war ich bei Horst Jüssen und Lena Valaitis – damals waren sie noch nicht verheiratet – in Horsts Haus in München-Grünwald zum Essen eingeladen. Es wurde spät, und Horst schlug vor, dass ich bei ihnen im Gästezimmer übernachten solle. Er hatte recht, es war vernünftig, und ich blieb, aber ich tat die ganze Nacht vor Sorge kein Auge zu. Natürlich würde Pfleghar versuchen, mich telefonisch zu erreichen – der übliche Kontrollanruf. Ich geriet in Panik: Er sah es nicht gern, dass ich mich mit Horst gut verstand, also würde er es auch nicht akzeptieren, dass ich bei ihm im Haus übernachtete, egal, ob Lena da war oder nicht. Ich sollte recht behalten.

Als ich am nächsten Tag in meine Wohnung kam, waren unzählige Anrufe von Pfleghar auf meinem Anrufbeantworter. Was nun? Sagen konnte ich es ihm nicht, das stand fest. Bei seinem nächsten Anruf nahm er mich prompt ins Kreuzverhör, und vor lauter Panik fing ich an zu lügen, damit er endlich Ruhe gab: »Da war ein Telefonanruf von einer Frauenzeitschrift – ob ich kurzfristig nach Hamburg fliegen könne, um Modell zu stehen für... Brautfotos!« Ausgerechnet Brautfotos! Aber mir fiel im Moment einfach nichts anderes ein. »Und da ich ja nie eine Telefonnummer von dir habe, wenn du unterwegs bist, konnte ich dich nicht benachrichtigen!« Das klang logisch, fand ich. Pfleghar sagte nichts, und das war immer gefährlich. Aber er ließ es auf sich beruhen – vorerst.

Gut gelaunt fuhren wir vier zwei Wochen später nach Norwegen. Es war einfach herrlich! Keine Kameras, keine Fotografen und vor allem keine Kontrollen durch Pfleghar, dafür abends Lagerfeuer und reden. Alles hätte so schön sein können, wären da nicht die unguten Gedanken gewesen. Vor meiner Abreise hatte ich Pfleghars Sekretärin Giselle, die auf meiner Seite stand, gebeten, sofort ein Telegramm für mich an den Vermieter der Blockhütte zu schicken, falls Pfleghar aus irgendeinem Grund nach Brautfotos von mir fragen sollte. Meine Ahnung war richtig – ich kannte ihn inzwischen nur allzu gut. Tatsächlich meinte er wenige Tage nach meiner Abreise so nebenher zu Giselle, er bräuchte einige Brautfotos von der Steeger für die nächste *Klimbim*-Staffel – eine bestimmte Zeitschrift hätte welche. Warum und weswegen, sagte er nicht.

Giselles Telegramm platzte in meinen ersten Traumurlaub. Wieder einmal war ich verzweifelt, aber ich hatte mir schon vorher einen Plan zurechtgelegt: Sollte der Fall tatsächlich eintreten, würde ich sofort nach München zurückfliegen, in ein Fotostudio rasen und Brautfotos von mir machen lassen.

»Warum?«, fragte Jutta entgeistert, als ich ihr erklärte, was ich vorhatte. »Wozu? Du brauchst doch nicht zu lügen, du hast doch nichts getan!«

Sie hatte ja recht. Zwei Tage und zwei Nächte grübelte ich. Mein Verstand wälzte sich hin und her. Einerseits Panik, andererseits die klare Erkenntnis: Ich konnte nicht mehr!

Schließlich traf ich die wichtigste Entscheidung meines Lebens: Ich blieb in Norwegen bei meiner Familie und ließ Brautfotos Brautfotos sein. Jutta, Peter und Michi waren überglücklich, aber ich wusste, dass das Schwerste noch kommen würde. Es war für mich ein fast übermenschlicher Schritt gewesen, aber einer, der lebensnotwendig war. Zum ersten Mal in meinem Leben wehrte ich mich gegen die Übermacht eines anderen Menschen, der mich als sein Eigentum betrachtete und mich auch so behandelte. Ich wollte und musste endlich mein eigenes Leben leben, sonst wäre ich vermutlich zugrunde gegangen.

Nach meiner Rückkehr aus Norwegen beorderte Pfleghar mich zu sich ins Hotel. Er war unheimlich ruhig, ich war unheimlich ruhig. Er wirkte siegesbewusst, denn er glaubte, dass ich nicht wusste, dass er etwas wusste, von dem ich nicht wusste, dass er es wusste! Alles klar?

Doch bevor er etwas sagen konnte, sagte ich, und zwar laut und deutlich: »Ich will nicht mehr, ich gehe!« Mehr nicht.

Aber er schaute mich nur an und schüttelte nachsichtig den Kopf, als sei ich ein kleines Kind.

»Ingrid, ich glaube, du hast es immer noch nicht begriffen. Geh, aber du kommst aus unserer Beziehung nicht raus, egal, was du machst. Du gehörst mir. Wir werden immer wieder zusammenkommen!«

Aus seiner Sicht war das sicherlich richtig, denn für Pfleghar war ich sein Eigentum, sein Geschöpf, das er stets überwachte, egal, wo auf der Welt er gerade war. Wenn er merkte, dass ein Mann, selbst wenn es ein Freund war, mich nur eine Sekunde länger als unbedingt notwendig anschaute, dann durfte dieser Mann das Studio nicht mehr betreten. Pfleghar ging sogar so weit, dass er mich dazu brachte, einer seiner Sekretärinnen Unterschriftsvollmacht zu erteilen. Sie konnte nun in meinem Namen Briefe schreiben und alles für mich organisieren, was mit meinem Alltagsleben zu tun hatte, und ich hatte es eine Zeitlang gutgläubig mit mir geschehen lassen.

Das war nun alles vorbei. Wirklich alles?

Nicht ganz. Trotz Trennung arbeitete ich weiterhin mit und für Michael Pfleghar. Wir produzierten noch zwei Staffeln von *Klimbim* und außerdem *Susi*, eine TV-Serie mit sechs Folgen. Ich spielte die Titelrolle, Susi Paschke, eine naive Blondine aus Berlin, die ihrem Bruder und seiner kleinen Tochter in Paris den Haushalt führt und dabei natürlich jede Menge Chaos anrichtet – aber darüber später. Und obwohl

Pfleghar es nicht hatte wahrhaben wollen, schaffte ich es tatsächlich, mich privat von ihm fernzuhalten.

Gut ein Jahr nachdem *Susi* abgedreht war, heiratete Pfleghar 1981 die norwegische Sängerin Wencke Myhre. Ich hatte sie bei *Klimbim* als Gaststar kennen gelernt. Neun Jahre später ließen sich die beiden wieder scheiden. Am 23. Juli 1991 erschoss Pfleghar sich in der Badewanne – »im Kokainrausch«, wie es in der Presse hieß. Als ich es erfuhr, war ich wie gelähmt und versuchte, es mir zu erklären. In einer Zeitung, ich weiß nicht mehr in welcher, las ich, er sei vielleicht der faszinierendste, talentierteste Regisseur und Autor gewesen, der je die deutsche TV-Unterhaltung bereichert habe.

Seine Bedeutung für mein Leben ist in jeder Hinsicht folgenschwer gewesen. Meine Abhängigkeit von ihm habe ich im Alltag zum Glück überwunden, aber die Zeit mit ihm hinterlässt bis heute ihre Spuren. Vielleicht ist daher zu verstehen, dass ich nach seinem Tod auch Erleichterung verspürte. Jetzt war ich nicht mehr in Gefahr, ihm noch einmal verfallen zu können.

Kapitel 5:
Leben zwischen Himmel und Erde

Durch *Klimbim* und die *Himmlischen Töchter* war ich auf den Charakter der sexy Ulknudel und des einfältig-lustigen Blondchens festgelegt. An Aufträge zu kommen war mit diesem Image überhaupt kein Problem, ich erhielt sehr ordentliche Angebote, ohne mich aktiv darum bemühen zu müssen. Und ich nahm mal dies, mal das an, ohne dabei gezielt eine bestimmte Richtung meiner Karriere zu verfolgen. Das Manko an diesem Vorgehen: Ich war und blieb das hübsche Showmädchen, das komische Naturtalent. Eine Charakterschauspielerin sah und erwartete man in mir nicht.

Meine Agentin war damals Hanni Lentz, die selbst auch als Theaterschauspielerin gearbeitet hatte. Sie und Gerhard Lentz führten damals eine der größten Schauspielagenturen. Hanni war Wienerin, hatte feuerrote Haare und rauchte unentwegt lange, dünne Zigaretten. Heute besuche ich sie manchmal, und bei jedem Besuch kommen Erinnerungen in mir hoch. Hanni und ich waren eng befreundet und sprachen natürlich darüber, welches Engagement ich annahm und welches besser nicht. Doch weder sie noch einer meiner späteren Agenten dachte mit mir über meine berufliche Entwicklung nach. Und ich selbst traute mir zu wenig zu, um von selbst vorzupreschen.

Hanni konnte fabelhaft Gagen für mich aushandeln. Auch meine Agenten verdienten also gut mit mir. Was ich mit dem vielen Geld machen sollte, ob und wo ich es anlegte oder wofür ich es ausgab, blieb aber mir überlassen. Auf diesem Gebiet habe ich auf der ganzen Linie versagt, und es gab niemanden in meinem Umfeld, der hier steuernd eingegriffen hätte.

Heute weiß ich, dass ich mich damit in guter Gesellschaft befinde und keineswegs ein Einzelfall bin. Wie oft hört oder liest man von jungen Schauspielern, Sängern oder Fußballstars, die mit ihrer plötzlichen Berühmtheit und dem ganzen Geld nicht vernünftig umgehen können und womöglich in große wirtschaftliche Schwierigkeiten geraten. Gute Agenten und Berater könnten hier das Schlimmste verhindern, aber dass sich Agenten um die Finanzen ihrer Schützlinge kümmern, ist auch heute noch nicht die Regel.

Es wäre jedoch gelogen, wenn ich nicht eingestehen würde, dass mir nicht nur manche Aufträge, sondern auch diese unbekümmerte Lebensweise Spaß gemacht haben. Wenn man sich um das Geld keinen Gedanken zu machen braucht, fühlt man sich unabhängiger und freier. Und man hat plötzlich ganz viele Freunde.

INGRID STEEGER AUF SAFARI

Die Welt stand mir offen. Ich genoss mein neues Leben, ich genoss es, für andere da zu sein und ihnen mit Rat und Tat, aber auch mit Geld weiterzuhelfen, wenn es notwendig war. Ich freute mich, wenn sich die anderen freuten. Wenn Ebbe auf meinem Konto war, machte ich einfach eine Show oder Fernsehwerbung, und das Problem war behoben. Und wenn ich einen Wunsch äußerte, gab es viele Menschen, die sich darum rissen, mir diesen zu erfüllen.

Auf diese Weise lernte ich eines Tages auch den Großwildjäger Peter Koenecke kennen und lebte fast zwei Jahre immer wieder bei und mit ihm in Kenia. Mein Hauptwohnsitz blieb natürlich Deutschland, ich musste ja arbeiten – wie sich später herausstellte, für uns beide. Es waren sehr intensive Jahre voller fantastischer Erlebnisse – vor allem die Begegnungen mit den afrikanischen Tieren werden mir immer in Erinnerung bleiben.

Aber nun von vorn: Es war im Jahr 1977, am Ende von *Klimbim*, ich war bereits von Pfleghar getrennt. Die Zeitschrift *Hörzu* hatte mitbekommen, dass ich gern eine Safari machen würde, und sie organisierte das Ganze, natürlich in Begleitung eines Fotografen, um daraus eine Fotoreportage mit dem Thema »Ingrid Steeger auf Safari« zu machen. Es war eine aufregende, wunderbare Reise, die mir eine neue, fremde Welt eröffnete: Kenia.

Koenecke war eigentlich Berliner und lebte bereits seit mehr als zwanzig Jahren in Kenia. Lange Zeit hatte er Großwildsafaris für vermögende Kunden organisiert, dann war die Großwildjagd – zum Glück, wie ich sagen muss – jedoch eingestellt worden. Inzwischen betrieb er auf sehr unkonventionelle Art und Weise zusammen mit Freunden ein Buschcamp für Touristen, zwei Lodges, eine Schlangenfarm, und es gab einige Dauen – Schiffe mit Dreieckssegeln, die für den Indischen Ozean typisch sind. Dieser Mann war nun engagiert worden, die Organisation meiner Kenia-Safari zu übernehmen und dafür zu sorgen, dass die Fotoreportage reibungslos über die Bühne ging. Und so führte er den *Hörzu*-Fotografen Heiner und mich tagelang durch den Busch, wir fuhren mit Jeeps an die Stellen, wo man besonders gut Elefanten, Nashörner und Löwen beobachten konnte, und flogen mit kleinen Flugzeugen, um diese wahnsinnige Natur von oben zu erleben. Der Fotograf war begeistert und schoss wunderschöne Fotos von mir auf Safari.

Kenia *und* Peter Koenecke begeisterten mich. So entrückt vom Alltag gab ich mich ganz meinen Gefühlen hin. Bereits nach wenigen Tagen begann ich mich in diesen Mann zu verlieben, und meine Gefühle wurden erwidert. Es war wie in einem Kitsch-Roman. Koenecke sah so verwegen und wild aus: hochgewachsen und schlank, dunkelblond mit Bart, im Ohr einen kleinen goldenen Ring. Und er schien so frei zu sein, so zufrieden und selbstsicher! Von nun an pendelten wir beide zwischen Deutschland und Kenia und umgekehrt. Am häufigsten pendelte ich.

Dass Koenecke in Deutschland damals einen schlechten Ruf hatte, weil er mit dem Oetker-Entführer Dieter Zlof in Verbindung gebracht wurde, erfuhr ich erst viel später, ich hätte es aber womöglich auch gar nicht wahrhaben wollen, wenn es mir jemand früher gesteckt hätte. Richard Oetker war am 14. Dezember 1976 entführt worden und kam erst zwei Tage später schwer verletzt gegen die Zahlung von einundzwanzig Millionen Mark Lösegeld frei. Sein Entführer Dieter Zlof hatte eine Zeitlang in Kenia gelebt und gearbeitet, Koenecke und er waren befreundet. Das Verbrechen lag noch nicht lang zurück, alles war brandaktuell, und die Fahndung nach dem Täter lief auf Hochtouren.

Nachdem publik wurde, dass ich mit Peter Koenecke zusammen war, geriet auch ich in den Fokus der Fahnder. Das bedeutete, dass ich häufig an der Grenze festgehalten wurde, wenn ich nach Kenia flog. Und in meiner Wohnung in München bekam ich Besuch von einem Privatdetektiv, angeblich im Auftrag von der Familie Oetker, der wissen wollte, ob ich gemerkt hatte, dass Koenecke auffällig viel Geld hatte. Das konnte ich nun wirklich verneinen. Zlof wurde zwei Jahre nach der Entführung festgenommen und in einem Indizienprozess verurteilt. Erst zwanzig Jahre später räumte er in seiner Autobiografie ein, dass er die Tat auch wirklich begangen hatte. Es erstaunte mich nicht, ich hatte nie an Koeneckes Unschuld gezweifelt, auch weil ich sicher war, dass er solch ein brisantes Geheimnis irgendwann ausgeplaudert hätte.

Immer wenn ich länger drehfrei hatte, flog ich sofort nach Kenia, und Koenecke ließ sich bald von seiner Ehefrau scheiden, mit der er einen Sohn hatte. Meine Freunde in Mombasa sagten mir mal, dass sie nicht unglücklich über die Entscheidung gewesen sein soll.

Wir lebten entweder in seinem großen Haus in Mombasa oder, was mir noch viel lieber war, ab und zu in einem einfachen kleinen Steinhaus mitten im Busch nahe des Safaricamps. Dort draußen war ich die meiste Zeit richtig glücklich. Das Safaricamp war keine Luxusunterkunft, eher etwas für Abenteurer, und das Steinhäuschen, in dem ich mit Peter wohnte, sogar eine ziemliche Bruchbude. Immerhin hatte es eine eigene Toilette, doch es gab dort so viele Ameisen, dass man sich unwahrscheinlich beeilen musste – sie krabbelten in einem wahnsinnigen Tempo an den Beinen hoch. Ich ging deshalb grundsätzlich nur mit Stiefeln aufs Klo.

Koenecke schärfte mir jedes Mal eindringlich ein: »Du läufst auf keinen Fall allein rüber zum Camp, sondern wartest im Haus, bis der Askari, der Wächter, kommt und dich abholt! Draußen im Busch ist es viel zu gefährlich, vor allem nachts.«

Aber Klein Steeger blieb natürlich nicht im Haus. Es war mir zu blöd, ständig darauf zu warten, bis endlich jemand kam, um mich zu begleiten. Also machte ich mich häufig allein hinüber zu den Zelten auf, um Koenecke und die anderen zu treffen. Ich hatte tatsächlich keine Angst, aber wohl eher aus Unwissenheit denn aus Mut. Glücklicherweise passierte mir nichts, aber es hätte durchaus auch anders ausgehen können. Der Askari machte mich jedes Mal ziemlich nieder, wenn er mitbekam, dass ich mutterseelenallein durch den Busch marschiert war.

Wirklich Respekt hatte ich nur vor Büffeln, sie können sehr gefährlich werden. Einmal hatte ich für die *Hörzu*-Fotoproduktion in der Nähe einer kleinen Gruppe von Büffeln posieren sollen. Der Fotograf, und ich wagten uns trotz Peters Verbot zu nahe an die friedlich grasende Herde heran, und plötzlich setzten sich die massigen schwarzen Tiere in Bewegung. In unsere Richtung! Mir schlug das Herz bis zum Hals, Heiner wahrscheinlich auch.

»Auf den Boden!«, schrie Koenecke mir aus dem Jeep zu. »Ingrid, wirf dich auf den Boden, und rühr dich nicht! Wir kommen mit dem Jeep und stellen uns über dich!«

Ich tat wie geheißen und warf mich in den Staub, während Heiner sich in einen der anderen Wagen rettete. Der Fahrer fuhr den Jeep über mich, damit die Karosserie mich schützte, und drückte dabei wie verrückt auf die Hupe. Das Geräusch irritierte die Büffel, und sie drehten tatsächlich ab. Zum Glück, denn wenn eine Büffelherde in Bewegung kommt, gibt es normalerweise keine Rettung. Ich weinte vor Erleichterung, als ich unter dem Jeep wieder hervorkriechen konnte. Peter war leichenblass.

Das sollte jedoch nicht meine einzige ungemütliche Begegnung mit Wildtieren in Kenia bleiben. Eines Nachmittags, ich war wieder einmal allein im Häuschen, ging ich nach draußen, um etwas Luft zu schnappen, weil ich es drin kaum mehr aushielt. Da passierte es: Der Wind warf die Tür hinter mir ins Schloss, und ich stand draußen, ohne Schlüssel. Jetzt wusste ich wirklich nicht, was ich tun sollte. Es war kein Mensch in der Nähe, und rufen hatte keinen Sinn, dafür waren die Zelte des Camps zu weit weg.

Der Wind raschelte im trockenen Gras und in den Ästen der dürren Bäume, die in der Nähe standen, und die Sonne brannte auf mich herab. Ratlos sah ich mich um. Da! Hinter den Bäumen bewegte sich doch etwas! Mein Herz setzte vor Schreck für eine Sekunde aus, und es begann zu rasen, als ich begriff, was das war: zwei Elefanten, die sich langsam auf das Häuschen zubewegten und währenddessen mit ihren Rüsseln Büsche und kleinere Bäume ausrissen und sich in die Mäuler stopften.

»Okay, Ingrid, was machst du jetzt?«, fragte ich mich und versuchte, einen klaren Gedanken zu fassen. »Irgendwann werden sie das Häuschen erreichen, und dann?«

Meine Sorge war nicht ganz unbegründet, Elefanten haben nämlich einen ausgezeichneten Geruchssinn. Sowie der Rüssel in deine Richtung zeigt, musst du gut überlegen, was du tust.

Viel Auswahl hatte ich nicht. Ich versteckte mich hinter dem Häuschen, linste immer wieder vorsichtig hinter der Ecke hervor, um zu sehen, wohin sich die beiden Tiere bewegten, und ging um das Gebäude herum, je nachdem, wo sie gerade waren. Es hätte ein Sketch aus *Klimbim* sein können, mit dem Unterschied, dass das hier ernst war. Die Szene dauerte so lange, bis die beiden Riesen endlich vorbeigezogen waren und ich aufatmen konnte. Glücklicherweise hatten die Elefanten mich nicht bemerkt und waren friedlich geblieben. Einer der beiden musste ein paar Tage später jedoch erschossen werden, weil er sehr aggressiv war und mehrfach Zelte im Camp niedertrampelte. Es war ein Wunder, dass dabei niemand zu Tode kam.

Meine Erlebnisse mit der afrikanischen Tierwelt waren aber nicht nur von solch spektakulärer Art. Ich begegnete auch zahmeren Tieren im Busch. Eines Morgens stand plötzlich ein kleines braunes Huhn vor unserem Häuschen und wollte herein. Wahrscheinlich war es am Abend zuvor vor dem Messer des Kochs im Camp geflüchtet, etwas anderes war kaum möglich.

»Das muss ein schlaues Huhn sein«, meinte Peter nur, »sonst hätte es die Nacht im Busch wohl kaum überlebt.«

Das Huhn kam ein paar Tage lang regelmäßig und ließ sich von mir streicheln – und sogar küssen. Es folgte mir bald bis ins Innere des Häuschens. Ich hätte es gern mit in Peters Haus nach Mombasa genommen und ihm dort ein eigenes Zimmer gegeben, wo es in Sicherheit gewesen wäre. Das Haus war groß genug, und Peter hielt mich sowieso schon für ein wenig verrückt. Doch als wir abfuhren in die Stadt, war das Huhn nicht da. Dabei wollte ich mein Leben lang immer ein Huhn haben! Ich finde Hühner nett, sie beruhigen mich.

Außerdem können sie extrem zahm und anhänglich werden. Man muss sich nur von klein auf mit ihnen beschäftigen.

Ich nahm ein Polaroidfoto, das ich von dem Huhn gemacht hatte, und klebte es an die Tür des Häuschens. Dem Koch schärfte ich ein, dass niemand dieses Huhn anrühren durfte, falls es wiederauftauchen sollte. Doch als ich das nächste Mal in den Busch kam, sah ich es nicht wieder. Ob es gekocht oder von Löwen gefressen wurde, habe ich nie herausbekommen.

Peter Koenecke warb gern damit, dass die berühmte Ingrid Steeger aus *Klimbim* bei ihm in Kenia im Buschcamp lebte, und die Werbung schien zu funktionieren. Jedenfalls kamen mehr Touristen als vorher ins Safaricamp und auf die Schlangenfarm. Waren die Dauen mal wieder nicht seetüchtig, musste sich Klein Steeger eine Schlange um den Hals legen und sich mit den Touris fotografieren lassen. Das mit den Schlangen fand ich gut, das mit den Touristen weniger.

Koenecke redete auch viel über irgendwelche Immobilienprojekte, an denen er arbeitete. Er und sein Freund bauten schon lange an einem Apartmenthaus, doch die Arbeiten gingen nicht voran. Es war kein Geld mehr da. Aber es gab ja noch mich. Eines Tages, ich war gerade wieder beruflich in München, brachte die Post einen Brief von Peter, in dem er mich um Geld für das Projekt anging: Dieses Apartmenthaus müsse Familienbesitz bleiben, schrieb er, »also gehe zur Bank und probiere, ob Du das Geld problemlos erhalten kannst«. Ich solle sehen, dass ich das Geld innerhalb von zwei Jahren an die Bank zurückzahlen könne, »ca. zehntausend Mark im Monat«. Er wisse nicht, welche Sicherheiten die Banken in Deutschland bräuchten, »aber bestimmt ist Dein Name gut genug«. So einfach stellte er sich das vor.

Peter kam dann extra nach München geflogen, um mich zu meiner Bank zu begleiten. Er wartete draußen, während ich mit dem Bankdirektor sprach.

»Sie brauchen also einen Kredit über mindestens zweihundertvierzigtausend Mark?«, fragte der Bankdirektor. »Wir geben Ihnen das Geld gerne, Frau Steeger, aber investieren Sie es um Gottes willen nicht in Kenia. Sie bekommen es nie wieder. Außerdem – haben Sie wirklich so viel Vertrauen zu diesem Mann?«

Ich schwieg. Ich schweige immer, wenn ich ratlos bin.

Was nun? Peter wartete draußen und wollte eine Antwort. Er bekam sie, und er war nicht begeistert. Am nächsten Tag flogen wir zurück nach Kenia. Diesmal schwiegen wir beide. Aber ich unterstützte ihn und sein Unternehmen auf andere Art. Zum Beispiel kaufte ich einen Außenborder für das riesige, stabile Schlauchboot, mit dem er die Touristen auf dem Weg zum Camp über den Athi-River setzte. Um zum Camp zu gelangen, gab es nur zwei Wege: entweder mit dem kleinen Buschflieger, der nur vier Passagiere fasste und dessen Pilot ständig betrunken war, oder den Landweg. Beim Camp gab es keine richtige Landebahn, sondern nur eine freigefegte Sandpiste. Bevor der Pilot dort zur Landung ansetzen konnte, musste er erst die Elefanten verscheuchen, die sich dort häufig aufhielten. Er flog mehrfach knapp über ihre Köpfe hinweg und wackelte dabei mit den Flugzeugflügeln. Fast alle Touristen mussten sich bei diesem Manöver übergeben.

Die andere Möglichkeit war, mit dem Jeep zu fahren. Dann musste man allerdings in besagtem Schlauchboot den Athi-River überqueren, den zweitlängsten Fluss von Kenia. Dieser Fluss ist voller hungriger Krokodile. Viele Touristen weigerten sich, diesen Weg zu nehmen, und entschieden sich doch lieber für den betrunkenen Buschpiloten und die Elefanten.

Koenecke wollte diese Probleme lösen und hatte deshalb einen Typen engagiert, der eine Art provisorische Hängebrücke über den Fluss baute. Doch wie viele Weiße in Kenia war auch dieser Mensch ständig betrunken, Whiskey gab es dort praktisch schon zum Frühstück. Kein Wunder, dass die Touristen dieser Wackelbrücke zutiefst misstrauten. Wer hat schon Lust, einem Krokodil ins geöffnete Maul zu stürzen?

IN LUFTIGEN HÖHEN

Fast zwei Jahre pendelte ich zwischen den Kontinenten, zwischen den Showbühnen und Filmsets in Deutschland und dem exotischen Leben im Busch von Kenia oder Koeneckes Haus in Mombasa. Natürlich fing das mit der Zeit an, anstrengend zu werden. Ich sehnte mich nach einem richtigen Zuhause, einem Ort, wo ich hingehörte. Manchmal hoffte ich, dass das Kenia und Peter Koenecke sein könnten, manchmal jedoch ahnte ich, dass die Unterschiede zwischen unseren Welten auf Dauer doch zu groß waren.

Jedes Mal, wenn ich nach Kenia flog, schleppte ich alle möglichen Sachen für das Haus in Mombasa mit, um uns das gemeinsame Heim gemütlich zu machen. Die Dinge mussten natürlich am Zoll vorbeigeschmuggelt werden. In Kenia selbst gab es praktisch nichts zu kaufen, es war wie im damaligen Ostblock. Ich brachte Uhren, Lebensmittel – ungarische Salami und Bauernbrot waren besonders begehrt –, kleine Radios und einmal sogar einen Fernseher mit, um unseren Haushalt etwas zu modernisieren. Auch Gläser, Geschirr, Besteck und Bettwäsche karrte ich rüber. Wie ich das machte, ist mir im Nachhinein ein Rätsel. Oft halfen mir die Stewardessen, die ich während der vielen Flüge kennen gelernt hatte. Sie hatten so ihre Tricks. Heiner, der Fotograf, macht sich heute noch vor Angst fast in die Hosen, wenn er daran denkt, dass er einmal für Peter und mich einen Videorecorder im Koffer nach Kenia schmuggelte. Wenn er an der Zollkontrolle damit erwischt worden wäre, wäre er umgehend im Gefängnis gelandet. Und in Kenia sollte man das unbedingt vermeiden.

Peter Koenecke, der damals auch der »König von Mombasa« genannt wurde, kannte alles und jeden und war mit vielen gut Freund oder tat zumindest so. In Mombasa besaß er ein gigantisches Haus am Stadtrand, gleich um die Ecke befand sich das Haus des Bürgermeisters. Mit Grausen denke ich noch heute an einen Abend zurück, an dem wir beim Bürgermeister zum Essen eingeladen waren. Es gab Braten von einer Ziege, die extra zu unseren Ehren geschlachtet worden war – das Festlichste, was man in Kenia auftischen kann. Und da wir besondere Ehrengäste waren, servierte uns der Bürgermeister die Delikatesse schlechthin: die gebratenen Innereien der Ziege. Mir, die ich sowieso kaum Fleisch esse, drehte sich schon beim Anblick des Herzens, der Leber und weiterer undefinierbarer Bestandteile des Ziegen-Inneren fast der Magen um. Es wäre jedoch eine schlimme Beleidigung für unsere Gastgeber gewesen, wenn ich mich geweigert hätte, die Stücke zu essen.

Koenecke aß mit großem Appetit, er war es gewohnt, während ich nur so tat, als würde ich kauen und schlucken. In Wirklichkeit entsorgte ich jedes Stück, das ich mir zögerlich in den Mund geschoben hatte, heimlich in meine Hand und gab es unter dem Tisch zu Peter hinüber. Außerdem entschuldigte ich mich mehrmals zur Toilette, denn alles konnte auch Peter nicht essen.

Der Bürgermeister war schon etwas angesäuert, dass ich so wenig aß, und drückte mir zum Abschied noch eine Ziegenkeule in die Hand! Außerdem mussten wir ihm hoch und heilig versprechen, dass wir nicht noch irgendwo anders zum Essen gehen würden. Die Ziegenkeule warf ich anschließend irgendwo in die Büsche, vielleicht freute sich ein Löwe darüber. Zu Hause ließ ich mich erschöpft auf das schöne Lamu-Bett aus Holz sinken. Es war eines der seltenen Male, dass auch ich in Kenia einen großen Schluck Whiskey trank. Der Ziegengeschmack begleitete mich trotzdem durch die ganze Nacht.

Von Mal zu Mal wurde das Haus schöner und prächtiger, jedes Mal, wenn ich in Kenia war, ließ ich wieder etwas renovieren und verschönern. Nach und nach machte ich so aus dem Haus ein wahres Schmuckstück. Man betrat es durch eine riesige Halle mit Säulen und einem Boden aus weiß geädertem schwarzem Marmor. Überall auf diesem schwarzen Boden lagen riesige weiße Elefanten-Stoßzähne, wovon ich nun wieder nicht so begeistert war. Die Innenwände der Halle ließ ich weiß verputzen, die Säulen und die großen Vasen in der Halle bekamen einen schwarzen Anstrich, auch die Türen zum Garten, in dem sich ein wunderschöner Pool befand. Zusammen mit dem kräftigen Lila der Bougainvilleen sah das gigantisch aus.

Es gab mehrere Gästezimmer und Bäder, meine Schwester und mein Schwager kamen recht häufig zu Besuch. Eines dieser Zimmer, das ein eigenes Bad hatte, wollte ich mir eigentlich für mich selbst herrichten. Ein eigenes Zimmer war noch immer mein größter Traum, obwohl Peter und ich uns sowieso meistens im Schlafzimmer aufhielten, denn es war der einzige Raum im Haus, der eine Klimaanlage besaß. Überall sonst im Haus war es extrem heiß. Sobald man die Tür des Schlafzimmers öffnete, schlug einem eine Hitze entgegen wie aus einem geöffneten Backofen. Die Luft blieb einem weg.

Trotz der Unzulänglichkeiten und der Schwierigkeiten, die der Alltag in Kenia mit sich brachte, gefiel mir das Leben dort sehr. Ich liebte diese Mischung aus Komfort und Einfachheit und den Hauch von Abenteuer, der über allem schwebte. Trotzdem sehnte ich mich bald wieder nach Deutschland – und wenn ich dann in Deutschland war, sehnte ich mich nach Kenia.

In meine Kenia-Zeit fielen etliche große Show-Moderationen und Werbeauftritte mit wunderbaren Kollegen. Einer der liebsten war mir der sympathische Hans Clarin, der auch als Synchronstimme von Pumuckl bekannt ist. An ihn muss ich noch heute jedes Mal denken, wenn mir jemand erzählt, dass er versucht, sich das Rauchen abzugewöhnen.

Ende der siebziger Jahre drehten Hans Clarin und ich gemeinsam unter dem Titel *Blauer Dunst* mehrere Filme für eine Anti-Raucher-Kampagne. Es waren dreizehn kurze und humorvolle Geschichten, in denen es darum ging, auf welche

Weise man sich das Rauchen abgewöhnen kann. Die Ratschläge waren im Grunde genommen ernst gemeint und richtig, zum Beispiel, dass man sich vornehmen soll, nur auf dem Balkon zu rauchen, auch wenn es draußen kalt und ungemütlich ist. Aber sie wurden witzig umgesetzt. – Heute ist es meist ein Muss, draußen zu rauchen.

Wir arbeiteten ziemlich lange an diesen Filmen, und ich hatte dicke Textarien. Mein Part war der einer heftigen Raucherin, die mithilfe der Tipps und Ratschläge ihres nichtrauchenden Freundes – Hans Clarin – vom Rauchen loskommt. In den Spots musste ich sehr viele echte Zigaretten rauchen, und ich kann ja nun gar nicht rauchen und habe auch nie geraucht. Deshalb war es für mich ziemlich kompliziert. In einigen Szenen musste ich sogar filterlose Zigaretten nehmen, und die Tabakkrümel blieben immer an meinem Lippenstift kleben. Zur Krönung bekam ich entsetzliche Hustenanfälle. Aber das alles war nebensächlich, denn Hans Clarin und ich verstanden uns sehr gut und machten viel Blödsinn.

Besonders witzig war, dass ausgerechnet Hans Clarin, der durchaus kräftig rauchte, in den Filmen den Nichtraucher spielte und mir, die in Wirklichkeit Nichtraucherin war, die Ratschläge zur Raucherentwöhnung geben sollte. Seitdem habe ich eine Angewohnheit, die die Leute gar nicht mögen: Wenn ich irgendwo bin, wo geraucht wird, und sehe, dass Asche auf die Tischdecke gefallen ist, klopfe ich die Asche in den Stoff ein, und schon ist sie verschwunden. Hans Clarin hat mir das beigebracht. Einmal krümelte ich mit einem Keks herum und fragte Clarin: »Kann man Krümel auch einklopfen?« – »Nein, aber dich kann man einklopfen!«, erwiderte er ernst. Wir mussten so lachen, dass wir eine Drehpause brauchten, um uns wieder zu beruhigen. Kleine Freuden nebenher.

Ebenfalls sehr spannend und abwechslungsreich waren meine Auftritte bei der großen Wohltätigkeitsshow *Stars in der Manege*, die die *Münchner Abendzeitung* und der Bayerische Rundfunk bis 2008 jedes Jahr im Circus Krone veranstalteten.

Sie wurde immer Anfang Dezember aufgezeichnet und am zweiten Weihnachtstag gesendet. Ich war dreimal dabei und war jedes Mal sehr aufgeregt.

Bei dieser berühmten Gala, die allerdings im Jahr 2010 offiziell eingestellt wurde, traten Prominente in den Nummern der professionellen Zirkusartisten auf. Das bedeutete, dass wir, die Gaststars, schon lange vorher mit den Artisten »unsere« Nummer einstudieren mussten. Und die Nummern waren durchaus anspruchsvoll. Einmal führte ich zusammen mit Harald Leipnitz Zaubertricks vor, einmal hatte ich eine ziemlich komplizierte Luftnummer, und einmal trat ich in einer Fahrradnummer auf, die ich allerdings nicht so gigantisch fand.

Harald Leipnitz musste mich in der Zaubernummer von einem Tisch wegzaubern, der plötzlich in Flammen stand, und ich tauchte eine Minute später am anderen Ende der Manege unversehrt wieder auf. Wir wurden natürlich vorher eingeweiht, wie der Trick funktionierte, und mussten unser Zauberer-Ehrenwort geben, dass wir das Geheimnis nicht verraten würden.

Auch der SWR produzierte eine große TV-Zaubershow, in der ich und Kurt Felix als Zauberassistenten auftraten. Ich ließ mich hin und her zaubern, ich war ja nun mal klein und handlich. Man konnte mich fabelhaft in jede Ecke quetschen, und ich ließ mich gern quetschen. Ich kenne inzwischen viele Geheimnisse der Magie. Aber ich schweige!

In *Stars in der Manege* trat ich außerdem mit recht komplizierten und nicht ungefährlichen Luftnummern auf. In einer musste ich beispielsweise hoch oben unter der Zirkuskuppel aus einer Rakete herauskriechen, die sich drehte, und einen Ball vor mir her über zwei Stangen schieben. Es gab nichts, woran ich mich festhalten konnte, nur diesen Ball, und der war nun mal rund. Damit mir nichts passierte, musste ich mich mit einem Sicherungsseil, das ich um die Hüften trug, einhaken. Das war lästig, denn jedes Mal, wenn ich meine

Position wechselte, musste ich mich umhaken. Während der Proben machte ich das ganz brav, aber dieses Hin und Her wurde mir bald zu dumm, es dauerte mir einfach zu lange.

Während der Aufführung ließ ich es deshalb einfach bleiben und turnte unangeseilt in etlichen Metern Höhe herum, ohne Netz wohlgemerkt. Eigentlich dachte ich immer, ich hätte Höhenangst, aber als ich dann da oben unter der Zirkuskuppel meinen Ball vor mir her balancierte und Klimmzüge am Trapez machte, hatte ich das alles vergessen. Zwar war ich nicht ganz so weit oben wie die professionellen Artisten, aber wenn etwas schiefgegangen wäre, hätte ich mich doch ernsthaft verletzen können. Doch das war mir in dem Moment gar nicht bewusst. Ich konzentrierte mich ganz darauf, eine überzeugende Zirkusartistin abzugeben, es war eine große körperliche Herausforderung. Die Leute von der Produktion waren hinterher echt sauer. Ich fand mich super!

Die Zusammenarbeit mit den Zirkusartisten machte mir unglaublich viel Freude. Sie liebten mich, und ich liebte sie. Mit den Artisten, die mir die Luftnummer mit der Rakete beigebracht hatten – ein älteres Ehepaar und ein junges Mädchen, das normalerweise die Nummer machte –, war ich anschließend noch lange befreundet. Und jedes Mal, wenn sie wieder mal in München gastierten, luden sie mich in ihren Wohnwagen zum Essen ein. Manchmal beneidete ich sie ein wenig. Sie waren zwar ständig unterwegs, nicht viel anders als ich, aber sie hatten immerhin ihre Zirkusfamilie ständig um sich, und sie hatten ihr Zuhause in Form ihres Wohnwagens immer dabei.

BACK FROM AFRIKA

Insgesamt war es eine herrlich abenteuerliche Zeit in Kenia, nur das Ende war weniger schön. Peter Koenecke, der mir lange Zeit glühende Liebesbriefe geschrieben hatte und mich sogar heiraten wollte, zeigte sich immer häufiger von seiner anderen Seite – der negativen. Mittags, wenn er die wichtigsten Büroarbeiten erledigt hatte, kam er jetzt immer öfter angetrunken nach Hause. Peter war in der Hinsicht keinen Deut besser als seine Freunde. Doch der Alkohol machte ihn aggressiv – und als ich mich nicht mehr sicher fühlte, floh ich nach Deutschland. Einen schlagenden Mann hatte ich mir nicht gewünscht. Davon hatte ich schon in der Kindheit zu viel gehabt.

Damals sollte ich gerade auf Theatertournee mit meinem allerersten Stück, *Die Eule und das Kätzchen*, mit Harald Leibniz gehen und musste sowieso für längere Zeit nach Deutschland zurück. Peter kam damit nicht klar. Er wollte, dass ich meine Arbeit aufgab und ganz zu ihm nach Kenia zog. Aber wer sollte dann das Geld verdienen? Außerdem hatte ich Angst vor einer neuen Abhängigkeit. Und die Liebe war sowieso längst Gassi gegangen.

Kenia hat mich seitdem nie wiedergesehen. Schade!

Was aus Peter Koenecke geworden ist, weiß ich nicht. Er versuchte noch einige Male, mich zurückzuholen, aber ohne Erfolg. Es war zu viel passiert. Wenn ich ihn heute wiedersehen würde, würde ich mich wahrscheinlich freuen. Durch ihn durfte ich einen besonders schönen Teil der Welt kennen lernen. Auf Dauer hätte ich in Kenia jedoch nicht leben können, trotz der faszinierenden Landschaft, der einzigartigen Tierwelt und des aufregenden Alltags. Ich lese gern spannende Romane, Peter las meist so etwas wie *Micky-Maus*-Hefte. Ich höre gern Musik, er saß am liebsten da und trank seinen Whiskey. Es funktionierte einfach nicht mit uns. Ich passte nicht in seine Welt, und er passte nicht in meine.

Trotzdem würde ich irgendwann noch einmal gern nach Kenia reisen. Die Zeit dort hat mir viel gegeben.

Kapitel 6:
Die Befreiung

Einer meiner wichtigsten Männer, überhaupt einer der wichtigsten Menschen in meinem Leben, war ein Franzose: der Theaterschauspieler Jean-Paul Zehnacker. Er eröffnete mir eine neue Welt aus Bildung, Theater, Büchern, klassischer Musik und Reisen, Vertrauen und Liebe. Unsere Geschichte begann im Jahr 1980 in Paris. Wir drehten *Susi*, eine sechsteilige Serie, in der ich die Hauptrolle spielte – eine weitere WDR-Produktion. Regie: Michael Pfleghar. Würde das gut gehen? Ich schob die Gedanken einfach beiseite.

Gemeinsam mit Felix, meinem noch klitzekleinen Zwerg-Rauhaardackel, den ich erst seit Kurzem hatte, reiste ich nach Paris. Endlich gab es wieder einen Hund in meinem Leben! Ich war total verliebt in ihn. Und Paris nahm uns freundlich auf, Jean-Paul ebenso.

Er spielte in *Susi* den Kriminalkommissar und hatte in fast jeder Folge einige Drehtage. Jean-Pauls eigentliche Liebe gehörte jedoch schon damals dem Theater. In Paris hatte er eine kleine Theaterkompanie ins Leben gerufen und war Mitglied der berühmten Comédie-Française. Er war ein hervorragender Theaterschauspieler, zu seinem Repertoire gehörten die großen Shakespeare-Dramen wie Hamlet und Othello. Jean-Paul war ein attraktiver Mann: Er hatte volles dunkles Haar und ein markantes Gesicht mit durchdringenden, aber freundlichen, tiefliegenden blaugrauen Augen. Er war sehr charmant und witzig. Vor allem aber hatte er eine angenehme tiefe Stimme. Ich mochte ihn sofort, schon allein deswegen, weil er sich rührend um Felix kümmerte. Und Felix war begeistert von ihm. Besser gesagt, wir beide. Jean-Paul war immer gut gelaunt und wahnsinnig professionell. Und was wichtig war: Er sprach fast perfekt Deutsch. Mein Französisch bestand nur aus wenigen Worten, das meiner Kollegen ebenfalls.

Pfleghar war bei diesem Dreh erstaunlich freundlich zu mir, zu freundlich. Und insgesamt unberechenbar. Sehr oft erschien er gar nicht zum Dreh. Er ließ dann ausrichten, es ginge ihm nicht gut, er käme später. Nur mir war klar, dass er überhaupt nicht kommen würde. Und nur ich ahnte, warum. Offensichtlich hatte sein Drogenkonsum noch zugenommen, aber ich sprach mit niemandem darüber. Manchmal wussten wir wirklich nicht, wie es weitergehen sollte. Da waren diese undefinierbaren Texte im Drehbuch, ein Regisseur, der selten ansprechbar war, und immer hatten wir die Fragen im Hinterkopf: Was tun wir hier? Hat das Ganze noch einen Sinn? Später, die ganze Serie war wie von uns befürchtet gefloppt, sollten die Kritiker schreiben: »Was hat der Pfleghar bloß mit der Steeger gemacht?« Zum Glück gab man mir nicht die Schuld.

Wohl fühlte ich mich nur mit Jean-Paul. Wir trafen uns jetzt immer öfter, auch privat. Stundenlang spazierten wir mit Felix an der Seine entlang, gingen gut essen und in den Louvre. Dort bewunderten wir die Bilder der Impressionisten, besonders die Werke von van Gogh. Ich war schon immer fasziniert von seinen Gemälden, vor allem auch von seinem bewegten Leben mit diesen Hochs und den dramatischen Tiefs.

ERSTMALS EIN ZUHAUSE?

Jean-Paul war chaotisch, ich liebte seine unkonventionelle, künstlerische Art, auch wenn sie manchmal meinem Hang nach Perfektion diametral entgegenstand. Er war ganz schön verrückt, aber genau das mochte ich an ihm. Er musste ein zutiefst unabhängiger Mensch sein. Es kümmerte ihn überhaupt nicht, wie er auf andere wirkte, wie er aussah oder wie er gekleidet war. Es war ihm egal, wo und wie er wohnte und lebte, Hauptsache, er konnte seine Bücher, seine Schallplatten und seine riesige Sammlung kaputter Gegenstände irgendwo unterbringen. Und vor allem musste es genügend Platz für seine Menagerie geben: seinen Hund Attila und seine Katzen Oberon und Titania, die sein Leben teilten.

Nie werde ich den Tag vergessen, an dem er mich zum ersten Mal zu sich in sein Haus in der Nähe von Paris einlud. Es war ein Sonntag, wir hatten drehfrei, und ich fing ganz langsam an, mich in ihn zu verlieben.

»Ingrid, ich würde dir gerne mein Haus und meine Tiere zeigen, hättest du Lust auf eine Landpartie?«, fragte er mich etwas schüchtern. »Felix hätte doch sicherlich auch Spaß daran. Ich wohne auf dem Land, in der Nähe von Étrechy, einem Dorf bei Villeneuve-sur-Auvers. Das ist etwa eine Autostunde von Paris entfernt. Wir könnten gemeinsam bei mir zu Abend essen, du übernachtest im Gasthof in der Nähe, und morgen früh fahren wir zusammen wieder in die Stadt.«

Natürlich hatte ich Lust. Ich war neugierig zu sehen, wie Jean-Paul wohnte, und ich freute mich, nach vier Monaten Paris endlich einmal die Stadt und mein Apartment zu verlassen und etwas anderes zu sehen. Also packte ich Felix und ein kleines Köfferchen in Jean-Pauls alten Citroën, und wir fuhren los. Ich war ganz aufgeregt und auch ein wenig nervös. Hatte er schon bemerkt, wie sehr ich ihn mochte?

Jean-Paul wohnte zur Miete in einem hübschen kleinen, mit grauen Schindeln gedeckten Landhaus auf einem Hügel am Waldrand. Ringsherum gab es nur Felder und Wälder, in der Ferne sah man die Dächer der Häuser von Villeneuve-sur-Auvers. Jean-Pauls Haus hatte Sprossenfenster, grüne Fensterläden, Dachgauben und einen riesigen Garten, genauer gesagt: Es sollte irgendwann ein Garten werden, aber noch sah er aus wie ein brachliegendes Feld. Von Weitem wirkte alles sehr anheimelnd. Mein Herz machte einen Sprung, als ich es erblickte. So in etwa hatte ich mir immer ein Zuhause vorgestellt.

Das Haus gehörte zu einem Bauernhof, und der Bauer verdiente sein Geld mit Geflügelzucht. In unmittelbarer Nähe befand sich die große Halle für die Hühner, aber nachdem ich sie später einmal von innen gesehen hatte, kaufte ich die Eier lieber im Supermarkt.

Bei genauerem Hinschauen erwies sich das Wohnhaus als eine ziemliche Bruchbude, doch das fiel mir bei meinem ersten Besuch noch nicht besonders ins Auge. Da interessierten mich vor allem Jean-Pauls tierische Mitbewohner: Das waren zu der Zeit der alte, kranke Schäferhund Attila, der ihm kurz zuvor zugelaufen war, der schwarze Kater Oberon und die rote Katze Titania. Mein kleiner Dackel Felix fremdelte nur anfangs ein wenig, nach zwei, drei Stunden fühlte er sich schon sichtlich wohl in Gesellschaft des alten Attila. Die Katzen ignorierte er geflissentlich, und sie ihn.

Ich sah mich interessiert im Wohnzimmer um, das Jean-Paul mit hübschen, schlichten Holzmöbeln eingerichtet hatte. Alles wirkte ein bisschen improvisiert, aber gemütlich. Einzig die schreckliche Blumentapete an den Wänden störte mit ihren altmodischen Farben und Mustern meinen Geschmackssinn.

»Ich finde sie auch scheußlich«, stellte Jean-Paul fest. Offenbar hatte er meinen skeptischen Blick bemerkt. »Im Esszimmer habe ich sie dummerweise auch. Leider erlaubt mir der Bauer nicht, sie herunterzureißen oder die Wände zu streichen. Also habe ich mich notgedrungen daran gewöhnt.«

Statt einer Antwort lächelte ich ihn nur an und zuckte die Achseln. Es gab wahrlich Schlimmeres.

»*Bonsoir, Madame!*«, ertönte plötzlich eine Männerstimme hinter mir. Ich zuckte leicht zusammen. Jean-Paul hatte mir nicht erzählt, dass noch jemand in dem Haus wohnte. Als ich mich umdrehte, stand ich einem dunkelhäutigen, exotisch aussehenden Zwei-Meter-Mann mit langen schwarzen Haaren gegenüber.

»Ingrid, das ist Siva«, erklärte Jean-Paul. »Er kommt von der Insel Mauritius und hilft mir bei der Hausarbeit. Siva ist ein hervorragender Koch, du wirst heute Abend das Vergnügen haben, seine Spezialität, geschmortes Huhn, probieren zu können.«

Artig gab ich Siva die Hand. Er nahm sie, sah mich dabei aber mit einem seltsam lauernden Blick an, der mir unangenehm war. Ob Siva etwas an meiner Gegenwart störte? Das Abendessen jedenfalls schmeckte wirklich vorzüglich.

Es wurde in jeder Hinsicht ein wunderschöner, romantischer erster Tag und Abend mit Jean-Paul, und ganz vorsichtig fing ich an, mir auszumalen, wie es wohl wäre, mit ihm zusammen zu sein. Aber noch war es nicht so weit …

Erst einmal gingen die Dreharbeiten zu *Susi* weiter. Und plötzlich lag auch eine unerklärbare, unheimliche Anspannung zwischen Pfleghar und mir in der Luft. Er ließ mich jetzt nicht mehr aus den Augen. Dachte er zurück? Ich tat es. All diese Jahre, diese psychische Abhängigkeit und doch Zusammengehörigkeit, waren plötzlich wieder da. Was hatte er gesagt? »Du gehörst mir …«

Nicht mal Jean-Paul konnte mich aus diesen Gedanken reißen, er hatte nur wenige Drehtage, wir sahen uns selten.

Und Pfleghar war auf einmal ein ganz anderer Mensch, rührend um mich besorgt, machte mir Geschenke, schickte mir Blumen, streichelte mich sogar. Damals hatte ich mich so danach gesehnt! Hatte er sich geändert? Wollte er mich zurück?

Eines Tages stand er unangekündigt vor meinem Apartment, ich wusste gar nichts mehr, ließ es einfach geschehen... Aber Pfleghar war immer noch Pfleghar. Und ich wollte nicht in das alte Leben zurück!

Nach einem mal wieder katastrophalen Abend mit ihm, der mich über den Rand meiner Kräfte hinaus brachte, traf ich Jean-Paul und begann, ihm alles, wirklich alles zu erzählen. Wir redeten und redeten. Jean-Paul versuchte, mich zu verstehen.

Er wurde in diesen Wochen immer wichtiger für mich, half mir, mich von Pfleghar zu distanzieren. Jean-Paul und ich beschlossen, unser beginnendes Verhältnis vor den anderen und vor allem vor Pfleghar zu verheimlichen. Es war keine leichte Zeit. Doch nach und nach akzeptierte Pfleghar mein Zurückweichen. Wir redeten jetzt kaum mehr miteinander.

Jean-Paul und ich waren froh, als *Susi* endlich abgedreht war und wir unser gemeinsames Leben auch offiziell beginnen konnten. Wir beschlossen, dass ich zu ihm ziehen würde. Ich packte meine Siebensachen in München zusammen, kündigte meine hübsche Wohnung mit der großen Terrasse in der Elvirastraße, stellte einige Möbel bei Bekannten in deren Bauernhaus unter und verfrachtete alles andere in Jean-Pauls Landhaus, einschließlich des großen goldfarbenen Buddhas und des englischen Silberleuchters, die mich bis heute überallhin begleiten. Den Buddha hatte ich vor Jahren bei einem asiatischen Antiquitätenhändler in München erstanden. Der Leuchter stammt aus Berlin, ich kaufte ihn während eines Drehs mit Franco Nero.

Für mich begannen nun rückblickend Jahre, die zweifellos besonders farbig, spannend und sehr anregend waren. Mit Jean-Paul entdeckte ich im Laufe unserer gemeinsamen Zeit meine Liebe zu Büchern wieder. Seine Bibliothek platzte aus allen Nähten. Bisher hatte ich mich an anspruchsvolle Lektüren nicht wirklich herangewagt aus Angst, sie nicht zu verstehen. Doch jetzt begann ich wie eine Besessene Klassiker zu lesen. Jean-Paul führte mich an diese Bücher wie nebenbei heran, und ich genoss den regen Austausch mit ihm über Szenen, Figuren und Hintergründe der Geschichten. Ich arbeitete mich durch die deutschen, französischen und russischen Klassiker durch und ließ nicht locker, auch wenn die Sprache und die Gedanken mir manchmal fremd waren. Doch mit jedem gelesenen Werk wurde ich selbstbewusster, und ich war hingerissen, wie gut mir diese Art von Literatur gefiel. Fontanes *Effi Briest*, Rilkes *Malte Laurids Brigge*, alle Werke von Shakespeare und die französischen Klassiker wie Émile Zola mit *Nana* oder Flaubert mit *Madame Bovary* lagen mir besonders, *Die Elenden* von Victor Hugo hatte ich ja sogar schon als Kind gelesen, obwohl ich die Geschichte damals noch nicht begreifen konnte.

Auch klassische Musik lernte ich durch Jean-Paul nach und nach kennen und schätzen, er hatte ein grandioses Musikwissen. Wir besuchten oft klassische Konzerte, denn Jean-Pauls Bruder war ein bekannter und gefragter Dirigent, der überall in Frankreich und Europa auftrat und häufig bei uns zu Besuch war. Allein dadurch lernte ich die unterschiedlichsten Komponisten kennen. Jean-Paul war ein großer Fan von Wagner und Tschaikowsky, mir waren deren Kompositionen aber zu schwer. Die Tiere und ich verzogen uns regelmäßig, wenn er seine Lieblingsplatten auflegte.

Während eines der Konzerte, die ich gemeinsam mit Jean-Paul besuchte, entdeckte ich ganz unerwartet meine große Liebe zur Violine neu. Ich hatte völlig vergessen, wie sehr ich dieses Instrument mochte. Mein Vater hatte früher Geige gespielt – nicht oft, vielleicht zweimal im Jahr. Aber ich war jedes Mal ganz hingerissen. Ich erinnere mich, dass ich einmal den Mut hatte und ihn bat, mir Geigenunterricht zu geben. Und tatsächlich, er versuchte es! Aber es wurde nichts daraus. Ich konnte den Hals des Instruments wegen meines abstehenden Daumens nicht richtig halten. Bis heute steht für mich fest: Wenn ich noch ein Instrument lernen könnte, dann wäre es Violine.

Und dann war es auch ein Violinkonzert von Tschaikowsky – Jean-Paul und ich hörten es in Lille –, das mich so tief berührte, dass ich schließlich weinen musste. Ich war ganz glücklich über diese Tränen. Sie gaben mir das Gefühl, diese Art von Musik endlich zu verstehen oder zumindest einiges davon.

REVUE UND THEATER IN DEUTSCHLAND

Vier Jahre lang, von 1983 bis 1987, lebte ich fest in Frankreich und kehrte nur für Auftritte und Theatertourneen nach Deutschland zurück. Heirat war jedoch nie ein Thema zwischen Jean-Paul und mir, wir fühlten uns auch so miteinander wohl. Wir waren sehr ineinander verliebt, und trotzdem hatte jeder von uns weiterhin sein eigenes Leben. Jean-Paul kümmerte sich um seine Theaterproduktionen in Paris, und ich verdiente mein Geld in Deutschland, vor allem mit großen Shows und Theatertourneen.

Eine große Sache war für mich jedes Mal die Moderation der großen Juhnke-Show *Wie wär's heut mit Revue?* für das ZDF in den Jahren 1983 und 1984. Das waren fünf große Samstagabendshows mit großen Stars, die sechste Show kam leider nicht mehr zustande, wohl weil Harald Juhnke zu der Zeit wieder angefangen hatte, stark zu trinken. Das ZDF wollte wahrscheinlich kein Risiko eingehen.

Die einzelnen Shows wurden in einer riesigen Halle in Hannover vor großem Publikum an zwei Abenden aufgezeichnet. Die zweite Aufzeichnung war jedes Mal das Gleiche in Grün, sozusagen ein Back-up zur Sicherheit – ein Aufwand, den sich heute kein Sender mehr leisten könnte. Als Moderatorin trat ich in den gigantischsten Abendkleidern auf. Etwas so Fantastisches wie diese Kleider, die mir damals alle vom Salon Gisela in München-Bogenhausen auf den Leib geschneidert wurden, ist heute unbezahlbar.

Ich mochte die Shows immer gern, ich musste moderieren, tanzen, Sketche spielen und singen – wenn man das, was ich da machte, singen nennen will. Und die Zusammenarbeit mit Harald Juhnke war okay. Hin und wieder versuchte er, in der Öffentlichkeit den Eindruck zu erwecken, wir hätten eine Affäre miteinander. Beispielsweise wollte er bei Fototerminen, dass ich mich auf seinen Schoß setzte und scheinbar mit ihm flirtete. Männliches Ego? Niemand nahm uns das ab. Glück gehabt!

Wenn Harald gut drauf, sprich nüchtern war, konnte er jedenfalls ganz entzückend sein, aber in schlechten Phasen empfand ich ihn als unangenehm und sogar unkollegial. Beispielsweise konnte es passieren, dass ein Teil der Show mit meiner Choreografie und dem Vollplayback bereits komplett im Studio aufgenommen worden war und anschließend plötzlich abgesetzt wurde, angeblich, weil wir die Sendezeit sonst überschreiten würden. Natürlich war ich sehr enttäuscht. Schließlich hatte ich intensiv für diesen Auftritt geprobt und mich wochenlang akribisch vorbereitet. Später erzählte mir ein Mitarbeiter aus dem Team, dass Harald manchmal noch kurz vor der Life-Aufzeichnung beim Sender in Mainz anrief und sagte: »Das ist meine Show! Die Steeger ist zu lang!«, und forderte, dass mein Part gekürzt wurde oder rausflog. Nun war ich wenigstens vorgewarnt, was die Enttäuschung, wenn es wieder passierte, allerdings nicht verringerte.

Einer meiner Lieblingsauftritte bei *Wie wär's heut mit Revue?* war die berühmte Marilyn-Monroe-Nummer aus dem Film *Das verflixte 7. Jahr*, in der sie in einem weißen Kleid über einem Luftschacht der U-Bahn steht. Mein Part bestand nun darin, innerhalb einer Gruppe von identisch aussehenden Tänzerinnen als Einzige alles falsch zu machen. Das hatte ich ja in *Klimbim* gelernt. Immer und immer wieder schaute ich mir die Proben der Tänzerinnen an und kreierte mir meine eigene kleine Choreografie. Ich konnte mich gut bewegen und sah in dem weißen Marilyn-Kleid entzückend aus. Da war sie wieder, die »Westentaschen-Monroe«!

Großartig war auch ein Auftritt, den ich gemeinsam mit dem berühmten Travestiekünstler Bob Lockwood hatte. Bob war Amerikaner aus New York, lebte aber seit einiger Zeit in München. Wir verstanden uns auf Anhieb großartig. Er war Gast in der Show und sollte gemeinsam mit mir als Ingrid Steeger auftreten, er war also gewissermaßen mein Zwilling. Wir sangen: »Uns gibt es zweimal, ist das nicht einmalig – wir führ'n ein Doppelleben ...«

Bei unserem gemeinsamen Auftritt war Bob perfekt, er hatte mich unglaublich genau studiert. Er ließ sich braune Kontaktlinsen einsetzen und polsterte sich die mageren Hüften ein wenig aus, um möglichst weiblich auszusehen. Es war frappierend, wie genau er mich imitierte, und der gemeinsame Auftritt mit ihm war ein einziger riesiger Spaß.

Und nach der Show ging es heiter mit uns weiter: Ich erinnere mich an eine Abschiedsfeier nach einer der letzten Shows, zu der auch Bob eingeladen war. Die Party war so langweilig, dass wir beschlossen, es uns ein bisschen nett zu machen. Wie zwei Kinder verkrochen wir uns unter einem der Tische, die mit bodenlangem weißem Damast bedeckt waren, so dass man uns nicht sehen konnte. Und dort unter dem Tisch lachten wir uns halb tot, lästerten albern über die anderen und tranken dazu Champagner. Viel Champagner. Irgendwann krabbelten wir wieder unter dem Tisch hervor und bestellten für unsere Tänzerinnen ebenfalls Champagner.

In derselben Show war ein argentinischer Sänger als Gaststar aufgetreten, der sich unübersehbar während der Proben Hals über Kopf in mich verliebt hatte. Aber diese Verliebtheit beruhte nun wirklich nicht auf Gegenseitigkeit. Ich beachtete ihn kaum. Bald waren wir an dem Abend alle ziemlich beschwipst, und es wurde immer lauter und lustiger, doch irgendwann begriff ich, dass ich den nächsten Drehtag nicht überstehen würde, wenn ich nicht umgehend schlafen ging. Etwas ängstlich fragten Bob und ich nach der Rechnung, und jetzt hatte mein argentinischer Bewunderer seinen großen Auftritt. Er bezahlte den – gigantisch hohen – Preis für den Champagner. Wir grinsten uns eins und waren erleichtert. Das Problem war nur, dass er sich anschließend partout nicht abschütteln ließ. Es war überdeutlich, dass er entschlossen war, mir auf mein Hotelzimmer zu folgen.

In dieser heiklen Situation kam mir Bob zu Hilfe. »Ingrid, du schläfst heute Nacht bei mir!«, erklärte er mir kurzerhand. »Den Typen wirst du nicht los, der steht sicher die ganze Nacht vor deiner Tür.«

Und so kam es, dass ich die Nacht mit dem Travestiekünstler Bob Lockwood in einem Bett verbrachte. Zum Schlafen kamen wir nicht, wir kicherten uns durch bis zum Morgen. Seit diesem Erlebnis waren wir auch privat eng befreundet und telefonierten häufig miteinander. Leider dauerte die Freundschaft zu diesen liebenswerten Menschen nur wenige Jahre, denn Bob kam im Jahr 1989 bei einem Autounfall in Spanien ums Leben. Ich konnte es nicht begreifen, er war doch erst sechsunddreißig.

In den Jahren 1983 und 1984 spielte ich auch in der englischen Komödie *Bleib doch zum Frühstück*, einem Zwei-Personen-Stück. Ich hatte die Hauptrolle der Louise Hamilton, einer hochschwangeren jungen Frau, die kein Dach über dem Kopf hat und sich bei einem biederen Beamten – Horst Frank, der eigentlich sonst meistens Bösewichte spielte – einquartiert, um in dessen Wohnung ihr Kind zur Welt zu bringen. Natürlich entwickelt sich daraus nach einigem Hin und Her und heftigen Auseinandersetzungen inklusive Schlägereien eine Liebesgeschichte mit Happyend.

Wir gingen mit dem Stück auf Deutschland-Tournee und spielten es über einige Jahre verteilt insgesamt mehr als vierhundert Mal. Horst Frank war damals Mitte fünfzig. Anfangs kamen Horst und ich auf der Bühne und auch sonst gut miteinander aus, ich hatte den Eindruck, dass er mich aufrichtig mochte. Eines Tages jedoch, für mich ohne erkennbare Vorwarnung, schlug seine Zuneigung zu mir in Boshaftigkeit um, zumindest habe ich es so empfunden. Von nun an machte er mit mir auf der Bühne, was er wollte. Ich wusste manchmal nicht einmal, von welcher Seite er auftreten würde.

Als wir gerade für vierzehn Tage im St. Pauli-Theater in Hamburg spielten, kam er vor einer Vorstellung zu mir. Er sah müde aus.

»Ingrid, bist du auch so müde, hast du Lust zu spielen?« Meine Antwort wartete er gar nicht ab und sagte nur ganz unvermittelt: »Mach den Mund auf!«

Ich wollte widersprechen, da schob mir Horst blitzschnell eine Pille in den Mund und hielt ihn mir mit der anderen Hand zu. Ich musste schlucken. Was sollte das? Was war das für eine Pille?

Ob das Publikum anschließend etwas merkte, weiß ich nicht, aber ich dachte während der ganzen Vorstellung immer wieder: Wie bekomme ich meinen Mund bloß auseinander? Nicht mal lächeln konnte ich, und ich war der festen Überzeugung, dass ich Füße hätte wie ein Elefant. Das war alles andere als komisch.

Auf der Bühne kam er mir von nun an noch unberechenbarer, manchmal geradezu gemein vor. In dem Stück mussten er und ich uns in einer Szene schlagen. Vor der Kamera oder auf der Bühne schlägt man eigentlich, ohne wirklich zu schlagen. Man holt aus und zack, wischt man haarscharf an der Wange vorbei. Wenn man es richtig macht, sieht es echt aus. Doch Horst schlug plötzlich jeden Abend richtig zu, mit Absicht. Er ließ sich jedes Mal Zeit und holte gezielt zum Schlag aus. Ich stand immer da wie eine Salzsäule und wartete, dass er mir eine langte. Meine Augenlider zitterten vor Anspannung. Das Publikum hielt unser Spiel einfach nur für sehr gelungen. Ich überlegte schließlich, meinen Schlag auch nicht mehr nur anzudeuten, aber Horst wich jedes Mal geschickt einen Schritt zurück.

Ich weiß nicht, wie ich die vielen Vorstellungen überstanden habe. Mit Horst war nicht zu reden, und von unserem Tourneeleiter ließ er sich sowieso nichts sagen. Ich war ja im Leben schon Schlimmeres gewohnt gewesen. Also ließ ich Horsts Launen über mich ergehen, immer in der Hoffnung, dass er irgendwann wieder zu sich kommen würde. Kam er aber nicht. Egal. Die Tournee war trotzdem ein großer Erfolg.

Mein nächstes Stück war *Pygmalion* von George Bernard Shaw, ein bezaubernder Bühnenstoff, den die meisten sicher durch die Musicalverfilmung *My Fair Lady* kennen. Ich spielte das Blumenmädchen Eliza Doolittle und ging damit in Deutschland auf Tournee. Mein Bühnenpartner bei dieser Produktion war der grandiose, aber auch sehr anspruchsvolle und nicht immer ganz einfache Staatsschauspieler Peter Fricke, der den Professor Higgins spielte. Regisseur war kein Geringerer als mein Harald Leipnitz. Natürlich hatte ich den Ehrgeiz, in der Rolle der Eliza Doolittle, die bis heute eine meiner Lieblingsrollen ist, als Theaterschauspielerin zu reüssieren – ich, die »Ulknudel« ohne professionelle Schauspielausbildung.

Jean-Paul half mir damals sehr. Eines Tages, wir waren mit dem Stück schon einige Zeit auf Tour, rief ich ihn verzweifelt an.

»Jean-Paul, du musst mir helfen!«, jammerte ich ins Telefon. »Irgendetwas ist passiert. Das Blumenmädchen spiele ich perfekt, aber ich bin plötzlich nicht mehr in der Lage, die Dame zu spielen!«

Es war tatsächlich so, dass mir die Figur der Dame schlichtweg entfleucht war. Ich bekam die Verwandlung vom Blumenmädchen Eliza zur feinen, kultivierten Dame mit der guten Aussprache einfach nicht mehr hin.

Jean-Paul verstand sofort. Er kam extra angereist, schaute

sich die Vorstellung an und sagte mir anschließend auf den Kopf zu, was ich falsch machte.

»Ingrid, du zappelst zu sehr. Du spielst nervös, dadurch nimmst du dir die Überlegenheit, die du als Dame ausstrahlen musst. Sei einfach gelassen und ruhig! Du kannst das, du hattest es doch schon!«

Plötzlich ging es tatsächlich wieder. Nach dem Coaching durch Jean-Paul war die entfleuchte Dame auf einmal wieder da, und ein Kritiker in Herford schrieb sogar, die »Überraschung des Abends« sei Ingrid Steeger gewesen. Darauf war ich natürlich sehr stolz, es war das erste Mal, dass ich eine Ahnung davon bekam, wie erfüllend Theaterspielen sein kann.

Die Eliza Doolittle würde ich heute gern noch einmal spielen, aber dafür bin ich jetzt zu alt. Wenigstens habe ich meine kleine Yorkshire-Hündin nach ihr genannt und denke jedes Mal, wenn ich ihren Namen ausspreche, dabei auch ein wenig an Jean-Paul – meinen persönlichen Professor Higgins.

LANDLEBEN MIT TIEREN UND DIENER

Mit Jean-Paul führte ich in Frankreich ein Leben, das meiner Vorstellung von einem richtigen Zuhause schon sehr nahe kam. Das Haus selbst war zwar stark renovierungsbedürftig, aber das Zusammensein mit meiner Liebe Jean-Paul, seinem Hund Attila und meinem Dackel Felix sowie den beiden Katzen ließ nichts vermissen.

Attila, der Schäferhund, brauchte besondere Zuwendung, er hatte Blutkrebs, lebte aber noch mehrere Monate damit. Mir gegenüber war er anfangs eher distanziert, fast ein wenig misstrauisch, doch das sollte sich ändern – an einem Tag, der mir bis heute unauslöschlich im Gedächtnis ist.

Es war ein schöner, sonniger Herbsttag. Am späten Vormittag beschloss ich, mit Felix zu einem langen Spaziergang aufzubrechen. Ich wollte das Landleben genießen, bevor ich wieder nach Deutschland zurückfliegen musste, um eine weitere Folge von *Wie wär's heut mit Revue?* zu moderieren. In wenigen Tagen sollte es losgehen.

»Komm, Felix, beweg dich, sonst wirst du dick!«, rief ich meinem kleinen Hund zu, der sich gewohnt gemächlich in Bewegung setzte.

Als wir zu der schmalen Landstraße kamen, die am Hof vorbei ins Dorf führt, passierte es: Ohne jegliche Vorwarnung raste Felix auf seinen kurzen, krummen Beinchen plötzlich los, vielleicht hatte er ein Kaninchen gewittert, und hielt schnurstracks auf die Straße zu. Ich schrie wie verrückt, doch Dackel sind stur. Wenn sie nicht wollen, hören sie einfach nicht. Und Felix hörte auch nicht, dass von rechts ein Auto um die Kurve bog – was höchstens zweimal am Tag vorkam! Es war nicht sehr schnell, aber es reichte. Ich hörte nur einen dumpfen Schlag und sah, wie etwas Kleines, Dunkles durch die Luft flog, auf den Asphalt klatschte und reglos am Straßenrand liegen blieb. Als wäre nichts geschehen, fuhr das Auto weiter und verschwand hinter der nächsten Kurve.

Mir wurde eiskalt. »Lieber Gott, lass es nicht wahr sein!«, stieß ich hervor.

Aber es war wahr. Als ich das dunkle Etwas erreichte, war mir sofort klar, dass niemand mehr etwas für Felix tun konnte. Blut lief ihm aus Ohren, Nase und Maul, und er lag reglos da.

Halb blind vor Tränen nahm ich meinen kleinen Felix auf den Arm und lief ziellos in den Wald. Wo sollte ich auch hin? Jean-Paul war zu Theaterproben in Paris, und im Haus herrschte dieser grässliche Siva, der mich immer misstrauisch und kalt ansah und mich spüren ließ, dass ich in »seinem« Haus eigentlich nichts zu suchen hatte. Ich muss zudem unter Schock gestanden haben, kein Wunder, wenn einem vor den eigenen Augen das Liebste überfahren wird.

Irgendwann fand ich mich auf einer Lichtung im Gras liegend vor, den toten Felix in meinen Armen. Es mussten Stunden vergangen sein, denn es wurde bereits dunkel. Ich musste in eine Art Betäubungsschlaf gefallen sein und konnte mich einen Moment lang an nichts mehr erinnern.

Als ich mich aufrichtete, hatte ich das Gefühl, ich wäre selbst von einem Auto überfahren worden. Jeder Knochen tat mir weh, und ich konnte kaum aus den Augen schauen. Aber es half nichts. Ich musste aufstehen und nach Hause gehen. Dabei wusste ich gar nicht genau, wo ich eigentlich war. Mein Orientierungssinn ist so gut wie nicht existent und war es schon damals nicht. Allmählich wurde mir angst und bange.

In diesem Moment tauchte eine dunkle Gestalt aus dem Wald auf. Ein Hund!

Er kam schwanzwedelnd und mit raschen Schritten auf mich zu: Es war Attila, der sich bisher immer von mir ferngehalten, ja mich sogar ignoriert hatte. Jetzt war ich direkt erleichtert, ihn zu sehen, und ihm schien es ähnlich zu ergehen. Es war offensichtlich, dass er nach mir gesucht hatte.

Zuerst schnüffelte er an dem toten Felix, dann an mir, dann wieder an Felix und begann schließlich, den Kleinen zärtlich abzulecken. Irgendwann hob er den Kopf, sah mich traurig an und leckte auch mir tröstend die Hände. Ich glaube, er hatte verstanden, dass Felix tot war und dass ich traurig war. In diesem Moment wurden Attila und ich Freunde für den kurzen Rest seines Lebens.

Attila führte mich sicher zurück nach Hause, er kannte den Weg genau. Und am nächsten Tag begruben Jean-Paul, Attila und ich Felix gemeinsam im Garten. Er war gerade mal zwei Jahre alt geworden.

Das nächste Tier, von dem wir Abschied nehmen mussten, war der Kater Oberon, der eines Tages einfach nicht mehr nach Hause kam. Monatelang wartete seine Gefährtin Titania auf ihn, aber es war vergeblich.

Und dann starb Attila. Wir mussten ihn einschläfern lassen, der Krebs hatte seinen ganzen Körper ergriffen, und er litt stumm. Wir begruben ihn im Garten neben Felix.

Jean-Paul war untröstlich, und auch mir fehlte Atilla. Jean-Paul hatte schon immer von einem Riesenschnauzer geträumt – jetzt sollte er ihn bekommen. Ich brachte ihn aus München mit, und wir nannten ihn Othello, frei nach Shakespeare, weil er so dunkel war.

Mit Othello zog endgültig das Chaos bei uns ein. Nichts war vor diesem Hund sicher. Er war lieb, jung und noch sehr dumm und wurde von Tag zu Tag größer. Jedes Mal, wenn wir nach Hause kamen, mussten wir zuerst unsere Kleidung in Sicherheit bringen, bevor wir die Tür öffneten. Wir konnten es ihm einfach nicht beibringen, uns nicht anzuspringen und vor Begeisterung und Liebe alles zu zerfetzen, was ihm in die Fänge kam. Und wenn wir ihn mal allein im Auto lassen mussten, was hin und wieder vorkam, bellte er unentwegt und zerbiss die Polster. Er hatte unglaubliche Kraft, und wenn er wollte, konnte er mich mühelos an seiner Leine hinter sich herzerren. Ich hatte keine Chance gegen ihn, aber ich liebte ihn trotzdem.

»So geht das nicht mehr«, sagte ich eines Morgens zu Jean-Paul, ungefähr ein Jahr nach Felix' Tod. Othello hatte gerade erfolgreich meinen schönen neuen Pyjama in seine Einzelteile zerlegt. »Ich komme mit Othello einfach nicht zurecht! Ich liebe ihn, aber für mich ist er einfach zu groß und zu wild. Ich habe einen Vorschlag: Othello ist ab jetzt dein Hund, du kümmerst dich um ihn, und ich besorge mir einen kleinen, knuddeligen, nur für mich. Ich will wieder einen Rauhaardackel. Einmal Dackel, immer Dackel.«

»Wenn du meinst, Ingrid...«, erwiderte Jean-Paul. »Er wird den Neuen schon nicht zerreißen.«

Felix II zog bei uns ein – eigentlich hieß er ja Nobl von der Waldnerklause, aber das war mir nun wirklich zu hochtrabend. Dieser Felix sollte mein Begleiter und engster Vertrauter im Auf und Ab der nächsten zwölf Jahre werden. Er wurde mit offenen Armen, genauer gesagt Pfoten, aufgenommen. Othello und der neue Felix wurden unzertrennlich,

Jean-Pauls Befürchtung, Othello würde über kurz oder lang aus Felix Hackfleisch machen, bewahrheitete sich glücklicherweise nicht. Auch Titania, die wir Titi nannten, verliebte sich in den kleinen Hund. Sobald sich Felix auf den Rücken legte, kam sie schnurrend angesaust und putzte ihn vom Öhrchen bis zur Schwanzspitze. Felix fand es toll, und wir waren gerührt.

HAUS, HOF, REISEN

So romantisch das Haus in Frankreich von außen mit seinen grauen Ziegeln und den Dachgauben wirkte, so gewöhnungsbedürftig war es für mich im Inneren. Das Problem war, dass sich ganz in der Nähe auf demselben Grundstück die Hühnerfarm des Bauern befand. Wir hatten ständig Unmengen von Insekten und Ungeziefer im Haus, es war voll von jeder Menge Fliegen, riesigen Spinnen und kleinen runden Käfern, die von den Balken fielen. Ich versprühte so viel Insektenspray, dass ich schließlich Asthmaanfälle bekam.

Auch der »Garten« ließ sehr zu wünschen übrig, denn der Bauer erlaubte uns nicht, um das Haus herum etwas zu pflanzen, es sei denn, es gefiel ihm. Ich machte es trotzdem, und meistens riss es der Bauer anschließend wieder heraus. Jean-Paul hatte das Haus seinerzeit gemietet, weil er unbedingt mit seinen Tieren auf dem Land leben wollte. Mir wäre es lieber gewesen, irgendwo an den Rand von Paris zu ziehen, damit ich auch die Möglichkeit hatte, Französisch zu lernen – wir sprachen miteinander nur Deutsch, das ging besser und schneller. Doch Jean-Paul wollte unbedingt raus aus der Stadt.

Hin und wieder erschienen Reporter irgendeiner deutschen Illustrierten, um eine Homestory über Ingrid Steegers Leben auf dem französischen Land zu produzieren. Die *aktuelle* malte für ihre deutschen Leser das folgende rührende Bild von Jean-Paul und mir: »Der Liebe wegen zog Ingrid Steeger nach Paris. Den Abend verbringen die zwei Verliebten...« – damit meinten sie Jean-Paul und mich – »vorzugsweise am offenen Kamin. Die Haushaltsarbeiten teilt sich die Susi-Darstellerin mit einem indischen Diener, der laut Jean-Paul fast eifersüchtig auf Ingrids Kochkünste ist.« Die Rede war von Siva, Jean-Pauls Faktotum.

Davon, dass Siva eifersüchtig auf meine Kochkünste gewesen wäre, kann keine Rede sein. Siva konnte wirklich sehr gut kochen, im Gegensatz zu Jean-Paul, der alles, was er zubereiten wollte, vorher erst einmal stunden- und tageweise in Wein einlegte, so lange, bis man es am Ende häufig wegwerfen musste. Das war typisch für Jean-Paul. Er war wirklich planlos.

Vor Siva fürchtete ich mich, wenn Jean-Paul nicht da war. Und das war häufig genug der Fall. Siva half uns bei der Hausarbeit, er machte sauber, kochte und wohnte bei uns. Mir war das gar nicht recht, ich fühlte mich in Sivas Gegenwart ständig unter Beobachtung. Nach meinem Einzug bot ich Jean-Paul sogar an, das Haus allein in Ordnung zu halten. Doch davon wollte er nichts wissen.

Irgendwann entdeckte ich, dass Siva uns massiv beklaute. Er nahm sich, ohne zu fragen, von Jean-Paul Zigaretten und versorgte mit der größten Selbstverständlichkeit sich und seine Freunde mit Lebensmitteln aus unserer Vorratskammer. Eines Tages entdeckte ich ein teures Feuerzeug in seinem Zimmer, es gehörte meiner Schwester, außerdem eine Armbanduhr und eine Jacke von Jean-Paul sowie etliche Flaschen guten Wein. Als sich dann auch noch herausstellte, dass Siva ohne unser Wissen und auf unsere Kosten ständig beim Metzger Fleisch bestellte, das er anschließend an seine Freunde weitergab, reichte es sogar Jean-Paul. Er gab Siva eine Stunde, um zu packen und das Haus für immer zu verlassen. Damit war dieses unerfreuliche Kapitel für uns beendet.

Wertgegenstände an sich, die Siva hätte verschwinden lassen können, gab es in dem Haus wenig, wenn man von den paar guten Stücken absieht, die ich aus München mitgebracht hatte. Denn im Grunde war alles, was Jean-Paul kaufte und anbrachte, kaputt. Er liebte es, auf Märkten und in Antiquitätengeschäften nach Sonderangeboten zu stöbern, und kam ständig mit Dingen an, die zwar nett aussahen und wenig kosteten, aber eine Macke hatten. Er hatte einen Lieblingsladen, in dem es nur neue Sachen gab, aber alle waren beschädigt, so dass man die Stücke fast für einen Händedruck bekam. Davon war Jean-Paul ganz begeistert. Aber die Konsequenz war, dass bei uns nichts in Ordnung war. Man konnte sich nirgends anlehnen, ohne dass man gleich darauf am Boden lag, weil etwas zusammengebrochen war. Jede Klinke, die ich heruntergedrückte, hatte ich in der Hand, jede Schranktür, die ich öffnete, löste sich aus dem Scharnier. Manchmal machte mich das doch ein bisschen wahnsinnig.

Jean-Paul hob alles auf, auch provisorische Bühnendekorationen wie Pappsäulen oder Treppen. All das schleppte er an und stopfte es in die Garage oder in den Keller, der proppenvoll war. Auch Kleidung konnte er nicht wegwerfen. Wenn er in Paris war, heizte ich den Kamin ein und verbrannte seine Sachen. Er merkte es nie, er suchte auch nie nach bestimmten Kleidungsstücken. Hauptsache, es war alles da, dachte er.

Eines Tages, als sich Jean-Pauls Bruder, der Dirigent, angesagt hatte, beschloss ich, endlich die Tapeten im Esszimmer verschwinden zu lassen. Ich konnte sie einfach nicht mehr ertragen. Im Dorf besorgte ich Sackleinen und tackerte es im Flur an die Wände, und für das Esszimmer kaufte ich einen Eimer weißer Farbe und patschte die Farbe über die Tapete. Es sah gar nicht mal so schlecht aus. Die Arbeit hatte sich definitiv gelohnt.

Für die Dörfler muss ich wie ein Wesen vom andern Stern gewesen sein: eine blonde, kleine Frau, die praktisch kein Wort Französisch sprach, bei einem Schauspieler auf einer

Hühnerfarm lebte, häufig für mehrere Wochen nicht in Erscheinung trat und mit einem höchst eigenartigen roten, eckigen Gefährt, auf dem »Aurola« stand, zum Einkaufen ins Dorf fuhr, häufig in Begleitung eines oder mehrerer Hunde oder einer Katze. Ich hatte zu der Zeit noch keinen Führerschein. Deshalb hatte ich mir dieses Ding gekauft, eine Art Mofa mit Karosserie, das mit Mofagemisch fuhr und für das man in Frankreich noch nicht einmal einen Moped-Führerschein benötigte. Es war langsam wie eine Schnecke, aber bergab fuhr es ziemlich schnell, vor allem wenn es mit Einkäufen beladen war.

Um Villeneuve-sur-Auvers herum gab es mehrere Hügel. Die anderen Autofahrer sahen immer mitleidig zu mir herüber, wenn ich in meinem kleinen Tuckerauto vorbeikam. Es machte mir besonders großen Spaß, nach dem Einkauf im Supermarkt auf einen dieser Hügel zu fahren und dort oben zu warten, bis ein Auto vorbeikam. In dem Moment gab ich Gas, und weil ich schwer beladen war, bekam ich natürlich ein Supertempo drauf. Die Dörfler konnten kaum glauben, dass so ein kleines Auto so schnell flitzen konnte. Mein »Ruf« weitete sich aus. Allerdings musste ich aufpassen, »Aurola« legte sich in Kurven stark auf die Seite. Meine Tiere fanden das gigantisch, ich auch! Ich wurde immer beliebter.

Eines Tages fuhr ich zur Tankstelle, um neues Mofagemisch zu besorgen. Da ich nicht wusste, was »Mofagemisch« auf Französisch heißt, zeigte ich nur auf mein Gefährt. Daraufhin drückte mir der Tankwart eine Blechdose in die Hand und ging. Ich wartete und wartete, aber er kam nicht wieder. Also dachte ich: Okay, dann kippe ich das einfach rein. Aber es war reines Motoröl, wie ich später erfuhr.

Das ganze Dörfchen versammelte sich anschließend an der Tankstelle und sah begeistert zu, wie der Tankwart unter meinem »Auto« lag und versuchte, das Öl wieder aus dem Tank zu bekommen. Es muss für die Leute eine Riesenshow gewesen sein. Zum Schluss applaudierten sie sogar.

Wenn wir beide kein Engagement hatten, gingen Jean-Paul und ich gern auf Reisen. Jean-Paul liebte es zu zelten, mein Ding hingegen war das überhaupt nicht. Trotzdem tat ich ihm den Gefallen und machte mit, denn Reisen mit Jean-Paul waren immer höchst abenteuerlich und spannend. Wir zelteten grundsätzlich wild, weder ich noch er wären auf einen Campingplatz gegangen und hätten Zelt an Zelt neben wildfremden Menschen geschlafen, wenn es sich irgendwie vermeiden ließ. Wenn schon, dann musste es die freie, wilde Natur sein, da war ich ganz seiner Meinung. Trotzdem war mir manchmal nicht sehr wohl dabei, vor allem wenn ich durch die dünne Zeltwand nachts irgendwelche undefinierbaren Geräusche hörte. Dann ging die Fantasie mit mir durch, und ich hatte schlimme Horrorvorstellungen, dass jemand zu unserem Zelt kommen und es mit dem Messer aufschlitzen würde.

Einmal lagen wir nachts schon in unseren Schlafsäcken im Zelt und zitterten vor Kälte, draußen lag Schnee. Plötzlich sagte Jean-Paul: »Ich habe eine Autotür gehört. Da kommen Leute! Lauf!« Und ehe ich mich versah, war er schon aus seinem Schlafsack geschlüpft, sprang auf, packte Othello, raste zum Auto, setzte sich rein, warf die Tür zu und drückte das Knöpfchen herunter. Super! Jean-Paul und Othello waren also in Sicherheit, während ich immer noch im Schlafsack lag, den Reißverschluss bis unters Kinn hochgezogen, und überhaupt nicht verstand, was eigentlich los war. »Gott sei Dank ist nichts passiert«, sagte Jean-Paul hinterher kleinlaut.

Da war mir das Reisen in unserem gemieteten Wohnmobil schon um einiges lieber, da gab es wenigstens eine Tür, die man abschließen konnte. Mit diesem Wohnmobil fuhren wir im Lauf der Jahre durch ganz Frankreich und bereisten auch mehrere Wochen lang Marokko.

Dieses Land im Nordwesten Afrikas war für mich ein großartiges Erlebnis. Die Natur dort ist wirklich atemberaubend. Wir fuhren in die entlegensten Winkel, in die sich normalerweise kein Tourist verirrte. Und selbstverständlich stellten wir uns zum Übernachten nicht auf einen Campingplatz, von denen es in Marokko ohnehin kaum welche gab, sondern in die freie Natur. Das war nicht ungefährlich, vor allem im Rif-Gebirge, der Region im Norden Marokkos, in der Rauschgift produziert und verkauft wurde und wo die Schmuggler unterwegs waren. Wohl war uns dabei beiden nicht, und sicherheitshalber schliefen wir trotz der großen Hitze grundsätzlich bei geschlossenen Fenstern, mit dem Messer in der Hand!

Doch zum Glück hatten wir Othello dabei, vor dem wiederum die Schmuggler Angst hatten. Wenn wir in Situationen kamen, die uns nicht ganz geheuer erschienen, ließen wir Othello von der Leine, und das reichte. Dieser riesige schwarze Hund war den Leuten unheimlich, und sie hielten Abstand. Manchmal erlebten wir aber auch wunderbare Gesten der Gastfreundschaft: Berberfamilien luden uns zu sich ins Zelt ein, damit wir mit ihnen Tee tranken. Es war gigantisch zu sehen, wie sie lebten. Die Kinder schliefen neben den Ziegen, alles spielte sich in den großen Zelten ab.

Irgendwann kam der Tag, an dem ich müde war von der ewigen Fahrerei und den unmöglichen Schlafplätzen. »Jean-Paul, lass uns in ein Hotel oder wenigstens auf einen Campingplatz gehen!«, maulte ich. »Ich möchte mich endlich mal wieder richtig waschen und bei geöffneten Fenstern schlafen, ohne Angst, dass uns im nächsten Moment vielleicht jemand überfällt!«

»Nun gut«, erwiderte Jean-Paul, »suchen wir uns für die nächsten drei Übernachtungen einen Campingplatz. Es wird schon irgendwo einen geben.«

Begeistert war ich nicht. Und der einzige Campingplatz, den wir weit und breit fanden, war anscheinend außer Betrieb: Im Pool war kein Wasser, und nirgends stand auch nur das kleinste Zelt. Es war nicht sehr vertrauenerweckend, und wieder fuhren wir weiter, und wieder folgte eine Nacht in stehender Hitze, diesmal in der Nähe eines Armeepostens, von dem wir uns zumindest ein wenig Schutz erhofften. Die versprochene Erholung hatte ich mir weiß Gott anders vorgestellt.

Was war ich froh, als uns ein Magen-Darm-Virus erwischte! Jean-Paul hatte an der Straße Fleisch für uns gekauft, das uns Othello klaute und auffraß und daraufhin prompt Durchfall bekam. Also kaufte Jean-Paul wieder Fleisch an der Straße – das sollte man in solchen Ländern nie tun –, wir aßen es, und nun waren wir beide »dran«. Jetzt ging es endgültig nicht mehr, wir mussten in ein Hotel. Es war ein Hotel wie aus Tausendundeiner Nacht, in dem wir ganze drei Tage blieben. Gut waren wir nicht drauf, aber ich genoss die Zeit trotzdem in vollen Zügen. Es war so herrlich, endlich einmal wieder in einer Badewanne zu liegen, in einem weichen, sauberen Bett zu schlafen und eine richtige Toilette zu haben!

Nach ungefähr fünf Wochen abenteuerlichen Vagabundenlebens kehrten wir schließlich wohlbehalten nach Frankreich zurück. Die Rückreise verlief zwar ähnlich chaotisch wie die gesamte Reise, denn Jean-Paul hatte kein Fährticket gebucht und übersehen, dass in Frankreich die Sommerferien zu Ende waren und Tausende von Franzosen und Marokkanern, die die Ferien in Marokko verbracht hatten, wieder zurück an ihre Arbeitsplätze und in die Schulen wollten. Vier Tage mussten wir in unserem Wohnmobil schwitzend warten, bis wir einen Platz auf dem Schiff bekamen. Endlich waren wir wieder in unserem Häuschen und wurden von unseren Katzen stürmisch begrüßt.

DAS VERLORENE KIND

Eigentlich hätte unser gemeinsames Leben in dieser Art weitergehen können. Eigentlich. Doch in Wirklichkeit lebten Jean-Paul und ich uns im Lauf der Jahre langsam auseinander. Er war hauptsächlich in Frankreich, wo er zusammen mit seiner Theatertruppe große Shakespeare-Aufführungen realisierte, und ich war viel in Deutschland für Shows, Theaterproben und Talks. Oft passierte es, dass er gar nicht da war, wenn ich zurück nach Villeneuve-sur-Auvers kam, und umgekehrt. Wir lebten mehr und mehr aneinander vorbei, führten eine Fernbeziehung, jeder war in seiner eigenen Welt. Es ist schwierig, in dieser Branche eine Liebe aufrechtzuerhalten, eigentlich fast unmöglich. Manchen gelingt es, wir schafften es nicht.

Irgendwann wurde ganz unbemerkt aus unserer großen Liebe eine Freundschaft. Offensichtlich hatte Jean-Paul auch eine Freundin. Es tat zwar weh, aber ich musste das akzeptieren. Es war nur eine Frage der Zeit, wann wir uns endgültig trennen würden, in Freundschaft und ohne Bitterkeit, aber auch in Traurigkeit.

Und da wurde ich überraschend schwanger.

Das heißt, ich wusste es gar nicht. Nach einer Routineuntersuchung bei meinem befreundeten Gynäkologen hatte mir dieser erst ein paar Monate zuvor kurz und bündig erklärt: »Ingrid, du kannst wahrscheinlich ohne operativen Eingriff an deiner Gebärmutter nicht schwanger werden.« Wollte ich sowieso nicht, Jean-Paul und ich hatten nie Nachwuchs geplant. Und wenn, dann sollte mein Kind nicht in ein solches Durcheinander geboren werden, es sollte Geborgenheit bekommen und ein richtiges Zuhause. Warum also mich unnötig mit Hormonen vollstopfen, dachte ich mir und setzte die Pille ab.

Irgendwann wurde mir plötzlich jeden Morgen übel, aber mein Körper reagierte ansonsten normal. Irgendetwas schien nicht zu stimmen. Als ich das nächste Mal in Deutschland war, ging ich vorsichtshalber wieder zu meinem Gynäkologen. Er untersuchte mich schweigend. Es dauerte lange, für mich zu lang. Als ich endlich vom Untersuchungsstuhl herunterstieg, sagte er: »So, Ingrid, das haben wir geschafft! Du warst fast Ende des dritten Monats. Ich habe einen Abbruch eingeleitet. Du fliegst jetzt nach Frankreich zurück. Sollten vorher Blutungen einsetzen, bleibst du hier und rufst mich an. Ansonsten gehst du in Paris sofort in eine Klinik. Die Ärzte müssen dir das Kind auf jeden Fall nehmen.«

Ich war fassungslos. Tausend Gedanken drehten sich in meinem Kopf. Er hatte doch gesagt, dass ich ohne Operation gar nicht schwanger werden könnte! Wieso nun doch? Ich habe es nie erfahren. Und warum hatte der Arzt mich nicht gefragt, bevor er den Abbruch einleitete? Das konnte er doch nicht tun! Warum hatte er mir nicht die Chance gegeben, wenigstens eine Nacht darüber zu schlafen, damit ich selbst die Entscheidung treffen konnte? Er wusste zwar, dass ich in Trennung lebte und dass ich um nichts auf der Welt allein ein Kind großziehen wollte, aber... Er hatte die Entscheidung einfach für mich getroffen. Später sagte er mir, er habe mir einen Gefallen tun wollen. Vielleicht hätte ich mich doch anders entschieden? Oder auch nicht?

Ich wusste nicht mehr, was ich denken sollte. In Panik rief ich Jean-Paul an. Er begriff sofort. Er würde sich um ein Krankenhaus kümmern, beruhigte er mich.

Als er mich in Paris am Flughafen abholte, hatten die befürchteten Blutungen schon eingesetzt. Es ging alles sehr schnell, ich wurde sofort operiert. Sie gaben mir eine Vollnarkose, aber ich bekam noch mit, wie die Schwester eine Blechschüssel unter die Öffnung des Operationstisches schob. Mein Kind würde also in einer Blechschüssel enden...

Als ich in meinem Krankenzimmer aufwachte, war alles so unwirklich. Überall standen Blumen. Meine Lieblingsblumen, weiße Rosen. Auf meinem Bett lag Kinderspielzeug, und an meinem Nachttisch hing eine kleine Spieluhr. Was sollte das? Jean-Paul saß neben meinem Bett, wir sahen uns beide an und weinten. Um das Kind... und um uns.

Zwei Tage später wurde ich aus dem Krankenhaus entlassen, und Jean-Paul brachte mich in unser Häuschen. Körperlich ging es mir gut, ich flitzte herum, als sei nichts geschehen, doch meine Psyche erinnerte mich noch eine ganze Zeit an dieses traumatische Erlebnis. Sobald ich irgendwo ein Baby in einem Kinderwagen sah, brach ich in Tränen aus.

Ich denke oft an dieses Kind, das nicht leben durfte. Ich stelle mir vor, wie alt es jetzt wäre und ob es ein Junge oder ein Mädchen war. Das hatten sie mir im Krankenhaus in Paris nicht gesagt, man konnte es vielleicht noch gar nicht sehen. Es war auch besser so. War es wirklich besser so? Wäre mein Leben mit diesem Kind anders verlaufen? Und wenn ja, wie? Fragen, auf die es keine Antwort gibt.

Eines Tages kam der Umzugswagen, holte meine Möbel, meinen großen goldenen Buddha und meinen Silberleuchter und brachte alles zurück nach München, in meine neue Wohnung in der Thierschstraße. Meinen geliebten Felix nahm ich mit, Othello und Titania blieben bei Jean-Paul. Es tat uns beiden weh!

Eine extrem wichtige Phase in meinem Leben war damit zu Ende. Jean-Paul hat mir viel gegeben, bei ihm hatte ich erstmals das Gefühl, angekommen zu sein. Er war der richtige Mann, vielleicht nur zur falschen Zeit. Aber ich nahm auch vieles mit. Jetzt las ich Bücher wie eine Verrückte, ging ins Theater, sprach etwas Französisch und hatte mehr als eine leise Ahnung von klassischer Musik. Wie Eliza Doolittle, das Blumenmädchen aus *Pygmalion*, war ich nun gerüstet für einen neuen Lebensabschnitt.

Auch nach unserer Trennung telefonierten Jean-Paul und ich noch lange Zeit regelmäßig miteinander. Doch im Lauf der Jahre schlief der Kontakt allmählich ein. Hoffentlich geht es ihm gut, und hoffentlich ist er immer noch so unbekümmert-chaotisch und kreativ, wie ich ihn in Erinnerung habe. *Merci*, Jean-Paul. Für alles.

Kapitel 7:
Der große Bellheim

Nach der Trennung von Jean-Paul kehrte ich also Frankreich den Rücken und zog mit Felix nach München zurück, vom rustikalen, insektenbefallenen französischen Landhaus in eine elegante, große Altbauwohnung in der Thierschstraße im Münchner Stadtteil Lehel. Zufälligerweise wohnte Konstantin Wecker in der Wohnung unter mir. Als wir das feststellten, gab es ein großes Hallo: Wecker hatte ja in *Autozentauren*, dem Film, in dem ich Lothar Elias Stickelbrucks kennen gelernt hatte, meinen Ehemann gespielt. Man trifft sich immer zweimal im Leben, auch in der kleinen Welt des Films.

Der Gegensatz zu Jean-Pauls Haus und der Wohnung in München hätte größer kaum sein können. Statt Feldern und Wäldern hatte ich nun Häuser um mich herum, die so nah waren, dass ich direkt in die Fenster der Nachbarn sehen konnte. Und statt der manchmal fast zu großen Stille auf dem französischen Land hörte ich nun den Lärm der Stadt, inklusive der Straßenbahn, die mir alle zehn Minuten förmlich über den Bauch rollte. Aber ich freute mich, wieder in Deutschland zu sein, und auch Felix überwand nach und nach den Trennungsschmerz von Jean-Paul, Othello und Titania.

WILDER WESTEN INCLUSIVE

Gerade als ich mich in meinem neuen Single-Leben in München eingerichtet hatte und begann, es zu genießen, kam ein Filmangebot, das mein Leben für die nächsten vier Jahre erneut grundlegend verändern sollte.

Es ging um eine relativ kleine Rolle in dem dreiteiligen Fernsehspiel *Wilder Westen inclusive*, einer Produktion des WDR. Eigentlich wollte ich die Rolle gar nicht übernehmen. Ich war zu der Zeit sehr gut im Geschäft und konnte mir meine Engagements aussuchen. Was mich jedoch aufhorchen ließ, war der Name des Regisseurs: Dr. Dieter Wedel. Ich kannte ihn nicht persönlich, wusste aber, dass er sehr gute Filme machte und auch selbst Drehbücher schrieb. Gleichzeitig eilte ihm der Ruf eines extrem dominanten, cholerischen Regisseurs voraus, und dazu noch der eines Frauenhelden! Es hieß, er gehe mit Schauspielern sehr streng um, sei ein gnadenloser Schleifer. In mir schrillten die Alarmglocken. Pfleghars autoritäres Verhalten am Set genügte mir für den Rest meines Lebens. Trotzdem war ich neugierig und auch ein wenig stolz: Der berühmte Dr. Wedel wollte mich in einer Rolle besetzen! Warum sollte ich mir nicht wenigstens einmal anhören, worum es genau ging? Schau'n wir mal.

Den Ausschlag dafür, dass ich die Rolle am Ende tatsächlich annahm und Dieter Wedel in mein Leben trat, gab genau genommen mein Dackel Felix. Wedels Sekretärin vereinbarte mit mir einen Termin im Restaurant des Kölner Interconti, und natürlich nahm ich meinen Hund zu dem Treffen mit. Felix mochte Wedel auf Anhieb, und Wedel mochte Felix. Das hätten wir schon mal geschafft. Wedel erklärte uns seine Idee, sein Buch und unsere Rollen. Plötzlich starrten mich von unten zwei dunkle Dackelaugen an, und ich hörte ein vorerst nur leises Winseln. Dann wurde es lauter und lauter, die anderen Gäste schauten schon verärgert zu uns herüber. Wedel grinste. Mit einem Mal verschwand Felix unter dem Tisch, und Sekunden später signalisierte mir meine Nase: Es musste ein »großes Malheur« passiert sein. Ich schnappte mir alle Servietten, die ich fassen konnte, und verschwand ebenfalls unter der langen Tischdecke. Der Kellner kam mit einem nassen Lappen, ich wischte und wischte, aber viel war da nicht mehr zu machen. Peinlich. Aber was sollte es? Die Rolle im Film war mir sowieso wurscht, und es war mir auch egal, was Wedel über mich dachte.

Selbstbewusst sagte ich, nachdem ich wieder unter dem Tisch hervorgekommen war: »Es tut mir sehr leid wegen dieses Malheurs. Aber es hat sowieso wenig Sinn, dass wir uns weiter unterhalten. Wegen einer so kleinen Rolle verlasse ich nicht für fünf Monate meinen Hund und fahre nach Amerika.«

Diese Geschichte erzählt Wedel, soviel ich weiß, noch heute gern. Sie muss ihn amüsiert haben, jedenfalls rief er mich anschließend tagelang an und erklärte mir, dass man auch mal kleine Rollen mit großen Schauspielern und großen Regisseuren annehmen und spielen könne. Er redete und redete, wir trafen uns, er redete wieder, und dann sagte er einen entscheidenden Satz: »Es gibt keine kleinen Rollen, es gibt nur kleine Schauspieler!«

Das saß! Ich sagte Ja und gab damit unwissentlich meinem Leben eine wichtige neue Wendung.

Ein Teil des Films sollte in Hamburg spielen, erst später würden wir in Amerika an Originalschauplätzen weiterdrehen. *Wilder Westen inclusive* handelt von einer deutschen Reisegruppe, die in einem Bus quer durch den Westen Amerikas fährt. Während dieser Reise passiert natürlich alles Mögliche – Ehestreit, Beziehungskrisen, kleine und große Dramen. Das Drehbuch dazu hatte Wedel selbst geschrieben, die Hauptrolle spielte Peter Striebeck.

Dann nahte der erste Dreh mit Wedel. Und ich bekam von Tag zu Tag immer mehr Angst. Davor, zu versagen, vor dem

Druck, den er eventuell machen würde, vor Fremdbestimmung und auch vor meiner eigenen Unterwürfigkeit. In meiner Not holte ich mir deshalb Rat bei meiner *Klimbim*-Mutter Elisabeth Volkmann.

»Kleine, ich kenne da jemanden, der dir bestimmt helfen kann, ein Bekannter von mir, er ist Heilpraktiker. Der wird dir etwas zur Beruhigung geben, und du wirst sehen, das wirkt!«

Okay. In meiner Panik hätte ich nach jedem Strohhalm gegriffen, deshalb ließ ich mir von Elsbeth die Telefonnummer des Mannes geben und erhielt auch sofort einen Termin. Er stellte sich als »Georg« vor und tat gleich sehr vertraut.

»Bitte, nimm Platz, und erzähl mir von dir. Erst wenn ich alles Nötige über dich weiß, kann ich die richtige Dosis ermitteln.«

Lieber hätte ich einfach ein Mittel bekommen und wäre gegangen, aber ich begann brav zu erzählen, wovor ich mich fürchtete und woher diese Angst kam. Immer wieder fragte und hakte er nach, stundenlang ging das so. Georg nahm, wie ich später erfuhr, unsere Sitzung auf Tonband auf, um sie anschließend auswerten zu können.

Schließlich sagte er: »Ich gebe dir jetzt ein paar Spritzen, anschließend wirst du vierzig Grad Fieber bekommen, das wird deinen Körper reinigen! Leg dich zu Hause am besten gleich hin.«

Was sollte das? Vierzig Grad Fieber, und ich sollte das allein zu Hause »ausbrüten«? Nein, so weit ging meine Angst vor Dieter Wedel nun doch nicht!

Als ich mich partout nicht überreden lassen wollte, sagte er: »Dann komm morgen vor dem Abflug trotzdem noch mal in meine Praxis, ich geb dir etwas anderes. Das wird auch helfen.«

Am nächsten Morgen kam ich wieder, voller Hoffnung, in die sich aber auch Bedenken mischten. Georg zog eine Spritze aus verschiedenen Ampullen auf und setzte sie mir an mehrere Stellen in beide Waden.

»So, das wird dir guttun, das stärkt deine Psyche, und deine Angst wird verschwinden!«

Über meine Waden? Wenn's hilft, dachte ich, sauste zum Flughafen und flog nach Hamburg. Bereits im Flugzeug fingen meine Beine rund um die Einstiche an, höllisch zu schmerzen. Was war das? Sollte es mir nicht besser gehen? Kommt schon noch, beruhigte ich mich. Immerhin lenkte mich der Schmerz von meiner Angst ab, die aber weiß Gott nicht gänzlich verschwand.

Wir drehten in einem Krankenhaus, ich hatte nur eine kleine Szene. Meine Waden schwollen zusehends an, und die Schmerzen wurden immer unerträglicher. Peter Striebeck, der es mitbekam, war regelrecht besorgt um mich.

»Sag bitte nichts, ich schaff das schon!«, bat ich ihn.

Endlich war meine Aufnahme zu Ende, Striebeck sah mich kopfschüttelnd an, dann redete er doch noch mit Wedel. Auf einmal ging alles sehr schnell. Ein Arzt kam, sie packten mich in ein Krankenbett, und ich musste erzählen, wie es zu den Schwellungen und Schmerzen gekommen war. Die Ärzte sahen mich verständnislos an. »Was war das für eine Injektion?«, wollten sie wissen. Aber ich wusste es nicht! Ich gab ihnen Georgs Telefonnummer, und nur wenig später bekam ich erneut eine Spritze. Es stellte sich heraus, dass bei mir akute Thrombosegefahr bestand!

Damit hätte diese Geschichte vielleicht zu Ende sein können, aber sie hatte eine Fortsetzung, die ich versuche, so kurz wie möglich zu halten – aber die ganze Sache ist wirklich zu verrückt, um sie auszusparen: Mitten in der Nacht öffnete sich die Tür meines Krankenzimmers, und Georg stand vor meinem Bett. Was für ein schlechter Traum!, dachte ich. Ein schlechter Traum? Nein ... übelste Wirklichkeit! Wie war er nur so schnell hierhergekommen?

»Ingrid, du kommst jetzt mit, *ich* werde dich weiterbehandeln, nur *ich* kann das! Nur ich hab das richtige Mittel«, sagte er unermüdlich.

Warum ließ er mich nicht einfach in Ruhe und ging? Ich war nur müde und wollte nichts als schlafen. Aber ich traute mich nicht, ihm das zu sagen. Und dann überlegte ich, dass ich am nächsten Tag sowieso zurück nach München musste. Es stand ein Dreh für die Krimiserie *Derrick* bevor, den ich auf gar keinen Fall sausen lassen wollte. Ich würde in dieser *Derrick*-Folge mit dem Titel *Absoluter Wahnsinn* – passte gerade eigentlich auch mal wieder gut für mein Leben – die Rolle einer Frau spielen (die Geliebte von Robert Atzorn), die eines Mordes verdächtigt wurde. Also mal etwas anderes als der übliche *Klimbim*. Diese Chance wollte ich mir nicht kaputtmachen lassen, Schmerzen in den Beinen hin oder her.

Auf eigene Gefahr verließ ich gegen Morgen das Krankenhaus und flog mit diesem Georg zusammen zurück. Immerhin trug er meinen Koffer.

Pünktlich, wenn auch auf wackligen Beinen, ich hatte mir feste Verbände um die Waden gemacht, um dem Schmerz etwas entgegenzusetzen, stand ich vor Horst Tappert, der auch Regie führen würde. Ich konnte noch immer kaum gehen, aber zum Glück hatte ich nur kurze Wege in meinen Szenen zurückzulegen. Alles klappte super, Wepper und ich machten viele Faxen, sobald Inspektor Derrick alias Horst Tappert uns den Rücken kehrte, ich war erstaunlich gut drauf. Später, nach den Studioarbeiten, nahm mich der Produzent Helmut Ringelmann in die Arme und sagte strahlend: »Ich habe es doch gewusst, du kannst das!« – Ja, warum auch nicht?

Den Tag, an dem ich zu diesem Georg zur Behandlung gegangen war, verfluchte ich jedoch noch eine ganze Weile: Ich bekam eine Wundrose, meine Beine waren bald voller großer blauschwarzer Flecken. »Wahrscheinlich eine schmutzige Spritze«, sagte mir mein Orthopäde. Auch das noch! Endlich brachte ich den Mut auf, Georg zur Rede zu stellen. Woraufhin er mir praktisch einen Erpresserbrief schrieb. »Entweder du hältst den Mund über meine Praxis, oder ich gehe an die Öffentlichkeit. Denn ich habe unser Erstgespräch damals auf Band aufgenommen!« Der Brief landete bei meinem Anwalt.

Elsbeth meinte später nur: »Mir hat Georg geholfen. Weißt du was, Ingrid? Ich bleibe jetzt immer in deiner Nähe, da passiert ständig etwas!« Sehr witzig.

IN DER NEUEN WELT

Bereits kurz nach unserem ersten Dreh zu *Wilder Westen inclusive*, in der zweimonatigen Pause zwischen Hamburg und Amerika, trafen Wedel und ich uns zufällig in einem Restaurant – und da begann es. Wir verliebten uns ineinander. Witzig fand er mich ja sowieso schon. Dass Wedel kein Frauenverächter war und ist, war mir damals natürlich bekannt, und ich versuchte eine Zeitlang, mich gegen meine aufkommenden Gefühle zu sträuben. Ich wusste auch von seiner offiziellen »Hauptfrau« Uschi in Hamburg und hatte überhaupt keine Lust auf eine Dreierbeziehung. Aber er bombardierte mich mit Telefonanrufen. Der dominante, cholerische Dieter Wedel war einfach nur entzückend, charmant und aufmerksam zu mir. Okay, dominant war er auch mir gegenüber, aber es blieb im Rahmen. Und er tat das, was ich mir nach meiner Erfahrung mit Pfleghar immer sehnlichst von einem Mann wünschte: Er mochte und akzeptierte mich so, wie ich war, er ließ mich leben! Und vor allem schloss er meinen kleinen Dackel Felix fest ins Herz, und damit hatte er natürlich auch meines gleich mit gewonnen.

Wir wurden ein Paar, und als wir eines Tages gemeinsam zu einer Preisverleihung gingen und natürlich fotografiert wurden, war unsere Beziehung auch schon offiziell. Die ganze Branche tuschelte: »Der Wedel und Klein Steeger? Nein, nun wirklich nicht! Das kann nicht gut gehen!«

Schaun wir mal, dachte ich bei mir.

Damit begann mit die schönste Zeit in meinem Leben: die Amerika-Reise. Der Dreh von August bis Ende Dezember 1987 mit Wedel und dem gesamten sechzigköpfigen Filmteam, zur Hälfte Deutsche, zur Hälfte Amerikaner, wird für mich immer ein Höhepunkt bleiben. Natürlich hatte ich auch ein wenig Angst vor der langen Zeit, die ich fort sein würde, aber es ist doch schön und aufregend zu wissen, dass man während der Dreharbeiten einen fremden Erdteil kennen lernen wird, so unmittelbar, wie ihn kein Tourist erleben kann. Und das alles mit »IHM« zusammen. Yippie!! Schade nur, dass mein Felix nicht dabei sein konnte. Er blieb in München bei meiner Freundin Gisela, einer älteren Dame. Sie kümmerte sich wie eine Mutter um mich – eine strenge, aber auch liebe Mutter –, und Felix mochte sie sowieso. Gisela hatte den bekannten Salon Gisela in Bogenhausen. Fast alle großen Showstars und Schauspieler gingen bei ihr ein und aus und ließen sich dort ihre Glitzer- und Glamourkostüme anfertigen. Sie hatte auch die gesamte *Klimbim*-Garderobe geschneidert. Später, als die Ära der großen Shows vorbei war, musste sie den Salon schließen. Sie kam mit dem Nichtstun und dem Alleinsein nicht klar, aber da gab es ja noch Klein Steeger und Felix, den sie selbstverständlich in ihre Obhut nahm.

Die USA-Reise mit Wedel und seiner Filmcrew war meine längste berufliche Auslandsreise. Ich kannte zwar New York durch die Reise mit Lothar Elias Stickelbrucks, meinem damaligen Mann, und dem Regisseur Klaus Lemke, hatte auch schon einmal kurz auf den Malediven und in der Dominikanischen Republik gedreht, war in Frankreich und in Kenia zu Hause gewesen und hatte Marokko, Mallorca, Ibiza, Griechenland und in der *Klimbim*-Zeit Sardinien kennen gelernt. Aber Amerika war für mich in dieser Art neu: Wir reisten quer durch den Kontinent, und das nicht nur wenige Wochen, sondern ganze fünf Monate. Die Weite der Landschaft und die Ruhe außerhalb der Städte waren für mich ein Traum. Wenn wir abends in der Wüste von Arizona zusammen mit dem Team draußen saßen und Country- und Westernmusik hörten und im Freien unter dem Sternenhimmel aßen, war das Romantik pur. Und dadurch, dass ich nur eine kleine Rolle hatte, musste ich auch nicht ständig drehen, sondern hatte Zeit, das Land und die Städte auf eigene Faust zu erkunden. Ich schnallte meinen Rucksack um und zog allein durch San Francisco und Chinatown, durch Santa Monica, New York, Sedona und Las Vegas. Ich stöberte in den Läden nach kleinen Geschenken, zum Beispiel amerikanischen Filmbüchern, weil vom Team unentwegt irgendjemand Geburtstag hatte. Für Wedel besorgte ich deutsche Wurst und deutsches Brot, weil er das amerikanische Essen irgendwann leid war. Es machte mir Spaß, ihn zu verwöhnen, und er liebte es.

Aber nicht alles gefiel mir in Amerika. Las Vegas zum Beispiel! Das ganze Team hatte sich darauf gefreut. Vier Wochen sollten wir in dieser Glitzerwelt drehen. Also auf nach Las Vegas! Ich und meine Schauspielerkollegen fuhren alle mit dem Filmbus, unterwegs hatten wir nämlich noch einen Dreh: *Der Bus streikt*. In dieser Szene sollte die Touristengruppe wegen des unfreiwilligen Stopps in glühender Hitze in Angst geraten. Nicht einfach zu spielen, denn tatsächlich war es lausig kalt. Es war der 22. November.

Wir fuhren im Konvoi mit fünfunddreißig Fahrzeugen nach Las Vegas. Wahnsinnig. Sabine Postel und ich waren in Hochstimmung, wir freundeten uns immer mehr an. Als wir endlich am Las Vegas Boulevard ankamen, war die Enttäuschung groß: Wie erstarrt blieb ich am Eingang des Hotels The Dunes stehen. Wo war die Rezeption? Ich sah nur eine riesige, düstere Halle mit ratternden Glücksspielautomaten und Spieltischen und Hunderten von Menschen, berauscht von der Melodie des Geldes. Ich war müde von der Reise. Das alles war mir zu laut, zu voll, zu groß.

Trotzdem fand ich die erste Woche noch einigermaßen aufregend, aber dann... Ich konnte Las Vegas wirklich nicht mehr ertragen, den anderen ging es genauso. Diese riesigen Hotelhallen mit der verbrauchten Luft und dieses ewige Klackern des Geldes und das Geraune der spielenden Menschen, die selten lachten und solche sturen Gesichter hatten, egal, ob sie gewannen oder verloren. Ältere Bedienungen in sexy Kleidung – Zellulite-Oberarme, schlaffe Busen, verlebte, deprimierende Gesichter ohne Gefühle inklusive. Es seien ehemalige Tanzgirls, sagte man uns. Nur raus! Vier Tage wären wunderschön gewesen und hätten auch gereicht, aber vier Wochen?

Der Grand Canyon dagegen: grandios, gewaltig, ein wirkliches Weltwunder. Wedel und ich bewohnten eine kleine Blockhütte mit offenem Kamin, und wenn ich morgens die Fenster öffnete, sah ich ein fantastisches Gemälde – Jahrtausende unserer Erdgeschichte. »Große Liebe« – so nannte ich Wedel – und ich waren begeistert. In meinem Tagebuch notierte ich: »Ich habe wieder einmal frei, pflücke Blümchen, kaufe Getränke, finde leider kein deutsches Brot, sammle Holz und entdecke eine dicke getigerte Katze. Sie verfolgt mich bis zur Blockhütte. Sie darf rein, natürlich. Abends setze ich sie Große Liebe auf den Bauch. Er mag es.«

Sehr aufregend war für mich das Death Valley, das Tal des Todes. Es ist einer der heißesten Orte auf der Erde, im Sommer erreichen die Temperaturen im Tal teilweise 56 Grad Celsius im Schatten. Im Juli 1979 hat man am Boden sogar eine Rekordtemperatur von dreiundneunzig Grad Celsius gemessen. Eine Gegend, in der kaum Leben möglich ist. Und hier drehten wir! Der Produktionsleiter hatte wegen der extremen Hitze klare Verhaltensregeln für alle aufgestellt: Kopfbedeckung war Pflicht, und wir sollten unentwegt Wasser trinken.

»Ich habe schon wieder drehfrei, möchte aber bei den Dreharbeiten unbedingt dabei sein«, schrieb ich eines Tages in meinem Tagebuch. »Wir haben zwar nicht Hochsommer, aber die Luft flirrt vor Hitze.«

Eines Tages packte ich den bekannten Rucksack und machte mich im wahrsten Sinn des Wortes aus dem Staub, um die Gegend zu erkunden. Das ausgetrocknete Tal war unheimlich, überall eigenartige poröse Sandsteinhügel ohne jede Vegetation. Seltsame Höhleneingänge und dann diese absolute Stille.

Nun reicht es aber, dachte ich, nachdem ich einige Zeit herumgewandert war. Ich hatte Durst und wollte zurück. Wasser mitzunehmen, daran hatte ich doch tatsächlich nicht gedacht und zu allem Unglück anscheinend auch noch die Orientierung verloren. Aber Orientierungssinn hatte ich ja sowieso noch nie. Bloß raus aus dieser Bratpfanne! Aber wie? Vorsichtig krabbelte ich auf allen vieren die porösen Hügel hinauf und betete, dass mich aus der Ferne niemand sehen konnte. Nicht auszudenken, wenn da plötzlich mitten im Dreh in der Einsamkeit ein kleiner Punkt namens Steeger auftauchen würde. Da würde mir auch die Tatsache nichts nützen, dass ich Wedels Freundin war.

Ich krabbelte rauf, ich krabbelte runter. Irgendwann kam ich halb verdurstet am Set an. Es hatte mich keiner vermisst! »Stinkig!«, schrieb ich am Abend in mein Tagebuch.

Sabine Postel und ich hielten immer mehr zusammen, wir verstanden uns hervorragend. Wir spielten nicht nur Freundinnen, wir wurden es auch. Ihr konnte ich alles erzählen, mit ihr konnte ich über alles reden. Beide waren wir von unseren kleinen Rollen nicht begeistert, und immer wieder mussten wir uns Wedels Satz ins Gedächtnis rufen: »Es gibt keine kleinen Rollen, es gibt nur kleine Schauspieler.« Nun ja, wir fühlten uns trotzdem ziemlich oft überflüssig, manchmal sogar bedeutungslos. Mal lief Sabinchen von links nach rechts ins Bild, mal Klein Steeger von rechts nach links und als Höhepunkt wir beide zusammen. Mal mussten wir stundenlang Koffer schleppen, im Filmbus als »Atmo« sitzen oder Ewigkeiten schweigend an einem Hamburger knabbern. Wir malten uns schon aus, wie wir uns künftig bei Schauspieleragenturen bewerben würden: »Schauspielerinnen, hervorragend gedrillt als Kofferträger, auch bei extremer Temperatur einsetzbar, bestens geeignet als Schatten hinter dem Busfenster und als atmosphärischer Hintergrund, garantiert geduldig und nicht nörgelig!«

Apropos Kofferträger: Ein Drehtag ist mir besonders lebendig in Erinnerung geblieben. Wir spielten die Ankunft in Amerika und mussten zur Gepäckauslieferung des Flughafens stürmen. Über hundert amerikanische Komparsen stürmten mit uns. Eine fürchterliche Rangelei entstand. Ich fand meinen Spielkoffer nicht – und weinte. Dann stellte sich heraus, eine Komparsin hatte ihn genommen. War ja nun wirklich nicht meine Schuld. Alles noch mal von vorn. Unter Puffen und Stoßen kam ich dieses Mal an meinen Koffer, fiel aber dabei über den Koffer von Siegfried Kernen – und weinte. Alles noch mal von vorn. Ich fand meinen Koffer auf Anhieb, stieß jedoch mit Erika Skrotzki zusammen und geriet, weil ich so klein bin, zwischen die Beine von zwei riesigen Amerikanern – und weinte. Noch mal von vorn. Wedel schimpfte, weil ich in dem Tohuwabohu nicht zu sehen war. Was konnte ich denn dafür? Am Ende fiel ich noch über Sabine Postel und Sigfried Kernen über mich. Wedel tobte. Im fertigen Film bin ich rausgeschnitten, weil man von mir sowieso nichts als einen blonden Wuschel am unteren Bildrand sehen konnte.

Wir Schauspieler hatten eine gute Gemeinschaft, aber irgendwann fiel mir etwas Merkwürdiges auf, das sich immer öfter wiederholte: Jedes Mal, wenn ich in die Maske oder in die Garderobe kam, verstummten alle Gespräche. Dachten die anderen vielleicht, dass ich weitertratschen würde, was hier geredet wurde? Natürlich, das war es! Aber wie konnte ich ihnen nur klarmachen, dass ich das niemals tun würde? Ich erkannte, dass es lange dauern würde, bis das Team Vertrauen zu mir fasste. Meine Sabine hatte dieses Vertrauen von Anfang an, ich war froh, dass sie da war. Zudem bemerkte ich, dass mir manchmal Dinge berichtet wurden, von denen ich zunächst gar nicht begriff, warum man sie ausgerechnet mir erzählte. Erst später kapierte ich, dass ich Wedel alles weitererzählen sollte. Eine für mich schwierige Situation. Ich war ja nicht immer bedingungslos auf Wedels Seite – seine Wutanfälle fand ich trotz aller Solidarität mit »Großer Liebe« doch manchmal eher fragwürdig.

Mehr als kompliziert war es, wenn man mich vorschob, um bei schlechter Stimmung schlichtend einzugreifen. Da verweigerte ich mich gern. Ich begriff allmählich, dass es nicht einfach war, die Freundin von Dr. Dieter Wedel zu sein. Aber irgendwie klappte es ja, es würde sich schon einpendeln, dachte ich. Und diese Monate in Amerika hatten mich und Wedel tatsächlich zusammengeschweißt. Der Anfang einer Liebe – »Große Liebe« war mein Vorname für ihn, wie für andere Dieter. Manchmal, wenn er wütend wurde und ich ihm Widerworte gab, hörte sich das später so an: »Jetzt reicht es mir aber, Große Liebe, ich nehme Felix und verschwinde eine Weile. Du kannst mich mal, Große Liebe!« Oft rettete das die Situation – wir sahen uns an und mussten grinsen. Aber nicht immer!

WEDELS GRÖSSTER FAN

Was mich an Wedel faszinierte, war eine gewisse Macht, die er ausstrahlte. Er wurde gefürchtet und bewundert. Außerdem imponierte mir sein enormes Selbstwertgefühl. Würde vielleicht etwas davon auf mich abfärben? Ich konnte es nicht fassen: Er nahm mich als eigenständige Persönlichkeit! Und er stand in den Medien zu mir. Das war mir das Wichtigste. Kein Voreinander-Ausweichen in der Öffentlichkeit, kein Versteckspiel. Die Branche tuschelte, und die Presse schrieb sinngemäß: »Ja aber... Da ist doch noch die Uschi, die Erstfrau in Hamburg, und da sind die angeblich vielen Nebenfreundinnen.« Nun, dann war ich eben die Zweitfrau.

Es würde sich schon noch ändern, wir standen ja erst am Anfang. Weh tat es trotzdem, zu jeder Zeit. Aber da war immer noch die Hoffnung. Ich war ganz einfach glücklich. Und dass Wedel schwierig war? Damit konnte ich ja nun wirklich umgehen. Ich war damals Wedels größter Fan. Ich bewunderte ihn, auch seine Bildung und seine Intelligenz. Selbst wenn ich nicht drehte, wollte er mich um sich haben. Mir gefiel es. Drohte die Stimmung am Set zu eskalieren, dann wurde mir ein Wagen geschickt, der mich zum Drehort brachte, und sobald Wedel mich sah, musste er einfach lachen und wurde friedlicher. Es klappte nicht immer, aber immer öfter. Auch das gefiel mir!

Natürlich bekam auch ich hin und wieder seine Launen ab, aber das ging vorbei wie ein reinigendes Gewitter, und ich lernte rasch, mit seinen Wutanfällen umzugehen. Das konnte ich gut. Meistens ging es dabei auch nicht um mich, sondern um nicht zufriedenstellende Dreharbeiten, nicht funktionierende Schauspieler, unangenehme Teammitglieder und, und. Dann war ich wahlweise der Blitzableiter oder der Mülleimer. Er warf einfach seinen Frust hinein, und ich klappte den Deckel zu. Das gefiel mir wiederum nicht so gut.

Seine Ausbrüche waren nicht immer so kurz, wie ich sie mir gewünscht hätte, aber dann, ganz plötzlich, war er wieder friedlich, lachte und nannte mich »Schnäuzchen«, als wäre nichts geschehen. »Schnäuzchen« – weil ich immer so eine Schnute mache – und »Große Liebe« – eigentlich ein seltsames Paar. Er gab mir auf jeden Fall nie das Gefühl der intellektuellen Überlegenheit. Rückblickend weiß ich, dass er mir viel mehr zutraute als ich mir selbst.

Wenn ich wusste, dass er sich für ein Drehbuch gerade intensiv mit einem bestimmten Thema beschäftigte, stöberte ich in meiner freien Zeit in Buchhandlungen und Bibliotheken, um Bücher zu finden, die er, mein Doktor der Philosophie, dafür vielleicht gebrauchen konnte. Als er das Drehbuch zu *Der große Bellheim* schrieb, besorgte ich ihm unter anderem Bücher über Banken und Macht, alles Themen, um die es im Bellheim ging. Es machte mir Freude.

Besonders gern denke ich an unsere gemeinsame Zeit mit Wedels Mutter Ada zurück, zu der er ein ausgesprochen enges Verhältnis hatte. Sie war eine liebe, warmherzige, reizende alte Dame, eine ausgebildete Konzertpianistin, die sich immer sehr stilvoll kleidete, stets perfekt geschminkt war und ausgezeichnete Umgangsformen hatte. Vor allem aber war sie ehrlich. Sie mochte mich ausgesprochen gut leiden, und auch ich hatte sie sehr lieb, denn irgendwie passten wir zusammen. Vielleicht waren sie und ich uns in Wedels Augen sogar ein bisschen ähnlich, wir waren beide etwas naiv und gutgläubig. Wenn wir merkten, dass Wedel gerade mal wieder schlecht drauf war, stießen wir uns unter dem Tisch mit den Füßen an, grinsten uns einen und warteten ab, bis sich das Unwetter verzogen hatte.

Wedel nahm seine Mama häufig auf unsere Reisen mit, vor allem wenn wir irgendwo länger blieben, wo er an einem Drehbuch arbeitete. Am *Großen Bellheim* zum Beispiel schrieb er mehr als ein Jahr, und in diesem Jahr waren wir fast ununterbrochen unterwegs, und fast immer kam seine Mama mit. Manchmal hatte sie ihren braunen Pudel dabei und ich natürlich meinen Dackel Felix.

Wedel liebte Felix wirklich sehr, und dafür liebte ich ihn wiederum noch mehr. Ich erinnere mich an einen witzigen Vorfall in einem Hotel in Frankfurt. Beinahe das komplette Filmteam war in diesem Hotel untergebracht, weil wir etwas für *Wilder Westen inclusive* nachdrehen mussten. Im Haus gab es zwei Restaurants. Wedel und ich wollten zusammen mit einem Redakteur in das eine dieser beiden Lokale zum Essen gehen, doch das Problem war, dass gerade in diesem Restaurant keine Hunde zugelassen waren. Autsch! Felix musste aber mit, das war sowohl für Wedel als auch für mich ganz klar. Der Concierge war so freundlich, für Felix an dem Abend eine Ausnahme zu machen, unter der Bedingung, dass wir am nächsten Abend in das andere Restaurant gehen würden, in dem Hunde erlaubt seien.

Als wir aber am nächsten Abend in das andere Restaurant gehen wollten, hieß es plötzlich, dass auch dort Hunde verboten seien. »Seit wann?«, fragte Wedel. »Seit heute!«, antwortete der Oberkellner unschuldig. Und nun wurde Herr Wedel Herr Wedel: Er drohte mit erhobener Stimme und vor allen Gästen, dass das ganze Team auf einen Schlag aus dem Hotel ausziehen würde, wenn der Hund nicht mit in das Restaurant dürfte. Umgehend wurde der sichtlich erblasste Hoteldirektor gerufen und der gab, ohne zu zögern, seine Genehmigung – nicht nur für diesen Abend. Wedel hatte gewonnen. Felix blieb, und ich war gerührt. Na ja, vielleicht war Große Liebe ein bisschen zu lautstark gewesen, aber es hatte geklappt!

Wenn Große Liebe und ich gemeinsam auf Reisen waren, war ich für ihn Geliebte, Vertraute und Privatsekretärin in einem: Ich organisierte die Flüge, kümmerte mich um die Hotels, las die Drehbuch-Entwürfe, sprach mit ihm über mögliche Besetzungen und versuchte, ihm alles Störende vom Hals zu halten. Es machte mir Spaß, auch wenn es nicht immer einfach war, denn er ist sehr anspruchsvoll. Die Hotels, in denen wir eincheckten, mussten nicht unbedingt luxuriös sein, aber alles musste tadellos funktionieren. Und das war vor allem in südlichen Ländern natürlich bei Weitem nicht immer der Fall.

Sobald Wedel schrieb, war er extrem diszipliniert. Wenn er bei mir in München war, schrieb er jeden Tag von morgens bis mittags. Auch als wir beispielsweise mehrere Wochen zusammen mit seiner Mama auf Kreta waren, folgte unser Tagesablauf einem festen Zeitplan: Morgens gemeinsames Frühstück, anschließend brachte ich Wedel ans Meer zum Schwimmen. Nach dem Schwimmen gingen wir zu unserem Bungalow zurück, wo er bis zum Mittagessen ohne Pause schrieb. Nach dem Mittagessen mit Ada brachte ich beide an den Pool, morgens musste ich dafür die Liegen sicherheitshalber schon mit Handtüchern belegen. Haha, in *Wilder Westen inclusive* hatte er sich über diese deutsche Unsitte noch lustig gemacht. Ich zog mich dann wieder zurück. Genau an meinem achtundzwanzigsten Geburtstag hatte ich beschlossen, nie wieder im Bikini an einen Pool oder einen Strand zu gehen, es sei denn, es war ein Privatgelände. Aber auch das tat ich so gut wie nie. Durch *Klimbim* kannten Millionen Menschen meinen Busen und meine Figur. Es war mir mehr als unangenehm, mich »gierig« begaffen zu lassen, es machte mich sogar aggressiv. Daran hat sich bis heute nichts geändert.

Also ließ ich die beiden allein. Jetzt war meine Zeit gekommen, der halbe Tag gehörte mir. Ich schnallte wieder mal meinen Rucksack um, pfiff nach Felix, und wir marschierten los, in unsere Welt – in kleine Dörfer und gemütliche Tavernen mit Pitabrot und Fetakäse. Nach meiner Rückkehr holte ich Große Liebe zum Tennis ab – ich sah nur zu –, und später trafen wir uns alle zum Abendessen. Ein perfekt geregelter Tagesablauf für Große Liebe. Und für mich und Dackel Felix völlig in Ordnung.

Wedel schrieb nie mit der Schreibmaschine, sondern immer von Hand. Diese handschriftlichen Entwürfe las er mir anschließend vor und fragte mich um meine Meinung. Die Rolle des großen Bellheim beispielsweise, die später Mario Adorf spielte, hatte mir in der Erstfassung noch zu wenig Fleisch. Alle anderen Charaktere waren sehr gut und überzeugend beschrieben, aber ausgerechnet die Hauptfigur blieb seltsam blass und hatte für meinen Geschmack zu wenig Eigenleben. Als ich Wedel das vorsichtig erklärte, sagte er nur: »Ja, okay«, setzte sich an meinen kleinen Bauernschreibtisch und schrieb und schrieb. Darauf, dass er mich so ernst nahm und auf meine Meinung hörte, war ich natürlich extrem stolz, es war gut für mein nach wie vor immer noch stark unterentwickeltes Selbstwertgefühl.

Wedels Mutter, die uns so häufig begleitet hatte, starb, kurz bevor er und ich uns trennten, nach einer an sich harmlosen Herzoperation an einem sehr seltenen Phänomen, das man *stone heart*, »Steinherz«, nennt. Das Herz zieht sich zusammen und wird dadurch steif und unbeweglich. Medikamente oder eine manuelle Massage helfen nur selten. Ada hatte ein solches Steinherz. Das hört sich grausam an, und das war es auch!

Wir hatten verabredet, dass Wedel sich sofort nach der Operation zu den Dreharbeiten nach Bochum auf den Weg machen würde, ich wollte noch eine Woche bei seiner Mama bleiben. Am Morgen nach der Operation kam jedoch ein Anruf aus der Klinik – es war eine Vorwarnung. Wedel war fassungslos und entsetzt, ich genauso. Schweigend warteten wir und warteten. In der Nacht kam der nächste Anruf. Wir fuhren sofort in die Klinik. Seine Mama lag im Koma. Wir stellten uns links und rechts an ihr Bett und hielten ihre Hand. Die Maschinen wurden abgestellt. Mehr will ich darüber nicht schreiben ...

Wir fuhren ins Hotel, holten Dackel Felix ab, liefen lange durch einen Park und redeten. Es tat weh, ihn leiden zu sehen. Ich habe lange um Ada getrauert, sie war ein so liebenswerter, warmherziger, fröhlicher Mensch. Wir mochten uns, wir hatten sogar eine Freundschaft. Dafür bin ich ihr dankbar.

KISS ME, KATE

Im Jahr 1990 war für mich zur Abwechslung wieder einmal Theaterspielen angesagt, und zwar an der frischen Luft: Die Freilichtspiele Feuchtwangen engagierten mich für die Rolle der Bianca Minola in Cole Porters Musical *Kiss me, Kate*. Das heißt, eigentlich war das die Idee meiner Freundin Gundula Krull-Haas. Wir kannten uns schon seit meinem ersten Theaterstück *Eule und Kätzchen* mit Harald Leipnitz im Jahr 1978, sie war damals meine Maskenbildnerin gewesen und sollte es auch bei *Kiss me, Kate* sein. Gundula stellte mich Imo Moszkowicz vor, dem Regisseur und Intendanten der Kreuzgangspiele. Er sah mich und war begeistert – vorerst ...

Ich fühlte mich sehr geschmeichelt, gleichzeitig kamen mir jedoch Bedenken: In einem Musical wird schließlich auch gesungen, und singen kann ich nicht. Ich habe dies nie verheimlicht, aber den Verantwortlichen in Feuchtwangen schien das relativ gleichgültig zu sein. Vermutlich setzten sie auf die Zugkraft des Namens Ingrid Steeger und weniger auf meine Sangeskünste. Trotzdem wollte ich mein Bestes geben. Das war der Grund, weshalb ich das erste und einzige Mal eine Schauspielschule von innen sah, und zwar die ehrwürdige Otto Falckenberg Schule in München. Große Liebe sagte: »Tu es, aber wenn du es tust, dann tu es richtig!«, und schenkte mir den Unterricht. Nein, keinen Schauspielunterricht, sondern Gesangsunterricht!

Mit einer Gesangslehrerin studierte ich Wochen vorher die Lieder aus *Kiss me, Kate* ein, ich wollte mich vor meinen Kollegen nicht blamieren. Es war eine Qual, und ich kann nicht behaupten, dass ich während dieser Stunden meine Liebe zum Gesang entdeckt hätte. Doch ich fühlte mich einigermaßen gewappnet. Zum Schluss meinte meine Lehrerin immerhin, mit Mikroport – einem drahtlosen Mikrofon – könnte es klappen.

Das alles nutzte mir jedoch am Ende herzlich wenig. Als ich eingekauft worden war, hatte es geheißen, wir bekämen Mikroports, damit man uns im Freien wegen der schlechten Akustik verstand. Bereits während der Proben stellte sich allerdings heraus, dass es doch keine Mikroports geben würde und wir entsprechend laut zu singen hätten.

Laut singen! Ich wurde schon bei der Vorstellung fast wahnsinnig. Wenn ich singe, rutscht mir meine Stimme weg, weil mir die Gesangstechnik fehlt. Wenn ich Theater spiele, trägt meine Stimme bis in die letzte Reihe. Aber auf der Freilichtbühne? Und dann auch noch singend?

Feuchtwangen hätte also meiner Musicalkarriere den Todesstoß versetzen können. Was heißt hier hätte!? Wer hatte da auf mich aufgepasst? Es war ein total verregneter Sommer. Pech für die anderen, Glück für mich: Oft wurde die Vorstellung abgebrochen, und zwar immer genau vor einem langen Song, durch den ich mich jedes Mal quälen musste: »Manchmal lädt ein Architekt mich des Abends ein zum Sekt... aber treu bin ich dir, Schatz, nur auf meine Weise...«

Der Regen machte den Holzboden auf der Bühne sehr glitschig, und meine Kollegen, die um mich herum tanzen mussten, schlitterten und rutschten regelmäßig über die Planken, was nicht ungefährlich war. Also mussten wir abbrechen. Hurra! Jeden Abend starrte ich unauffällig, aber unentwegt gen Himmel – dunkel war es ja schon, aber würde es auch rechtzeitig vor meiner Szene regnen? Es regnete – es war ein wunderbar verregneter Sommer. Übrigens – wie die Kritiken über meine Gesangskünste ausfielen, erspare ich mir zu erzählen.

Das Engagement in Feuchtwangen dauerte mit Proben drei Monate. Das war natürlich gigantisch. Ich hatte mir eine sehr einfache, aber gemütliche Wohnung im Souterrain eines Bauernhauses oben am Berg gemietet. Schon vorher in München hatte ich begonnen, Bohnen zu züchten, die schnell ranken und ziemlich hoch und dicht werden. Sie sollten die Wand neben meinem Eingang begrünen. Denn egal, wo ich länger bin, ob in einem Hotel oder in einer Theaterwohnung, ich fange sofort an, alles mit Pflanzen und Blumen zu dekorieren. Kein Balkon, keine Terrasse sind vor mir sicher. Auch die kleine Wohnung in Feuchtwangen war voller Pflanzen, außen und innen, es war ein Traum. Die Bauersleute mochten mich, und ich mochte sie. Sie lachten schon immer, wenn ich wieder mit einer ganzen Wagenladung Blumenerde, Kübelpflanzen und Blumentöpfen ankam.

Direkt gegenüber meiner Wohnung lag der Kuhstall mit dem Misthaufen. Der Bauer hatte hundertzwanzig Milchkühe, die er jeden Morgen aus dem Stall auf die Weide trieb, direkt an meinem Küchenfenster vorbei. Die Kühe schauten zu mir herein und ließen ihre Fladen direkt vor meiner Wohnungstür fallen, mit dem Ergebnis, dass überall Myriaden von Fliegen waren. Sobald ich mir etwas zu trinken eingoss oder mir einen Teller mit Essen herrichtete, war alles schwarz von Fliegen. Doch mir machte das nichts, ich fühlte mich auf dem Bauernhof sauwohl. Außerdem erinnerten die Fliegenmassen mich an Villeneuve-sur-Auvers.

Zweimal kam mich auch Große Liebe in meiner Landidylle besuchen, um konzentriert weiter am *Bellheim* zu schreiben. Wenn es nicht regnete, stellte ich ihm einen Stuhl und einen Tisch in den Garten. Ich sehe ihn noch heute vor mir, wie er, hinter einem großen Bücherstapel verborgen, immer wieder mit der Hand durch die Luft fuchtelte, um die Fliegen zu vertreiben, die ihm ziemlich auf die Nerven gingen. Ansonsten störte ihn fast gar nichts – egal, ob ich in der Wohnung mit dem Staubsauger um ihn herumwuselte oder mit Dackel Felix tobte. Er schrieb und schrieb, nur ansprechen durfte ich ihn nicht. Dann gab es Ärger.

Feuchtwangen war für mich ein bisschen wie Urlaub. Auf dem Hof gab es außer den Kühen noch jede Menge anderer Tiere, einen großen, freundlichen Hofhund, Hühner, zwei Schweine, und überall liefen Katzen herum. Für Felix muss es ein Paradies gewesen sein. Sobald ich morgens die Tür öffnete, schoss er hinaus in den Garten und in die Wiesen und ward den ganzen Tag nicht mehr gesehen. Dafür kam der Hund des Bauern zu mir hereingeschossen, um sich seine Portion Steicheleinheiten und Leckerlis abzuholen. Und ein kleiner schwarzer Kater erwartete mich jeden Abend an der Hofeinfahrt, wenn ich nach der Vorstellung nach Hause kam, um mit mir und Felix zusammen über die Felder Gassi zu gehen. Manchmal übernachtete der kleine Kater auch bei uns. Es war Landleben wie aus dem Bilderbuch. Ich war zufrieden und sogar ein bisschen glücklich.

Der Alltag auf dem Bauernhof, das Leben mit den Tieren, gefiel mir. Ich hatte den Bauersleuten einmal erzählt, dass ich am liebsten Tierärztin geworden wäre. Fortan klopften sie auch mitten in der Nacht an mein Fenster, wenn etwas in den Ställen los war. Wenn sie etwa riefen: »Ingrid, beeil dich, ein Kälbchen kommt!«, sprang ich schlaftrunken in ein paar Klamotten, zog mir Gummistiefel an und raste, gefolgt von Felix, rüber in den Stall, um bei der Geburt dabei zu sein. Einmal durfte ich sogar dabei assistieren, ein Kälbchen auf die Welt zu bringen. Der Arzt befestigte ein Seil an den Vorderläufen des Kleinen, und dann musste ich versuchen, es an dem Seil, das an einer Winde befestigt war, aus dem Leib der Mutter zu ziehen. Na ja, der Tierarzt musste die Hauptarbeit erledigen, und trotzdem hatte ich das Gefühl, ich sei an etwas Erhebendem und Schönem beteiligt gewesen. Wenn das Neugeborene dann im Stroh lag, wischte ich ihm sofort den Schleim aus den Nasenlöchern, damit es nicht erstickte, und Felix leckte jedes Kälbchen hingebungsvoll zur Begrüßung ab. Es tat mir immer sehr weh, dass die Kälbchen nach der Geburt bei meinem Bauern grundsätzlich sofort von der Mutter getrennt und in winzige Boxen verfrachtet wurden. Mit der Mutterkuh kamen sie nie wieder zusammen. Um ihnen wenigstens ein bisschen Wärme zu geben, ging ich jeden Morgen durch den Stall, streichelte jedes einzelne Kälbchen, redete ein bisschen mit ihnen und gab ihnen die Muttermilch mit der Flasche. Dackel Felix und ich waren traurig, als unsere Zeit vorbei war. Die Bauersleute auch.

MEINE SORGENKINDER

Spiel- und Drehorte wie Feuchtwangen mit liebenswerten Menschen um mich herum waren mir immer enorm wichtig, sie bedeuteten für mich kleine Inseln der Geborgenheit in meinem unsteten Leben. Ein Schauspielerleben ist nicht ganz einfach, wenn man Wochen und Monate in einer fremden Stadt lebt, weil man dort ein Engagement hat. Bei Dreharbeiten hat man den ganzen Tag ein riesiges Team um sich. Abends ist man dann froh, wenn man im Hotelzimmer seine Ruhe hat, oder man sitzt mit den anderen noch ein bisschen zusammen, isst, quatscht und trinkt. Wenn ich ein Theatergastspiel von mehreren Monaten habe, wie zum Beispiel 2013 in Köln, dann habe ich einen ganz anderen Tagesablauf. Nach der Vorstellung ist bei Gastspielen jeder mehr für sich, geht in seine Theaterwohnung, hat Besuch, der Mann ist da, die Frau oder Freunde. Nur selten geht man gemeinsam essen, die Unterkünfte liegen oft weit auseinander, und spät ist es dann auch schon. Jeder spurtet nach der Vorstellung in seine eigene Richtung. Ich sause noch ein bisschen mit Eliza Doolittle durch die leeren Straßen und muss mich beeilen, bis Mitternacht kann ich noch einige Freunde anrufen. Aber später darf es nicht sein.

Mein »Zuhause« auf Zeit richte ich mir jedes Mal neu ein. Ich habe einen großen Koffer mit persönlichen Sachen wie Bettwäsche, Besteck, scharfe Messer, schöne Gläser, eine kleine Pfanne und, ganz wichtig, Kerzenleuchter. Außerdem viele Kuscheldecken und den Hundekorb. Momentan habe ich einen Apfelgrün-Tick. Es belebt jeden Raum, wenn ich Bettwäsche, Decken und Kerzenständer in leuchtendem Grün verteilt habe. Blumen besorge ich sowieso als Allererstes. Tische und Stühle habe ich auch schon verrückt und mir nicht ganz geheuerliche Bilder abgehängt. Plastikblumen wandern sofort in die hinterste Ecke des Kleiderschranks. Beim Einzug gucke ich gleich mal in alle Schränke, vielleicht hat der Schauspieler vor mir etwas dagelassen – Pril, Waschpulver, Gewürze, Kerzen. Gibt es genug Steckdosen? Internetanschluss? Nee, brauche ich nicht, ich bin überglücklicher Besitzer eines Tablet-Computers. Gibt es auch genug Bügel für die Sommersachen, die ich jetzt schon im Winter mitnehmen musste?

Anschließend heißt es die Gegend erkunden. Wichtig: Wo ist was? Wo ist der nächste Supermarkt? Wo ist ein Kiosk, der bis 23.00 Uhr geöffnet hat? Wie weit ist es zum Theater? Wo gibt es eine Hundewiese? Den Nachsendeauftrag für meine Post habe ich diesmal zum Glück nicht vergessen abzuschicken – Gedanken eines jeden Schauspielers. Also dann, es kann losgehen! Ich bin jedes Mal neugierig auf eine neue Theaterwohnung – was kann man daraus machen? Es macht Spaß. Übrigens – den besagten Deko-Koffer schicke ich von Spielort zu Spielort. Sein eigentliches Zuhause kennt er nicht. Viele Schauspieler machen es genauso. Etwas Persönliches um sich zu haben ist wichtig. Das Persönlichste ist für mich natürlich Eliza Doolittle, wie alle meine Hunde vor ihr. Sie findet es schick, jeden Tag ihre »Leute« um sich zu haben und ihre Bühne im Theater wiederzusehen. Sie kennt jedes Stück, schon von den Proben her. Und von jeder neuen Stadt und Wohnung ist sie begeistert. Eben ein Theaterhund.

Schauspieler sind durchaus ein bisschen wie Seeleute: Wenn sie nach langer Zeit endlich einmal nach Hause kommen, müssen sie sich erst mühsam eingewöhnen, und auch die Familie und die Freunde müssen sich umstellen. Und wenn das endlich geschafft ist, geht es schon wieder weiter, zum nächsten Engagement.

Nach der wunderschönen Zeit in Feuchtwangen freute ich mich wieder sehr auf meine schöne Stadtwohnung in München. Außerdem musste ich doch endlich auch einmal wieder nach meinen »Sorgenkindern« sehen. Zwar gab und gibt es in meinem Leben immer sehr starke und dominante Menschen, aber ich werde auch immer sehr schwache und hilfsbedürftige Menschen um mich herum haben. Auch diese ziehe ich magisch an, und sie mich. Am liebsten möchte ich jedem Obdachlosen, jedem Bettler, den ich auf der Straße sehe, helfen. Daran ist ja im Grunde nichts falsch. Meine Freunde sagen zwar immer: »Ingrid, pass auf dich auf, du hast ein übertriebenes Helfersyndrom!« Doch eigentlich habe ich es ganz gern. Es tut mir gut, gebraucht, aber nicht »benutzt« zu werden. Das haben viele Menschen in meinem Leben miteinander verwechselt.

Jetzt, in München, hatte ich aber echte »Sorgenkinder« gefunden: ein altes Ehepaar, das gegenüber meiner Wohnung wohnte. Sie winkten mir manchmal zu, wenn ich am Fenster stand, und ich winkte zurück. Irgendwann bedeuteten sie mir, ich solle doch zu ihnen heraufkommen, nur so, um ein wenig mit ihnen zu plaudern.

Es waren etwas kauzige alte Leute, die nicht sehr freundlich miteinander umgingen und offensichtlich niemanden hatten, der sich um sie kümmerte. Der einzige Sohn lebte in Norddeutschland und besuchte seine Eltern nur selten. Irgendwie mochte ich die beiden und ging von nun an fast jeden Tag zu ihnen, wenn ich in der Stadt war, um nach ihnen zu sehen. Dann machten sie mir ein Brot, wir setzten uns an ihren Küchentisch, tranken Kaffee und quatschten. Es war ein bisschen, als würde eine Tochter ihre alten, schrulligen Eltern besuchen. Und so wurden wir Freunde.

Allmählich erfuhr ich von ihrem ganzen Drama. Die Frau, Frieda, war abhängig von Tabletten, unter anderem von verschiedenen starken Beruhigungsmitteln, die sich nicht miteinander vertrugen. Sie litt unter Schwindelanfällen, Angstzuständen und Konzentrationsschwäche. Deshalb wagte sie sich auch nicht mehr auf die Straße, konzentrierte sich nur noch aufs Essen und wurde dadurch dicker und dicker und immer unzufriedener. Ihr Mann Hermann kümmerte sich rührend um sie, ging immer zum Einkaufen und war sehr nett und geduldig, obwohl sie ausgesprochen böse zu ihm sein konnte.

Irgendwann beschloss ich, dass die beiden ruhig etwas hübscher und gepflegter aussehen könnten. Ich holte meine Schneiderin, die bei Frieda Maß nahm und ihr zwei zeltartige »Kleidchen« nähte. Anschließend bat ich Helmuth, einen Friseur, mit dem ich seit damals befreundet bin, zu Frieda und

Hermann nach Hause zu kommen, um ihnen die Haare zu schneiden, zu färben und zu frisieren. Als Helmuth sein Meisterwerk beendet hatte, schminkte ich Frieda. Sie war ganz aufgeregt. Ein wenig Rouge, ein wenig Lippenstift, Puder, und zuletzt besprühte ich sie von oben bis unten ein bisschen mit meinem Parfüm. Mann, waren wir alle erstaunt, wie nett sie plötzlich aussah! Aber was sie am meisten verschönerte, war ihre Freude. Sie strahlte wie ein kleines Kind. Sie lachte und lachte, und auf einmal erschien sie mir nur noch halb so verbittert und kratzbürstig.

Als Nächstes sauste ich durch die Gegend und suchte einen Optiker, der zu den beiden ins Haus kommen würde, um Friedas Sehstärke zu prüfen. Lesen konnte sie schon lange nicht mehr, eine neue Brille musste her. Sie bekam sie.

Nun brauchte ich nur noch einen Hörgerätetechniker, der Frieda ein Hörgerät anpasste. Die Verständigung untereinander war doch sehr schwierig, eigentlich brüllten wir uns nur an. Frieda bekam also auch ein Hörgerät.

Klein Steeger rief, und alle kamen! Ich war sehr zufrieden mit mir, dass ich meinen Namen für meine Sorgenkinder sinnvoll einsetzen konnte. Nur das Hörgerät lehnte Frieda schon nach kurzer Zeit ab, es war ihr zu kompliziert.

Dann hatte ich noch eine Idee, ich war nicht mehr zu bremsen: Eines Tages überraschte ich Frieda und Hermann mit einem Wellensittich in einem riesigen Käfig, den der kleine Vogel eigentlich gar nicht brauchte, denn er krabbelte den ganzen Tag auf den beiden herum. Er stolzierte über Arme, Kopf und Bauch, lief hemmungslos durch die Suppe und hielt selig Punkt 13.00 Uhr mit den beiden auf dem alten Sofa in der Küche ein Mittagsschläfchen. Jetzt kam meine Zeit: Kaum schnarchten Frieda und Hermann vor sich hin, raste ich durch die Wohnung. Bad putzen, Wohnzimmer fegen – staubsaugen war zu laut –, wischen und aufräumen, wenn nötig Betten frisch beziehen. Die beiden wussten, was ich in diesen anderthalb Stunden trieb, aber sie ignorierten es, sie schämten sich. Allein hätten sie es nicht geschafft. Wir sprachen einfach nie darüber.

Große Liebe lächelte über mich, es gefiel ihm, dass ich mich so intensiv um die beiden kümmerte. Er fand es »niedlich«, so wie er es auch »niedlich« fand, wenn ich mich um iranische Asylanten und kinderreiche türkische Familien sorgte. »Du bist ein Kümmertyp«, meinte er.

Während des Engagements für *Kiss me, Kate* in Feuchtwangen war ich drei lange Monate nicht zu Hause. In den spielfreien Tagen war ich nur einige Male zu Dreharbeiten zum *Großen Bellheim* gefahren. Nach München nicht.

An einem der letzten Feuchtwangen-Tage erhielt ich einen Anruf von Hermann: »Frieda ist tot! Sie mussten ihr ein Bein amputieren, es bestand Thrombosegefahr. Sie ist an den Folgen der Operation gestorben.«

Frieda ... tot? Ich wollte es nicht glauben. Warum war ich nicht bei ihr gewesen? Ich hätte mir die Zeit nehmen müssen. Ich hatte meine grummelnde Ziehmutter verloren. Was hatte sie immer gesagt? »Du bist doch meine Tochter!«

Zurück in München, besuchte ich Hermann jeden Tag, und wir sprachen nur über Frieda. Wenige Wochen später sah ich eines Morgens, dass die Vorhänge der Wohnung immer noch zugezogen waren, und ich sah ihn auch nicht auf der Straße. Dabei ging er immer nach der Uhr. Beunruhigt klingelte ich bei der Nachbarin, die den Schlüssel zur Wohnung hatte, und öffnete die Tür. Der Käfig des Wellensittichs war nicht abgedeckt. Mir wurde übel. Und da lag er, auf dem Boden neben der Toilette, und war tot. Er hatte Friedas Tod nur kurze Zeit überlebt. Nun hatte ich beide verloren.

Der Sohn des alten Paares räumte die Wohnung leer und sagte, ich solle mir etwas nehmen, das mich an die beiden erinnerte. Das meiste war Plunder, doch ich fand eine klitzekleine Souvenir-Kupferpfanne mit Stiel, in die irgendein blöder Spruch eingraviert war. Das war typisch: Hermann hatte immer irgendwelche blöden Sprüche parat gehabt. Er liebte Liesl Karlstadt, Karl Valentins Schauspielerkollegin. Ich kaufte einen Minilorbeerbaum in einem Topf, ging zum Grab von Liesl Karlstadt auf dem Münchner Prominentenfriedhof in Bogenhausen und grub heimlich in einem unbeobachteten Moment neben dem Grab ein Loch. Die Pfanne legte ich unten in das Loch und pflanzte das Bäumchen darüber ein. Da der alte Mann anonym beerdigt worden war, dachte ich, er würde sich vielleicht freuen, dass ein Stück, das ihm gehört hatte, jetzt bei Liesl Karlstadt lag.

Was aus dem Bäumchen und der Pfanne mit dem blöden Spruch geworden ist, weiß ich nicht. Vielleicht ist es eingegangen, vielleicht wuchs drumherum nur zu viel Neues... Aber wenn ich hin und wieder vor Liesl Karlstadts Grab stehe, schaue ich mir das knallrote Herz auf ihrem schmiedeeisernen Grabkreuz an und denke dabei an den alten Mann und seine Frau, die mich immer ihre Tochter nannten.

MONAS ABGANG

Der Vierteiler *Der große Bellheim*, den Wedel in den Jahren 1991 und 1992 drehte, sollte der Höhepunkt und gleichzeitig der Schlusspunkt unserer Beziehung werden. Ich spielte darin die Verkäuferin und angehende Kleinunternehmerin Mona, die ständig Pech mit Männern hat und unentwegt weint. Übrigens erinnere ich mich an besonders entzückende Szenen mit Dominique Horwitz. Böse Zungen sagten allerdings, es sei gemein von Wedel, dass er der Figur der Mona so unverkennbar Züge von mir gegeben habe. Es stimmt, ich habe früher extrem viel geweint. Na und? Warum sollte Wedel das nicht übernehmen? Jeder Autor übernimmt gern Figuren und Geschichten aus dem Leben. Und warum sollte er nicht ein Stück von mir in die Rolle der Mona hineinschreiben? Ich jedenfalls fand es in Ordnung, und ich habe die Mona unwahrscheinlich gern gespielt.

An der Rolle habe ich dennoch hart arbeiten müssen. Auf Knopfdruck so viel weinen, das schaffte selbst ich nicht immer auf natürlichem Wege, ich musste mir etwas überlegen. Wedel dreht eine Szene auch nicht nur zwei- oder dreimal, sondern oft bis zu zehn- oder zwanzigmal, so lange jedenfalls, bis er zufrieden ist. Häufig nehmen Schauspieler in solchen Fällen Glycerin, irgendwelche Tropfen oder einen Tränenstift. Die Tränen laufen ihnen dann sehr dekorativ über die Wangen. Es sieht gut aus, aber ich finde, dass es nicht echt wirkt. Man bleibt dabei zu makellos: Die Augen werden nicht rot, und die Nase schwillt nicht zu, wie das normalerweise passiert, wenn man weint. Ich wollte jedoch unbedingt, dass es bei mir so echt wie möglich aussah. Also, was tun?

Als ich meiner Schwägerin, die in einer Apotheke arbeitete, von meinem Problem erzählte, gab sie mir ein Gläschen mit einem weißen Pulver, keine Ahnung, was es war. Aber es funktionierte einwandfrei. Ich hatte es immer in einem Tütchen bei mir, und sobald ich in einer Szene weinen musste, leckte ich an meinem Finger, tupfte ihn in das Pulver und balancierte es auf der Fingerspitze in die Augenwinkel. Es tat höllisch weh, und ich weinte anschließend herzzerreißend. Die Augen wurden rot, und ich hatte eine Schniefnase, wie es sich gehörte. Es kam gut rüber, Wedel und später auch die Kritiker waren hoch zufrieden mit meiner Vorstellung. Anschließend brannten mir noch tagelang die Augen.

Ich glaube, es gibt kaum jemanden, der die Entstehung des *Bellheim* intensiver begleitet hat als ich. Höchstens vielleicht noch »Knippi«, der damals Wedels Produktionsleiter war. Knippi ist bis heute einer meiner besten und wichtigsten Freunde, und er hat mich über viele Jahre hinweg durch dick und dünn begleitet. Wir lernten uns während des Drehs zum *Bellheim* kennen. Es war der letzte Film, den Knippi gemeinsam mit Wedel machte. Anschließend ging er seine eigenen Wege, genau wie ich.

Für mich war der *Große Bellheim* ein wichtiger Entwicklungsschritt in Richtung ernsthafte Filmschauspielerin, aber auch unabhängig von meiner Rolle beschäftigte mich die Story und Wedels Umsetzung. Als das *Bellheim*-Drehbuch entstand, war lange Zeit nicht klar, wer die Rolle des Peter Bellheim spielen würde. Wedel hatte damals mehrere Schauspieler im Kopf, darunter Armin Mueller-Stahl und Michel Piccoli. Eines Tages fiel mir ein bebilderter Artikel über Mario Adorf in die Hände. Er war genau wie ich bei der Agentin Hanni Lentz unter Vertrag, und ich erzählte Wedel immer wieder von ihm. Ich war der Meinung, dass Mario der Richtige für die Rolle sei, und versuchte hartnäckig, Große Liebe von dieser Idee zu überzeugen. Hanni schickte ihm einen Zusammenschnitt von verschiedenen Filmrollen, die Mario in den letzten Jahren gespielt hatte – Peter Bellheim sollte so um die sechzig sein –, und wir waren beide der Meinung: Er ist es!

Wedel entschied sich schließlich tatsächlich für Mario, und es wurde ein riesengroßer Erfolg, für beide Seiten. Der Inhalt ist kurz erzählt: Der Kaufhausunternehmer Peter Bellheim hat sich aus dem aktuellen Geschäftsleben zurückgezogen. Er erfährt, dass es seinem Konzern schlecht geht, und wird noch einmal als Unternehmer aktiv. Er versammelt erfahrene Mitstreiter um sich – in den Rollen: Will Quadflieg, Heinz Schubert (später für Klaus Schwarzkopf), Heinz Hoenig, Manfred Zapatka, Hans Korte und noch viele andere bekannte Schauspieler. Alles große Namen – und ich mittendrin. Gigantisch! Mario Adorf hat eine unglaublich intensive charismatische Ausstrahlung und passte zu der Rolle des Bellheim wie gemalt. Und darauf, dass ich bei der Besetzung mitmischen konnte, bin ich bis heute ein wenig stolz. Der Bellheim war für Mario jedenfalls eine wichtige Rolle, mit der er schauspielerisch eine neue Richtung einschlug, obwohl er damals schon weltbekannt war. Wir alle waren fasziniert und beeindruckt von seinem Spiel.

Ein anderer großartiger Schauspieler, der für mich immer mit dem *Bellheim* verbunden bleiben wird, obwohl er in der

15 Endlich ein Zuhause! Mit Jean-Paul Zehnacker und Kater Oberon vor unserem Haus bei Étrechy in der Nähe von Paris (um 1984). Hier bin ich mehrere Jahre lang ganz glücklich.

16 Mit diesem knallroten Gefährt, eine Art Mofa mit Karosserie, avanciere ich bei den Dörflern in Étrechy zur Attraktion. Mit dabei, Katze Titania (um 1984).

17 (rechts) *Wie wär's heut mit Revue?* 1983 und 1984 moderiere ich gemeinsam mit Harald Juhnke diese große Abendshow. Beim Hula-Hoop muss ich achtgeben, dass die Nähte meines maßgeschneiderten Abendkleids nicht platzen und alles an der richtigen Stelle bleibt.

18 (oben) Zwischen Himmel und Erde: eine meiner Zirkusnummern bei der Gala *Stars in der Manege* in München. Das Sicherungsseil klinke ich heimlich aus, weil ich mich dann besser bewegen kann.

19 (unten) Uns gibt es zweimal: Der Travestiekünstler Bob Lockwood (l.) tritt 1984 bei *Wie wär's heut mit Revue?* als mein Double auf. Bob und ich werden Freunde. Leider kommt er mit 36 Jahren bei einem Autounfall ums Leben.

20 (links) »Große Liebe«: mit meinem damaligen Lebensgefährten Dr. Dieter Wedel bei einer Preisverleihung (um 1980). Er liebt und akzeptiert mich so, wie ich bin, und gibt mir Selbstbewusstsein und Selbstachtung.

21 (unten) Die andere große Liebe: mein Dackel Felix (1992). Ihn werde ich nie vergessen. Er teilt zwölf Jahre lang mein Leben mit allen Höhen und Tiefen. 1995 muss ich ihn einschläfern lassen.

22 (oben) Mario Adorf ist *Der große Bellheim*! Ich bin stolz darauf, dass ich bei seiner Besetzung ein bisschen die Hand im Spiel haben durfte. Einen besseren Bellheim als Mario kann ich mir bis heute nicht vorstellen.

23 (rechts) *Absoluter Wahnsinn*: In dieser Derrick-Folge von 1987 spiele ich eine Frau, die des Mordes verdächtigt wird. Horst Tappert führt Regie und spielt natürlich den Inspektor Derrick.

24 (links) Sieht so eine glückliche Braut aus? Mit meinem zweiten Ehemann Tom LaBlanc in den Dünen in Jütland, kurz vor unserer Hochzeit im August 1992.

25 (unten) Bei den Karl-May-Spielen in Bad Segeberg spiele ich im Sommer 1995 neben Winnetou (Gojko Mitić, l.) die Westernlady Mona und erlebe eine unbeschwerte Zeit.

26 *Die Klimbimfamilie lebt:* mit (v. l.) Wichart von Roëll, Horst Jüssen, Elisabeth Volkmann und Peer Augustinski, hier bei der Premiere im Ernst Deutsch Theater in Hamburg (Mai 2005). Die Presse feiert uns als »rasante Wiedergeburt«. Wenige Monate später schlägt der »*Klimbim*-Fluch« zu.

27 (unten) Meine »Mutter« Elisabeth Volkmann, alias Jolanthe, während der *Klimbim*-Tournee im Februar 2005 in Köln. Elsbeth stirbt überraschend im Juli 2006. Sie hinterlässt eine Lücke, die niemand schließen kann.

28 (oben) Unsre Mutter Käthe, umringt von ihren Kindern Jutta, Udo und Ingrid, an ihrem Geburtstag im August 2004. Ob sie jemals glücklich war, ob sie jemals geliebt hat? Sie hat es uns nie gesagt.

29 Die Steeger ist zurück! Theaterspielen ist mir heute eine Herzensangelegenheit. Die Rolle der Hilary in der schwarzen Komödie *Gatte gegrillt* macht mir rundum Spaß. Hier sieht man mich mit Juliette Groß und Jens Asche (Zweitbesetzung).

30 Ein anderer Mensch? Heute, mit
sechsundsechzig Jahren, bin ich kein »attraktives
Begleitmaterial« mehr, sondern eine Frau,
die ihr Leben selbst in die Hand nimmt.
Wer hätte das gedacht?!

Endfassung nicht auftaucht, ist Klaus Schwarzkopf. Er spielte die Rolle von Bellheims Freund Dr. Erich Fink. Mit Klaus Schwarzkopf zu arbeiten war für mich ein wunderbares Erlebnis, ich mochte seine Art zu spielen, er hatte einen herrlichen Humor, gleichzeitig eine große Ernsthaftigkeit und etwas Rührendes, war treffsicher in Gestik und Mimik. Auch privat war er so warmherzig und freundlich wie wenige Menschen, die ich im Lauf meines Lebens kennen gelernt habe. Klaus gehörte zur Besetzung erster Wahl des später preisgekrönten Vierteilers. Er wollte das Projekt nicht gefährden und verschleppte eine Infektion, die beim Dreh zum Ausbruch kam. Wie es später auch öffentlich bekannt wurde, war die Infektion eine Folge seiner Aids-Erkrankung. Ich sah ihn jeden Tag leiden, er war erschöpft und kraftlos, aber er wollte nicht aufgeben.

Eines Morgens hieß es: »Heute ist drehfrei.« Ich ahnte sofort, warum. Klaus war zwei Tage zuvor mit einer Lungenentzündung in ein Bochumer Krankenhaus eingeliefert worden und dort gestorben. Große Liebe und ich waren kurz vor seinem Tod noch bei ihm auf der Intensivstation gewesen. Man hatte ihn in ein künstliches Koma versetzt. Direkt neben ihm stand ein großer Überwachungsmonitor, und auf diesem Monitor saß ein kleiner blauer Teddybär – *mein* kleiner Teddybär. Ich hatte ihn Klaus als tröstenden Begleiter mitgegeben, als er ins Krankenhaus musste. Der kleine Bär war der einzige persönliche Gegenstand in diesem Raum. Eigentlich sind solche Dinge auf der Intensivstation verboten.

Klaus Schwarzkopfs Tod nahm mich sehr mit, ich habe selten unter Kollegen eine solche Seele von Mensch getroffen. Heute spricht leider niemand mehr von ihm, was mir sehr leidtut. Er war so ein großartiger Schauspieler und vor allem ein herzlicher, guter Mensch. Wedel widmete ihm im Nachhinein den Film. So hat Klaus Schwarzkopf wenigstens einen kleinen Gedenkstein im Filmgeschäft. Heinz Schubert, auch bekannt als »Ekel Alfred«, übernahm die Rolle, und alle

Szenen, in denen er vorkam, mussten noch einmal gedreht werden.

Schon seit Monaten war mir klar, dass ich wohl niemals die Frau Nummer eins für Wedel sein würde. Ich wusste, dass ich mich früher oder später von ihm trennen musste. Als ich mit Wedel gemeinsam auf die Beerdigung seiner Mama ging, hatte ich mir extra einen kleinen Strauß Blumen besorgt, den ich zu Ada ins Grab werfen wollte. Dieses Sträußchen hatte ich auf den Boden neben Wedels Stuhl gelegt, weil ich dachte, dass ich neben ihm sitzen würde. Aber dann setzte sich ganz selbstverständlich Uschi auf den Platz neben ihm, und ich fand mich weiter hinten wieder.

Auf diese Weise auf meinen Platz verwiesen zu werden, tat mir weh. Jetzt wusste ich endgültig, dass ich mich trennen musste. Ich hatte viel Geduld und viel Hoffnung mit diesem schwierigen und komplizierten Genie gehabt. Aber nun nicht mehr. Nach der Beerdigung setzte er mich in einem kleinen Hotelzimmer irgendwo in der Nähe auf dem Land ab und fuhr weiter. Er spürte nicht einmal, wie sehr ich verletzt war, oder wollte er es nicht spüren?

Aber ich konnte und wollte wirklich nicht mehr, auch wenn damit eine Beziehung zu Ende ging, die mir so viel gegeben hat wie kaum eine andere. Deshalb lasse ich bis heute nichts auf Dieter Wedel kommen, auch wenn ich seine Schattenseiten sehr genau kenne.

Mein letzter Drehtag des *Großen Bellheim* war schließlich auch der letzte Tag meiner Beziehung zu Dieter Wedel.

Er flog danach auf die Kanaren zu Außenaufnahmen. Schon bald rief er mich an und fragte: »Schnäuzchen, wann kommst du zu mir?«

»Große Liebe, ich komme nicht«, sagte ich leise.

Er schwieg. »Kommst du nie wieder?«

»Ich komme nie wieder.«

Auch mich machte meine Antwort traurig. Große Liebe gab mir in der Zeit unseres Zusammenseins mehr Selbstbewusstsein und Selbstachtung, als ihm vielleicht bewusst war, indem er mich ganz selbstverständlich mit in sein Leben nahm und mich daran teilhaben ließ. Er nahm mich als Person und auch als Schauspielerin ernst, jedenfalls kam es nie vor, dass er mich am Set anschrie oder niedermachte, wie er es mit anderen Schauspielern und Schauspielerinnen tat. Es war seine Art von Regie: Einen Schauspieler muss man brechen, damit er wieder aufsteht. Manchmal, aber wirklich nur manchmal dachte ich, er hatte recht.

Wedel versuchte noch monatelang, mich umzustimmen, wenn es nach ihm gegangen wäre, hätte unsere Beziehung ruhig so weitergehen können, er selbst hat ja nie einen Hehl daraus gemacht, dass er gut mit mehreren Frauen gleichzeitig leben kann. Uns beiden Frauen gegenüber war er stets ehrlich, was die Dreiecksbeziehung betraf. Übrigens habe ich bis heute losen telefonischen Kontakt zu Uschi.

Auch wenn viele es nicht wahrhaben wollen, so kann ich doch klar sagen, dass ich insgesamt eine gute Zeit mit Dieter Wedel hatte. Das ist auch der Grund, weshalb ich im Jahr 1997 wutentbrannt Christoph Schlingensiefs Talkshow *Talk 2000* verließ und Schlingensief vor laufender Kamera »dummer Wichtigtuer« schimpfte. Er hatte mir gegenüber Wedel beleidigt, als er sagte: »Dieter Wedel ist ja, wie wir jetzt immer gelesen haben, ein Schwein.« Wenige Sätze später erklärte er: »Dieter Wedel hab ich jetzt in so einer Dokumentation im Fernsehen gesehen, und das also sah aus – wie ein Schwein hat er sich benommen.« Ich war total geschockt und verteidigte ihn.

Irgendwann reichte es mir, und ich flüsterte der Aufnahmeleitung zu: »Wenn er jetzt nicht damit aufhört, gehe ich!« Doch niemand reagierte. Es wurde immer unerträglicher, und ich war kurz davor zu heulen, so wütend und entnervt war ich. In dem Moment dachte ich: Nein, das darf jetzt nicht sein. Du wirst ihm nicht den Gefallen tun und vor laufender Kamera in Tränen ausbrechen!

Ohne weitere Vorankündigung stand ich auf und sagte laut: »Es war immer mein Traum, mal von einer Talkshow zu gehen. Nehmen Sie es als Kompliment, dass Sie der Erste sind, bei dem ich gehe!«, und marschierte aus dem Studio. Die Ulknudel verstand an dieser Stelle keinen Spaß mehr. »Ach, lecken Sie mich doch am Arsch. Wichtigtuer!«, raunzte ich noch, und dann eben noch mal »dummer Wichtigtuer!«

Die Sendung war eine Aufzeichnung, und als sie später ausgestrahlt wurde, war medienmäßig der Teufel los. Die Szene meines Abgangs kam in X Sendungen und ist heute noch auf YouTube zu sehen. Ich kannte Schlingensief damals nicht, wusste nicht, wie chaotisch er sein konnte, und meine Agentur hatte mich nicht vorgewarnt. Sein Metier war es zu provozieren, doch solch eine Reaktion hatte man von der Steeger dann wohl doch nicht erwartet. Ich von mir auch nicht. Wedel hätte mir dafür eigentlich einen Orden verleihen müssen, tat es aber nicht. Ungefähr ein Jahr später, ich gab gerade am Flughafen in München meine Koffer auf, drehte ich mich um, und Christoph Schlingensief stand vor mir. Zufällig. Einen Moment lang sahen wir uns schweigend an. Wir grinsten beide, gaben uns die Hand und gingen auseinander. Ohne Worte. Ich fand's… wunderbar! Seine Sendung war gelungen, und für mich war es vorbei.

Wedel kam mich noch häufig besuchen, wenn er in München war, und hin und wieder zeigten wir uns auch gemeinsam auf Veranstaltungen in der Öffentlichkeit. Natürlich stürzten sich dann die Presse und das Fernsehen auf uns und wollten wissen, wie das möglich war, dass Wedel mit seiner Ex auftauchte. Irgendwann wurden unsere Treffen weniger, aber ab und zu telefonieren wir auch heute noch.

Damit war wieder ein Kapitel meines Lebens endgültig zu Ende gegangen, und ein neues, extrem anderes bahnte sich an. Und es sollte spannend bleiben!

Kapitel 8:
Westernlady Mona

Indianerspiele kannte ich in meiner Kindheit nicht, und Karl May oder irgendwelche Indianerfilme hatten mich früher schon gar nicht interessiert. Aber mit Mitte vierzig wusste ich plötzlich sehr viel über die Ureinwohner Amerikas. Das kam so: Meine Agentin Hanni Lentz begeisterte sich für Sitten und Bräuche der indianischen Völker. Eines Tages stellte sie mir Claus Biegert vor, einen Münchner Journalisten, mit dem ich noch heute gut bekannt bin. Er war zu dieser Zeit auch Organisator und Initiator der Initiative World Uranium Hearing, die auf die Folgen des weltweiten Uranabbaus aufmerksam machen wollte – besonders auch für die einheimischen Völker Kanadas und Amerikas. Jetzt begann ich, mich ebenfalls intensiver mit der indianischen Kultur zu beschäftigen. Und ich war gern bereit, mit meinem Namen für World Uranium Hearing zu werben und mich über das übliche Maß hinaus zu engagieren. Dies sollte der Anfang einer ganzen Kette von unglaublichen Entwicklungen sein. Aber lesen Sie selbst, wohin mich mein soziales Engagement damals führte. Mich. Mein Leben. Und mein Geld. Falls Sie jedoch zu den Menschen gehören, die mich immer noch gern an der Seite meines tollen »Indianers«, Ehemann Nummer zwei, sehen wollen, dann überblättern Sie dieses Kapitel lieber.

ARBEITEN FÜR DEN GUTEN ZWECK

Thomas »Tom« Francis LaBlanc, Poet und Umweltaktivist – er legte stets großen Wert darauf, dass sein Name nicht französisch ausgesprochen wurde –, und ich lernten uns im Herbst 1992 auf einem Benefizabend der Initiative World Uranium Hearing in München kennen.

Um Spendengelder einzusammeln, hatten Hanni Lentz und ich in einem Theater in Schwabing diesen Benefizabend zugunsten des World Uranium Hearing organisiert. Bekannte Schauspieler sollten indianische Gedichte lesen, ein Indianer aus einem betroffenen Gebiet sollte auftreten und eigene Gedichte auf Englisch vortragen, und Biegert würde einen Film über den Uranabbau zeigen.

Bei der Vorbereitung des Benefizabends erlebte ich erstmals mit, wie schwer es ist, für einen guten Zweck Geld zu sammeln. Seitdem habe ich große Hochachtung vor allen Menschen, die sich ehrenamtlich engagieren. Mit das Schwierigste war es, all die Prominenten zusammenzubekommen, die wir unbedingt als Gäste brauchten. Ohne Prominente keine Presse, ohne Presse keine Publicity, ohne Publicity keine Spenden. Aber jeder, den man fragt, will als Erstes wissen, wer außer ihm denn noch mitmacht. Und anschließend ist es eine Zitterpartie: Kommen sie, oder kommen sie nicht? Auch alles andere mussten wir organisieren: Es musste Essen und Getränke umsonst geben, wir mussten Sponsoren finden und Werbung für die Veranstaltung machen.

Es war anstrengend, aber es klappte, der Abend war ein großer Erfolg. Wir hatten ein Theater gemietet mit rund dreihundert Plätzen. Es war mit den Gästen bis auf den letzten Platz gefüllt – ich hatte es sogar geschafft, dass Hildegard Knef kam –, und auch die Kasse stimmte am Ende des Abends. Manfred Zapatka, Robert Atzorn, Veronika Fitz und ich lasen indianische Gedichte. Besonders fasziniert waren die Leute aber von Tom LaBlanc, einem Sioux vom Stamm der Dakota. Ein großer Mann mit schwarzen langen Haaren und einem ausdrucksstarken, geradezu unbeweglichen Gesicht. Er trug mit ruhiger, sonorer, tiefer Stimme, die bis in den hintersten Winkel des Theaterraums vordrang, selbst geschriebene Gedichte auf Englisch vor. Sein Buch *Go Beyond* mit Gedichten und kurzen Prosatexten konnte man auch in deutscher Fassung kaufen.

Als die Benefizveranstaltung vorbei war, saß ich völlig geschafft und müde in einer Ecke. Alle waren gegangen, niemand hatte sich bedankt. Tom war der Einzige, der noch einmal zu mir kam. Er sagte nur: »*Thank you*, Ingrid!« Darüber freute ich mich. Und seine Stimme flößte mir Vertrauen ein, es tat mir gut, diesen scheinbar so in sich ruhenden Mann um mich zu haben. Tom sprach ausschließlich Englisch, doch die Verständigung war kein Problem zwischen uns. Mein Englisch war recht gut, es machte mir sogar Spaß, mich mit ihm in seiner Sprache zu unterhalten. Und wir verabredeten uns für einen der nächsten Tage.

Als Hanni Lentz von unserem Treffen erfuhr, war sie begeistert und beschwor bereits eine romantische Liebesgeschichte. Wie alle bewunderte sie Toms Engagement für die Rechte der amerikanischen Ureinwohner und seiner Stammesbrüder. Er war dafür unentwegt in der Welt unterwegs, in den Niederlanden, in Japan, in England... Dafür bekam er zwar kaum Geld, aber wenigstens freies Essen und Getränke, und seine Unkosten waren gedeckt. Ein Weltreisender, der sich perfekt präsentieren konnte und die Menschen faszinierte. *Mich* faszinierte.

Tom und ich erzählten uns aus unserem Leben, aus unserer Kindheit. Und wer jetzt denkt, ich lauschte seinen Geschichten von einem Aufwachsen in einem Tipi und in wilder Natur, der irrt. Tom war nicht in der Stammestradition der Dakota aufgewachsen. Seine Eltern waren früh verstorben, er lebte in verschiedenen Waisenhäusern und wurde später von einer Pflegefamilie zur nächsten weitergereicht. So jedenfalls berichtete er es mir.

Wir hatten also beide keine leichte Kindheit, das verband uns. Ich vertraute ihm und war froh, dass auch Felix diesen neuen Mann in meinem Leben vollends akzeptierte. Tom war geradezu ein Hundeflüsterer. Und Felix irgendwie ein Männerhund. Tom hatte mich um den Finger gewickelt.

Unser neues Leben zu dritt begann nun aber damit, dass ich sofort zu einem Dreh in die Türkei musste – *Zwei Schlitzohren in Antalya* mit Horst Janson und Elisabeth Volkmann, die meine Freundin spielen sollte. Wir freuten uns aufeinander. Meine Schwester begleitete mich, ich liebte es, sie um mich zu haben. Tom blieb währenddessen in Deutschland. Ich hatte ihm den Schlüssel zu meiner Wohnung gegeben, er selbst hatte nur einen Miniunterschlupf in München. Außerdem konnte er sich so um Felix kümmern. Hanni Lentz, die gleich um die Ecke wohnte, bot an, bei Problemen gern zu helfen.

Noch war unsere junge Beziehung aber nicht wirklich offiziell, wir tasteten uns aneinander heran. Als ich Elsbeth in der Türkei von meinem Engagement für das World Uranium Hearing und von Tom erzählte, wurde sie sogleich misstrauisch und versuchte, mir mit einer langen Ansprache ins Gewissen zu reden: »Was stellst du denn jetzt schon wieder an, Kleine? Du kennst ihn doch kaum! Und der wohnt schon bei dir? Du und dein Helfersyndrom! Denk lieber mal an dich, und lass die Finger davon. Du bist schon so oft auf die Nase gefallen mit deiner Gutgläubigkeit und deiner Großzügigkeit. Geh es wenigstens dieses Mal langsam und bedacht an!« Hätte ich nur auf sie gehört...

Eines Abends, ich hatte mich gerade erschöpft ins Bett fallen lassen, weil wir einen langen, anstrengenden Drehtag in glühender Hitze hinter uns hatten, schrillte das Telefon. Es war Tom, der mich aus meiner Wohnung anrief. Etwas an seiner Stimme ließ mich zusammenzucken. Er sprach schnell und schneidend, in einem amerikanischen Slang, den ich nicht verstand.

Erst allmählich dämmerte mir, was ihn so aufgeregt hatte: Damals muss in Deutschland eine Wiederholung des *Schulmädchen-Report* im Fernsehen gelaufen sein, und Tom hatte eine Folge gesehen, in der ich mitspielte. Es ist erstaunlich, dass er überhaupt auf diesen Film stieß, und ein Wunder, dass er mich darin erkannte. Vielleicht hatte ihm jemand auch einen Tipp gegeben. Natürlich wusste er von meinen früheren Sexfilm-Zeiten, aber mich so direkt im TV zu sehen hatte ihn offensichtlich empört und in Rage gebracht. Jedenfalls war daraufhin der Teufel los, und ich ließ meine gesamte Gage bei der türkischen Telefongesellschaft, um den tobenden Tom wieder zu beruhigen. Ich musste stundenlang telefonieren und Faxe schreiben, meine Schwester wurde schier wahnsinnig.

Dass Tom schon jetzt solche Besitzansprüche erhob, gab Jutta sehr zu denken. Und ich? Ich versuchte, ihn zu verstehen, und es gelang mir schließlich, ihn einigermaßen zur Vernunft zu bringen. Mein Bauch sagte mir bereits in dieser frühen Phase, dass es mit diesem Mann schwierig werden würde, doch dann beruhigte sich mein Bauch, und ich dachte, wir würden es schon schaffen. Wir waren beide gebrannte Kinder, wir mussten einfach an unserer Beziehung arbeiten. Ich nahm mir fest vor, ihm sein bisher so trauriges Leben mehr zu erleichtern. Wenn es ihm gut ging, würde es auch uns gut gehen. Hoffnung, dein Name ist Steeger.

Also ließ ich zu, dass sich unsere Beziehung weiterentwickelte und schließlich offiziell wurde. Wo auch immer wir auftauchten, Ingrid Steeger und ihr »Indianer« waren für die Presse ein gefundenes Fressen. Die kleine, zarte blonde Frau, der knopfäugige Dackel, und hinter beiden baute sich schützend dieser geheimnisvolle »Indianer« mit den schwarzen, langen Haaren und dem markanten Gesicht auf. Wie ich diese Titulierung hasste – »der Indianer«! Das war respektlos. Diskriminierend. Tom LaBlanc hieß er!

Tom gefiel dieser Rummel um sich, Presse war ihm nicht unbekannt, aber natürlich nicht so geballt. Er fing an, Wert auf gute Kleidung zu legen, wir rasten von Boutique zu Boutique, er konnte einfach nicht genug bekommen. Er genoss sein neues Leben und ich mit ihm. Noch!

Tom musste oder wollte nach Amerika und nach Minnesota, wo seine »Leute« lebten – ich bezahlte die Tickets und freute mich für ihn. Ich selbst machte mich mit Dackel Felix auf nach Berlin und stürzte mich sofort in die Proben zu einem Projekt, das mir sehr wichtig war. In der Gedächtniskirche sollte ich die Buhlschaft in *Jedermann* von Hugo von Hofmannsthal spielen. Die berühmte Geliebte, die ihre Reize gekonnt ausspielt und im Hintergrund die Fäden zieht.

Überglücklich hatte ich das Angebot angenommen, obwohl ich später nicht verstand, warum gerade diese Rolle bei vielen Kolleginnen so begehrt ist. Sie ragt heraus, aber für mich war sie nicht wirklich ausfüllend. Das Stück wiederum hat mich von Anfang an begeistert. Vor allem weil ich es mit vielen hervorragenden Schauspielern auf die Bühne bringen sollte: Ezard Haußmann spielte den Jedermann, Alexander Kerst den Tod, Brigitte Mira die Mutter, Leander Haußmann den Teufel, Brigitte Grothum führte Regie und spielte selbst den Glauben. Ach ja, mein geliebter Klaus Dahlen aus der Serie *Susi* war auch dabei und mimte einen der dicken Vettern.

Der Tag der Premiere kam. Tom war inzwischen aus Amerika zurück und kam mit Hanni Lentz zur Vorstellung. Die Aufführung war gut gelaufen, das Publikum begeistert, und wir alle waren sehr erleichtert. Anschließend gab es, wie das nach Premieren üblich ist, eine Premierenfeier, zu der auch Journalisten und Fotografen eingeladen waren. Ich empfand richtig Stolz, denn unter den Zuschauern war sogar der damalige Berliner Bürgermeister Eberhard Diepgen. Von allen Seiten kamen Glückwünsche, Umarmungen, Küsschen. Was für ein Erfolg!

Für Tom war der Pressetrubel wie gesagt nicht neu, normalerweise war jedoch er derjenige, der im Mittelpunkt stand und glänzte. Aber der Mann an der Seite einer berühmten Frau zu sein schien für ihn etwas völlig anderes zu sein. Natürlich wollten die Journalisten ein paar schöne Fotos von Jedermann und der Buhlschaft. Und natürlich stellten Ezard Haußmann und ich uns in Positur und nahmen uns in die Arme.

Ich ahnte nicht, welche Wirkung diese harmlose Geste auf Tom haben sollte. Als die Fotografen fertig waren, schaute ich mich nach ihm um, konnte ihn aber nicht gleich entdecken. Plötzlich sah ich sein Gesicht unter den Gästen und lächelte ihm zu. Doch er verzog keine Miene. Dabei musste er doch auch stolz sein auf meinen Erfolg! Aber er schaute mich nur düster an. Im nächsten Augenblick rief mir ein Fotograf etwas zu, und ich drehte mich um. Als ich Tom erneut im Publikum suchte, war er wie vom Erdboden verschwunden.

Sobald es ging, verließ ich unauffällig die Party und machte mich auf die Suche nach ihm. Doch er war nirgends zu finden. Ich holte Dackel Felix aus der Garderobe, die ich mit der wirklich entzückenden Brigitte Mira und ihrem kleinen Yorkshire-Terrier teilte, ging beunruhigt auf unser Hotelzimmer und wartete ängstlich ab, was als Nächstes passierte.

Um Mitternacht tauchte Tom wieder auf. Statt sein Verschwinden zu erklären, schloss er jedoch nur die Tür, setzte sich wortlos an den Schreibtisch und kritzelte mit Kugelschreiber etwas auf ein Stück Papier. Als er fertig war, hielt er mir das Blatt unter die Nase. »MARRIAGE CONTRACT« stand dort in Großbuchstaben. Ich musste mich setzen.

»Lies das und unterschreib es«, sagte er nur. »Ich möchte nicht länger der Geliebte einer Weißen sein.«

Das sollte wohl ein Heiratsantrag sein. Ich war völlig überrumpelt, wir hatten bisher nie übers Heiraten gesprochen, und mir saß immer noch der Schreck über sein plötzliches Verschwinden im Nacken. Nur so kann ich es mir im Nachhinein erklären, dass ich mit zitternden Händen meine Unterschrift unter diesen »Vertrag« setzte, in dem stand, dass ich ihn, Tom LaBlanc, heiraten würde.

Schweigend nahm Tom den unterschriebenen Zettel, faltete ihn klein zusammen und stopfte ihn in eine Streichholzschachtel, die er mit einer Schnur zuband. Später holte er immer, wenn seine Eifersuchtsanfälle durchbrachen, diesen »Vertrag« aus der Schachtel, hielt ihn mir vor die Nase und drohte mit einer Bewegung an, das Papier zu zerreißen. Hätte er es doch getan!

DER ENTLAUFENE BRÄUTIGAM

»Was für ein toller Mann, Ingrid!«, rief Hanni Lentz begeistert, als ich ihr von Toms Heiratsantrag erzählte.

»Ach, Hanni, ich weiß nicht so richtig«, meinte ich etwas kleinlaut. »Ich hab ein bisschen Angst davor, Tom zu heiraten.«

»Kindchen, sei doch nicht albern. Tom ist dein Schicksal, glaub mir!«

Ich wollte ihr so gern glauben, also schob ich meine schlechten Gefühle beiseite. Schließlich waren auch alle von den Hochzeitsplänen begeistert. Alle – bis auf Jutta. Sie war entsetzt.

Und kaum war die Neuigkeit heraus, dass Ingrid Steeger »ihren Indianer« heiraten würde, stand das Telefon bei Hanni nicht mehr still. Jeder wollte die Geschichte haben. Meiner besten Freundin Ina Berneis, einer hervorragenden Fotografin, hatte ich bereits versprochen, dass sie die Hochzeitsfotos machen dürfe. Ina hatte mich und Tom also exklusiv, sie hatte bereits jede Menge Fotostorys über uns gemacht und strich jedes Mal ganz selbstverständlich das Honorar dafür ein. Mir machte das nichts aus. Ina war meine Freundin und oft in Geldnöten, ich half ihr gern. Sie war wie ein Wirbelwind, ein Gesellschaftsmensch. Sie kannte Hinz und

Kunz und alle wichtigen Schauspieler. Auch Ina war ein Fan von Tom. Sie war selbst jahrelang mit Lex Barker, dem Darsteller von Old Shatterhand in den Winnetou-Filmen, liiert gewesen und hatte lange Zeit mit ihm in Amerika gelebt. Außerdem war sie die dickste Freundin von Hanni. Überhaupt waren wir eine lustige Clique, zu der auch Robert Atzorn, Manfred Zapatka und Rolf Schimpf gehörten, alle mit ihren Frauen.

Eine Redakteurin der damaligen Zeitschrift *Das Neue* meldete sich an, sie wollten das Exklusivrecht an unserer Hochzeit. Ina sollte fotografieren. Sie boten uns eine gute Gage, Tom war begeistert. Es war das erste Mal, dass ich mich, beziehungsweise in diesem Fall uns, pressemäßig verkaufte. Meine Devise war immer: »Die Presse braucht mich, und ich brauche die Presse.« Nun ja, wir teilten uns die Gage, und ich richtete Tom sein eigenes Konto ein – für eine Kreditkarte gab ich ihm Gott sei Dank keine Unterschrift. Das Geld sollte nicht lange auf seinem Konto bleiben, ich weiß nicht, wofür er es ausgab. Manchmal verschwand er ohne Ankündigung mehrere Tage aus München. Wie ich später herausfand, fuhr er nach Amsterdam. Warum? Er müsse seine innere Ruhe finden, meinte er nur, wenn ich ihn fragte.

Jedenfalls hatte Tom selten Geld auf seinem Konto, obwohl er zudem noch seine Gagen für die vielen Talks hatte. Er liebte es, in Talkshows der exotische Mittelpunkt zu sein, und machte sich über seine Kleidung und seine Frisur schon Tage vorher Gedanken.

Wir bereiteten uns also auf die Hochzeit vor. Tom war gut gelaunt und aufgeregt, ich nach wie vor unruhig.

»Ich habe Angst«, sagte ich zu Ina, »soll ich wirklich?« Schon wieder diese Frage.

Ina antwortete: »Heirate nicht, aber dann kann ich nächsten Monat meine Miete nicht bezahlen.«

Ich heiratete.

Es klingt blöd, aber Inas Satz war das i-Tüpfelchen. Ich

wollte Tom nicht enttäuschen, Hanni nicht, Ina sowieso nicht, und auch die Medien nicht. Wird schon, dachte ich! Und wieder einmal blendete ich etwas Wesentliches aus: mein Bauchgefühl!

Die Trauung musste in Dänemark stattfinden, in dem Dörfchen Brönderslev in Jütland. In Deutschland hätten wir nicht heiraten können, weil Tom dafür nicht alle notwendigen Unterlagen besaß. Die Leute von der Illustrierten schnürten ein ganzes romantisches Paket rund um das Hochzeitsevent. Sie zahlten Tom und mir den gesamten Aufenthalt in Dänemark für eine Woche, die Hochzeit und das anschließende Essen auf einem Schloss in der Nähe. Der Bürgermeister höchstpersönlich würde uns trauen. Ina Berneis begleitete uns nach Dänemark, außerdem waren die Produktionschefin und die leitende Redakteurin der Zeitschrift *Das Neue* dabei.

Eigentlich fing alles ganz gut an. Tom und ich hatten ein zauberhaftes Häuschen nur für uns, direkt am Strand. Zusammen mit Felix unternahmen wir daher auch jeden Morgen lange Strandspaziergänge. Ina, die heute leider nicht mehr lebt, machte wunderschöne Fotos von Tom und mir in den Dünen und auf dem Pferd. Alles war harmonisch, und ich hörte auf, mich zu verkrampfen.

Und dann kam der Hochzeitstag. Alles war perfekt organisiert. Ich fuhr zu Ina und der Redakteurin ins Hotel, eine Maskenbildnerin war bestellt, denn es war eben nicht nur ein Hochzeitstag, sondern auch ein Arbeitstag. Tom hatte sich für dieses besondere Ereignis ebenfalls herausgeputzt.

Für meine Hochzeit hatte ich mir bei Marianne Hopp, einer früheren Mitarbeiterin aus dem Salon Gisela, extra ein Kleid machen lassen. Wenigstens das Äußere sollte stimmen, nachdem meine erste Eheschließung in Latzhosen und Ziegenfelljacke nicht gerade Begeisterung hervorgerufen hatte. Mit Marianne war ich eng befreundet, sie nähte auch all meine Bühnenkostüme, die wir vorher nächtelang gemeinsam entworfen hatten. Für die Hochzeit mit Tom hatte sie mir ein weißes kurzes Kleidchen aus Moiré mit Petticoats und Chiffon-Ärmelchen genäht, die über und über mit kleinen Perlen von Hand bestickt waren. Marylin Monroe hatte in *Der Prinz und die Tänzerin* ein weißes Kleid mit genau solchen Ärmelchen angehabt. Eine Friseuse kam und machte mir eine passende Frisur, mit einem Blütenkranz im Haar.

Ich hatte also mein wirklich süßes Kleid, Tom hatte einen sehr schönen Anzug, und wir wurden abgeholt, jeder getrennt in einem Oldtimer. Tom durfte mich natürlich vor der Trauung nicht in meinem Brautkleid sehen. Auf dem Standesamt erwartete uns schon der Bürgermeister, und Inas Kameraverschluss klickte unentwegt. Es war der 17. August 1992, der Geburtstag meiner Mutter.

Tom und ich tauschten die Ringe. 1991 hatte ich auf den Malediven als Gast in der TV-Serie *Glückliche Reise* mit Volker Brandt, Roswitha Schreiner und anderen gedreht. Auf dem Rückflug nach München, während eines längeren Zwischenstopps in Sri Lanka, wollte ich mir etwas Gutes tun und mich ablenken, denn meine Gedanken schwirrten noch zu sehr um »Große Liebe« Dieter Wedel. Ich fand zwei wunderschöne Edelsteine – gelbe Saphire, oval facettiert. Damals wusste ich nicht, dass sie einmal in zwei Eheringen enden würden.

Die Trauungszeremonie selbst war eher nüchtern. Wir unterschrieben die Heiratsurkunde, ließen uns umarmen, fotografieren und mit Reis bewerfen, und weiter ging's. Draußen wartete schon eine weiße Hochzeitskutsche mit weißen Pferden – fast wie im Märchen. Wir waren glücklich und strahlten uns an: Ja, wir würden es schaffen, das nahm ich mir fest vor. In meinen Gedanken war es ein Versprechen für Tom. Aber zu einem »wir« gehören zwei...

In der Kutsche fuhren wir zu einem imposanten Schloss, in dem das festliche Hochzeitsessen stattfinden sollte. Der Bürgermeister, die Redakteurinnen, Ina und ein paar andere Leute, die ich nicht kannte, fuhren im Auto hinter der Kutsche her. Böllerschüsse empfingen uns, und die amerikanische und die deutsche Fahne wurden gehisst. Beeindruckt verweilten wir noch eine Weile im Schlosshof.

Aus irgendeinem Grund, ich weiß nicht, warum, bückte ich mich in meinem kurzen Petticoat-Röckchen, und ausgerechnet in diesem Moment fotografierte ein neugieriger Zuschauer meine Rückansicht. Ich hatte es gar nicht bemerkt, und so kurz war der Rock auch wieder nicht.

Aber dann passierte etwas völlig Unglaubliches: Tom starrte mich kurz an und lief dann einfach weg! Noch begriff ich nicht, was ihn so aufgeregt hatte... Ich rannte ihm sofort hinterher, aber er verschwand im Wald hinter dem Schloss, und ich wusste nicht, in welche Richtung ich suchen sollte. Vierzig lange Minuten lief ich umher, dann fand ich ihn: Er blickte mich wortlos an, riss die getönte Armani-Brille herunter, die er sich extra für die Hochzeit gekauft hatte, und trampelte auf dem teuren Stück herum. Dann redete er lautstark, monoton, mit drohenden Gebärden auf mich ein – wieder in diesem amerikanischen Slang, den ich kaum verstand. Das machte mir schreckliche Angst, zumal in diesem Wald, ganz mit ihm allein. Ich sank irgendwann in mich zusammen, wie ich es schon als Kind getan hatte, wenn ich mich vor den Schlägen meines Vaters schützen musste. Ich kauerte mich auf den Boden, legte meine Arme über den Kopf – ein Häufchen Elend mit Blütenkranz im Haar. Mein Hochzeitstag!

Der Bürgermeister, Ina, die Redakteurinnen und die zwei, drei anderen Gäste, die ich nicht kannte, schauten uns betreten entgegen, als wir endlich aus dem Wald zurückkehrten. Toms Miene verriet keinerlei Gefühle. Der Bürgermeister versuchte, die unangenehme Situation zu ignorieren, und hielt eine kleine Ansprache auf Deutsch und Englisch. Mittlerweile war es über dem ganzen Drama Nachmittag geworden, und alle hatten Hunger. Das Hochzeitsessen konnte beginnen, doch nun bahnte sich die nächste Katastrophe an: Tom, der eigentlich nie Alkohol trank, zumindest nicht, wenn ich dabei war, begann während des Essens plötzlich kräftig zu trinken. Er trank immer mehr, und ich merkte, dass er rasend schnell betrunken wurde. Plötzlich begann er, zu weinen und uns Anwesende zu beschimpfen: »Ihr Verschwender, ihr lebt hier alle im Überfluss, ihr wisst nicht, was Armut und Not bedeuten!« Dann griff er auch schon wieder nach dem nächsten Glas. Es war der reinste Horror. Schließlich verließ er den Raum, nicht ohne vorher seinen neuen Louis-Vuitton-Koffer zu suchen und mitzunehmen. Er liebte Louis Vuitton.

Das war's. Nun liefen auch mir die Tränen über die Wangen. Ich legte meine Serviette weg und verkündete unseren Gästen: »Ich gehe aufs Zimmer, ich möchte mein Brautkleid ausziehen!«

Am ganzen Körper zitternd ging ich in die wunderschöne Suite, die *Das Neue* extra für unsere Hochzeitsnacht in diesem Märchenschloss gemietet hatte, und kam zehn Minuten später in Jeans und Pullover wieder hinunter, um mich von unseren Gästen zu verabschieden. Ganz bedrückt und verlegen verließen sie einer nach dem anderen das Schloss. Ich war unendlich traurig. Als ich in unser Zimmer zurückkam, lag Tom volltrunken auf dem Bett und schlief. Ich musste mich übergeben!

Ina Berneis hatte vorgehabt, direkt nach dem Essen die eigentlichen Hochzeitsfotos zu machen, doch daran war nicht mehr zu denken. Ich war verheult und Tom betrunken. Aber ich würde nicht Steeger heißen, wenn ich nach einem Fall nicht wieder aufstehen würde: Am nächsten Tag holten wir die Fotosession nach. Dafür musste die Friseuse mir meine Frisur neu machen, und ich brauchte viel Schminke, damit man nicht sah, wie verquollen meine Augen vom Weinen waren.

Es wurden keine fröhlichen Fotos. Tom sah erstaunlich gut aus, offenbar hatte er sich über Nacht prima erholt. Er hatte sich eine Feder in seine langen Haare geknüpft und schaute ernst und ruhig in die Kamera. Auch ich schaute ernst und konzentriert, und wer nicht wusste, was am Vortag vorgefallen war, konnte denken, wir seien wegen der Bedeutung des Augenblicks so ergriffen. *Das Neue* berichtete in ihrer großen Fotostory anschließend nicht über diese Katastrophe. Ich war mehr als überrascht: Sie machten eine glückliche Hochzeitsgeschichte daraus!

Den Rest der Woche durften wir noch in dem hübschen Häuschen am Meer bleiben, doch es war alles andere als eine entspannte Zeit. Ich sehnte mich nach dem Tag unserer Abreise. Zu allem Überfluss bekam Felix auch noch Probleme mit seinem Rücken, als er einer Katze hinterherjagte. Er hatte bereits mit fünf Jahren Dackellähmung, einen Bandscheibenvorfall. Glücklicherweise wurde er wieder gesund, aber er blieb sein Leben lang anfällig.

Felix' Rücken machte mir große Sorgen, aber er lieferte mir wenigstens den Grund dafür, dass wir zwei Tage früher aus Dänemark abreisten, um mit ihm in München zum Tierarzt zu gehen. Wir packten also Dackel Felix, stiegen ins Flugzeug und flogen zurück nach München. Damit waren meine »Flitterwochen« zu Ende, und das »Eheleben« mit Tom LaBlanc begann.

AM MARTERPFAHL

Schon bald wusste ich nicht mehr, wie ich Toms Eifersuchtattacken noch entkommen sollte. Egal, was ich tat, mit wem ich sprach, wohin ich ging – er beobachtete mich unentwegt, jederzeit bereit, mir eine Szene zu machen. Bald wagte ich es kaum mehr, auch nur den Blick vom Pflaster zu heben, wenn wir die Straße entlanggingen, ich sah weder nach rechts noch nach links. Jedes Mal, wenn mich auch nur irgendjemand anschaute oder womöglich grüßte, bekam Tom einen finsteren Blick, und ich wusste, was gleich wieder passieren würde. Mit Engelsgeduld versuchte ich, ihm zu erklären, dass mich nicht nur Männer anschauten, sondern auch Frauen und Kinder, weil sie mich aus dem Fernsehen kannten. Aber es half alles nichts.

Nach einem TV-Auftritt in einer Unterhaltungsshow, zu der mich Tom und meine Schwester nach Köln begleitet hatten, eskalierte alles nur noch mehr. Mike Krüger und ich hatten in der Sendung ganz fröhlich und albern miteinander getalkt, bis Mike auf meinen »Indianer« zu sprechen kam. Vorsichtig zupfte ich ihn hinten am Jackett. »Halt den Mund«, sollte das bedeuten. Mike verstand mich sofort.

Nach der Sendung wartete ich in meiner Garderobe mit Jutta auf Tom – vergeblich. Wir liefen über das ganze Studiogelände und suchten ihn. Schließlich fing ich ihn ein. Was war passiert? Ich verstand wieder einmal nur die Hälfte: »Du hast mit ihm Händchen gehalten!«, warf er mir vor.

Ich sollte mit Mike Krüger während der Liveshow hinter besagtem Jackett-Rücken Händchen gehalten haben? Glaubte Tom das wirklich? Ich war fassungslos. Einige TV-Leute hatten sich inzwischen um uns versammelt und grinsten. Jutta packte mich am Arm und zog mich mit sich. Im Hotel wartete ich lange auf Tom. Er beschimpfte mich dann noch die ganze Nacht lang, ohne dass ich ein Wort von seinen Wuttiraden verstand. Seine schneidende Stimme, diese Aggression, das war einfach nur entsetzlich.

Am übernächsten Tag, wir waren zurück in München, formulierte die *Bild* »Ingrid Steeger am Marterpfahl« und berichtete über meine verzweifelte Suchaktion. Das war's. Ich schnappte Dackel Felix und flüchtete zu Gundula, mit der ich seit meinem ersten Theaterstück mit Harald Leipnitz befreundet bin. Sie hatte mir ihre Wohnungsschlüssel gegeben. »Sicher ist sicher«, hatte sie gemeint. Erst am nächsten Tag wagten Felix und ich uns zurück in meine Wohnung. Gott sei Dank, Tom blieb ruhig. Sollte das alles gewesen sein? Ich versprach ihm, die Zeitung anzurufen und diese eigentlich alberne Story richtigzustellen. Dann verschwand er für einige

Stunden und kam mit einer »Daisy«-Tüte zurück. Darin waren ein wollweißer, wirklich schöner Kaschmirpullover und eine Louis-Vuitton-Tasche für mich, zur Versöhnung. Daisy ist eine der teuersten Boutiquen in München. Mir schwante etwas. Ich schlich mich zu meinem Bauernschrank und schaute in »unsere« Schublade: Sie war leer, natürlich!

Tom brauchte mich nie um Geld zu fragen, das wollte ich ihm nicht zumuten. Er hatte in seinem Leben so viele Entbehrungen zu ertragen gehabt. Ich hatte uns in einer der Schubläden des Bauernschranks eine sogenannte Haushaltskasse eingerichtet. Am Anfang war das Geld wirklich nur für den Haushalt, aber es dauerte nicht lange, und das Schubfach wurde immer schneller leer.

Das meiste ging für seine Wünsche drauf, und er hatte viele Wünsche. Aber er schenkte auch mir sehr teure Sachen. Dabei wusste er sehr wohl um den Wert dieser Dinge. Jetzt konnte er sich das alles leisten. Er hatte ja mich und die Schublade. Tom war von Anfang an fixiert auf ein besseres, leichteres Leben, und das bot ich ihm. Er kannte meine Ängste und Hemmungen, und er wusste genau, wie er mich manipulieren konnte.

Helmuth, mein Friseur, bei dem Tom sich seine langen Haare regelmäßig schwarz färben und die Fingernägel maniküren ließ, rief mich immer öfter an: »Ingrid, bei aller Freundschaft zu dir, aber jetzt solltest du ihn mal bremsen. Seine Rechnung wird immer höher!« Ich schickte zudem Geld nach Amerika, Toms Familie wurde immer größer, obwohl er mir anfangs erzählte, er sei ein Waisenkind ohne jegliche Verwandtschaft. Mal war sein Sohn im Gefängnis, mal seine Großmutter krank, mal brauchten seine Freunde Hilfe. Ich verstand gar nichts mehr, wagte aber nicht nachzufragen.

Zur Verleihung der Goldenen Kamera, zu der wir als Gäste geladen waren, ließ er sich in seiner Lieblingsboutique Armani einen Smoking im Wert von damals viertausend Mark zurücklegen. Ich schluckte und zahlte. Wie sollte das weitergehen? Ich konnte gar nicht so schnell arbeiten, wie er das Geld ausgab.

Ein anderes großes Problem war inzwischen die Sprache: Tom sprach nach wie vor nur Englisch und machte keine Anstalten, Deutsch zu lernen. Wenn wir zusammen mit Freunden im Restaurant waren, musste ich ihm die Gespräche simultan übersetzen. Ich erwischte mich dabei, dass ich dabei manches ausließ, weil es mir zu anstrengend wurde. Und nun beobachtete ich ihn unentwegt – wurde sein Gesicht merklich länger und verfinsterte sich, und kreuzte er dann auch noch die Arme über der Brust, bestellte ich sofort die Rechnung. Selten wusste ich, was ihn wieder einmal gekränkt hatte. Ich versuchte, mich der jeweiligen Situation anzupassen und Probleme, die er angeblich hatte, von uns fernzuhalten. Es gelang mir nicht, und ich wurde mehr und mehr zu einem Nervenbündel.

Dieses gegenseitige Beobachten machte mich ganz verrückt. Genauso schlimm waren seine nächtlichen Eifersuchtsdramen. Ob es wirklich nur die Eifersucht war? Es schien ihn eine innere Unruhe und tiefe Unzufriedenheit zu quälen. Wenn er seine CD mit unheimlicher indianischer Trommelmusik in den CD-Player schob, sie auf höchster Lautstärke anstellte und seine Arme vor der Brust verschränkte, wusste ich, was ich zu tun hatte. Ich schlich ins Schlafzimmer und wartete. Es waren harte Nächte. Unentwegt riss er die Tür auf und redete monoton immer wieder drohend auf mich ein. Dabei näherte sich sein Gesicht ganz langsam meinem. Ich hielt dann nur noch die Arme schützend über den Kopf und sank zu Boden. Er hat mich nicht geschlagen, aber meine Angst davor ließ mich erstarren, wie damals... Alles wiederholt sich in meinem Leben, dachte ich. Hoffnung, dass wir es schaffen könnten, hatte ich keine mehr.

Eines Morgens musste ich nach Wien fliegen. Peter Sattmann und ich hatten Proben für die Fernsehaufzeichnung der Komödie *Ein Bock zu viel* (1993). Tom wollte mich wie immer nicht allein lassen. Deshalb packte ich meinen Koffer heimlich, ohne dass er es mitbekam, schnappte mir Dackel Felix, und ab ging es zum Flughafen. Mit Tom an meiner Seite hätte ich die Proben nicht geschafft, ich war der Erschöpfung schon verdammt nahe. Vier Tage frei – frei von Tom, aber nicht von meinen Gedanken. Unsere Hochzeit war gerade mal drei Monate her! Aber so ging es nicht weiter. Ich telefonierte viel mit meiner Schwester und bat sie, nach München zu kommen.

Sie nahm mich an die Hand, und wir gingen gemeinsam zum besten Scheidungsspezialisten in München. Vor Tom brauchte ich gar nicht zu flüchten, er war nach Amerika geflogen. Mein Anwalt schickte ihm die Scheidungspapiere hinterher. Ich bekam Angst: Wie würde Tom reagieren?

Zuerst hörte ich nichts, dann kamen Briefe, und ich schrieb zurück, seitenlang. Unsere Briefe flogen zwischen München und San Francisco hin und her. Beide dachten wir, das kann es doch nicht gewesen sein. Nach nur drei Monaten Ehe schon das Aus? Die Scheidung?

Tom schickte mir Liebesgedichte, er schrieb, dass er, ich und Felix für immer zusammengehören würden. Jetzt schrieb ich Tom jeden Tag, von Hoffnung und Vertrauen, von einem Zuhause, von gegenseitigem Verständnis und Respekt. Ich wollte für unsere Beziehung kämpfen, vielleicht konnte ich ja doch noch gewinnen. Ich weiß, es war eine völlig absurde Idee.

Nach ein paar Monaten kam Tom tatsächlich zurück. Wir gingen sehr vorsichtig miteinander um, aber das Misstrauen blieb. Tom forderte, dass ich den Scheidungsantrag zurückzog, und ich hätte es sogar getan, wenn mein Anwalt mir nicht geraten hätte, ihn nur »ruhen« zu lassen. Später habe ich ihn aus Dankbarkeit dafür geküsst. Denn er sah schon die nächste Katastrophe auf mich zukommen, das endgültige Aus war absehbar. Und wenn ich den Scheidungsantrag zurückgezogen hätte und Tom in Amerika zum Anwalt gegangen wäre, dann hätten die amerikanischen Gesetze gegolten, das heißt, da Tom kein oder kein geregeltes Einkommen hatte, hätte ich wohl mein Leben lang für ihn zahlen müssen. Also folgte ich dem Rat des Anwalts, behielt meinen Entschluss, den Antrag ruhen zu lassen, jedoch für mich. Mein Geheimnis – eine Sicherheit.

Nun, da die drohende Scheidung vom Tisch schien, wollte Tom mich unbedingt »seinen Leuten« als seine Ehefrau vorstellen. Also flogen wir nach Amerika, erst einmal nach San Francisco. Tom bestand darauf, einen weißen Cadillac Cabrio mit roten Ledersitzen für uns zu mieten. Ich nickte nur. Mit etlichen Zwischenstationen fuhren wir quer durchs Land nach Minnesota. Manchmal war ich kurz davor, diese kurze Zeit zu genießen, wenn nur nicht dieses ständige gegenseitige Beobachten gewesen wäre, mein Abwägenmüssen von Situationen, das vorsichtige Auf-ihn-Eingehen und das kompromisslose Unterordnen.

Seine Leute waren reizend zu mir. Wir besuchten sie im Reservat und durchkämmten Minneapolis. Wir feierten zusammen, amerikanisch und indianisch, ich fand es trotz Toms Launen und meiner ständigen Anspannung sehr aufregend. Bei den vielen Menschen, die den ganzen Tag um uns herum waren, wusste ich gar nicht, wer eigentlich was war in Toms sogenannter Familie. Die Stadt, die Landschaft, die Menschen – ich hatte nur große Augen. Zu große Augen! Es gab auch hier Ärger mit Tom. »Wir« zeigten uns seinen Leuten gegenüber sehr großzügig, und nach drei Tagen zogen wir weiter.

Zurück in München, war der winzige Funken Hoffnung, der wider jede Vernunft in mir aufgekeimt war, von einem Tag auf den anderen erloschen. Der alte »Trott« ging weiter. Tom brauchte Arbeit, fand ich, eine Beschäftigung und damit Bestätigung. Vielleicht würde dann alles besser. Ich rief Kulturämter an, Tom wurde für Lesungen gebucht. Ich saß im Hintergrund und las aus der deutschen Übersetzung seiner Gedichte.

Eines Tages rief ein deutscher Musikverlag an. Sie waren von Tom LaBlanc und seiner schönen, sonoren Stimme begeistert und wollten eine CD produzieren, mit gelesenen Gedichten von Tom und im Background Popmusik mit indianischem Touch. Tom war begeistert! Er wollte unbedingt eine eigene CD machen, aber nicht unter einem deutschen Label. Er wollte seine Musik mit den Freunden in den USA aufnehmen. Wenn er dadurch ausgefüllt wäre und sich bestätigt fühlen würde, vielleicht ...!?, dachte ich, löste bereits die zweite »kleine« meiner insgesamt drei Lebensversicherungen auf und gab ihm für seine Produktion Bargeld mit, eine Kreditkarte besaß er ja nicht. Ein Ticket nach San Francisco wurde gebucht, und einen Tag vor seinem Abflug fuhren wir noch schnell mit meinem Leib- und Lieblingsfotografen Ludwik Erdmanski in die österreichischen Berge und ließen uns auf der Almhütte meiner Schwester in der romantischen Abendsonne fotografieren. Tom war in Vorfreude auf Amerika. Es war ein netter Tag. Am nächsten Morgen nahm Tom mich zum Abschied in die Arme und sagte: »*Don't worry!*« Das waren seine letzten Worte. Ich sah ihn nie wieder.

Ich wartete auf einen Anruf, nichts kam. Ich telefonierte nach San Francisco, nach Minneapolis, suchte nach ihm, nichts. Der Rückflugtermin war überschritten. Das Reisebüro gab mir später die Auskunft, dass das Ticket zwar benutzt worden war, aber nicht von ihm. Er war gegangen, einfach so. Mir war klar, ein Miteinanderleben war unmöglich, das hätten wir nie geschafft. Aber es kam kein Brief, keine Erklärung, kein Anruf. Nichts! Immer wieder dieses Nichts.

Lange Zeit versuchte ich, Tom vor mir selbst zu verteidigen und ihn zu verstehen. Und dann kam der Tag, an dem ich ganz frei sagen konnte: »Danke, Tom, das war das Beste, was du mir antun konntest!« Ein unendlich trauriger, aber wichtiger Satz. Meine Schwester war glücklich, als ich ihr das erzählte, und selbst Ina und Hanni waren froh. Ich nicht, ich hatte »es« wieder einmal nicht geschafft.

Nach einem Jahr Abwesenheit von Tom rief mich mein Anwalt an. Es war so weit, wir mussten die Scheidung aufleben und weiterlaufen lassen, meine Ehe musste eine »Kurzehe« bleiben. Eine Kurzehe bemisst sich nach dem Zeitraum zwischen der Eheschließung und der Zustellung und damit dem Beginn des Scheidungsantrags. In meinem Fall waren es drei Monate – nur drei Monate! Ich war immer noch nicht bereit, mich der Öffentlichkeit und den Medien zu stellen. Dieses eine Jahr bis zum Scheidungstermin war schon qualvoll genug.

Ständig wurde ich nach Tom gefragt. Ich ließ ihn hin und her fliegen, mal war er in Amerika, mal in Norwegen, mal in Japan, mal schlief er seinen Jetlag aus. Ich wollte nicht daran denken, was auf mich zukommen würde. »Haben wir doch gewusst. Warum hast du auch... Wie konntest du nur...« Bla, bla, bla. Alle hatten später vergessen, wie sehr sie Tom doch bewundert hatten. Dabei hatte er bloß das typische Indianerklischee, das auch von Hollywood immer wieder produziert wurde, bedient, und die Leute hatten ihm zu Füßen gelegen.

Der Scheidungstermin kam, es war der 17. Oktober 1995. Die Presse hatte natürlich vorher davon erfahren. Es war für mich sowieso unfassbar, dass »es« nicht schon vorher aufgedeckt worden war.

Im Gerichtsgebäude waren Fernsehkameras aufgebaut, Fotografen drängelten sich. Würde der »Indianer« kommen? Natürlich kam er nicht. Das war mir vorher schon klar gewesen, diesen Mut hätte er nicht gehabt.

Der Gegenanwalt, der Toms Interessen vertreten sollte, war geschockt, als er im Lauf der Verhandlung erfuhr, dass Tom und ich eine Kurzehe hatten und dass der Scheidungsantrag nie zurückgezogen worden war. Das hieß: Kein Unterhalt für Tom LaBlanc!

Toms Anwalt sagte nach der Verhandlung laut für alle hörbar, ob ich nicht wenigstens eine einmalige Zahlung von tausend Mark leisten wollte, weil sein Mandant sonst mit dem Bus fahren müsse, wo er doch Taxis gewohnt sei. Die Richterin gab mir den Tipp, dass ich nicht verpflichtet sei zu zahlen. Aber ich wurde mal wieder weich und zahlte.

Später erfuhr ich, dass Tom immense Summen nach amerikanischem Recht gefordert hätte. Ich war noch einmal davongekommen. Am darauf folgenden Tag lud ich meinen Scheidungsanwalt, den besten, den es gibt, zum Essen ein. Endlich mal ein fröhlicher Abend.

Nach der für Tom erfolglosen Scheidung ließ er mir eine Liste der Sachen zukommen, die ich ihm ins Reservat schicken sollte. An erster Stelle stand der Armani-Smoking! Nach und nach schickte ich ihm riesige Pakete, bis mein Anwalt mich darauf aufmerksam machte, dass ich Toms Eigentum nur bereitzustellen bräuchte, um die Abholung müsse er sich selbst kümmern. Also schleppte ich alles in den Keller, und irgendwann holten Bekannte von ihm auch den Rest ab. Ich war froh darüber. Es war vorbei. Aber das Hirn ist nun mal wie ein Computer. Alles ist immer abrufbar, nichts verschwindet. Die Presse quälte mich noch ein bisschen, aber dann hörte auch das auf. Verfolgen wird mich diese Ehe jedoch wohl immer.

AUF DEM RÜCKEN DER PFERDE ...

Kurioserweise ging meine »Indianer-Phase« ausgerechnet in ein Engagement bei den Karl-May-Spielen in der Kalkberg-Arena in Bad Segeberg über. In *Die Tochter des Büchsenmachers* spielte ich Westernlady Mona, die am Ende vom Bösewicht erschossen wird. Den Winnetou spielte Gojko Mitić, der vor allem in Ostdeutschland für seine glaubwürdige Darstellung historischer und fiktiver Indianerpersönlichkeiten berühmt geworden war. Er wurde deshalb von manchen auch der »Winnetou des Ostens« genannt. Gojko gab in Bad Segeberg vierzehn Jahre lang den Winnetou, sein Vorgänger war Pierre Brice, sein Nachfolger Erol Sander.

Vermutlich waren die Veranstalter auf die Idee gekommen, mich im Sommer 1995 als Gaststar einzuladen, weil sie die Geschichte mit Tom LaBlanc mitbekommen hatten. Ich kämpfte lange mit mir, ob ich das Rollenangebot überhaupt annehmen sollte. Ausgerechnet jetzt, kurz nach meiner Scheidung von Tom, sollte ich bei den Karl-May-Spielen mitspielen? Wie würde die Presse reagieren? Aber die Gage war enorm hoch, und da ich immer Geld brauchte, gerade jetzt, sagte ich zu.

Doch bevor es nach Bad Segeberg ging, drehte ich noch in *Der blonde Engel*, einer Folge der Serie *Großstadtrevier*. Ich sollte eine Heiratsschwindlerin spielen, die in Wirklichkeit aber gar keine war – eine entzückende Rolle. Ich freute mich wahnsinnig darauf, vor allem weil ich nach langer Zeit einmal wieder mit meinem Exmann Lothar Elias Stickelbrucks zusammenarbeiten würde. Wir haben uns nie aus den Augen verloren. Er hatte sich nach unserer Scheidung ebenfalls schnell getröstet, ich war sogar zu seiner Hochzeit eingeladen. Stickel lobte mich während des Drehs immer wieder, sagte mir, wie stolz er auf mich sei und dass sich der Regisseur Dietrich Haugk ebenfalls begeistert über mich geäußert hätte. Das tat gut. Lothar Elias Stickelbrucks war eine meiner Männerbeziehungen, die trotz allem unproblematisch verlief – was man von den meisten anderen wahrlich nicht behaupten kann.

Die gute Phase setzte sich fort: vier tolle Monate, die mich für all das, was ich in den zurückliegenden Jahren durchgemacht hatte, zumindest ein bisschen entschädigen sollten. Die Arbeit bei den Karl-May-Festspielen war jedoch nicht unanstrengend. Wir hatten zunächst die Proben und dann jede Woche sieben Vorstellungen, verteilt auf vier Tage. Montag bis Mittwoch war spielfrei, und ich konnte die kleine Wohnung genießen, die ich mir für die Zeit gemietet hatte, zusammen mit Dackel Felix. Genau genommen war es ein halbes Häuschen mit zwei Zimmern und einem großen Garten. Als Erstes fuhr ich mit Kalli, dem Besitzer des Häuschens, ins nächste Gartencenter und gab im Handumdrehen fast siebenhundert Mark für Pflanzen und Büsche aus. Kalli schüttelte immer nur den Kopf und sagte: »Ingrid, eines Tages wird dir das Geld noch fehlen.« Später, als ich vor Hartz IV stand, fiel mir dieser Satz wieder ein. Doch damals war mir mein »eigener« Garten enorm wichtig, egal, was er kostete. Ich würde als Westernlady vier Monate lang hart arbeiten, immerhin vier Monate meines Lebens. Und in diesen vier Monaten wollte ich es schön haben. Außerdem waren wir jetzt nur zu zweit – Felix und ich.

Man kann wirklich nicht sagen, dass meine Auftritte in Bad Segeberg eine besondere schauspielerische Herausforderung gewesen wären, eher eine körperliche. Aber wir hatten in den vier Monaten unglaublich viel Spaß. Die Rolle der Mona – wieder mal Mona, wie im *Bellheim* – wurde für mich ins Stück hineingeschrieben, so wie viele Stücke für die Festspiele frei nach Karl May neu oder umgeschrieben werden.

Als Mona hatte ich die »große Ehre«, zu Beginn der Vorstellung zusammen mit Winnetou auf dessen riesigem schwarzen Hengst über die Rampe in die Arena einzureiten, in die rund siebentausendfünfhundert Leute passen. Es war eine gigantische Kulisse, vor allem abends, wenn es dunkel wurde und die Kalkfelsen von Bühnenscheinwerfern und Fackeln beleuchtet wurden.

Gojko hatte schon viel Erfahrung in Bad Segeberg, und vor allem konnte er ausgezeichnet reiten, was man von mir nicht behaupten kann. Außerdem hatte er unter einer bunten Indianerdecke, für die Zuschauer sollte es authentisch aussehen, Sattel und Steigbügel. Ich aber hatte gar nichts, nur Gojkos Hemd, an dem ich mich festkrallte und das hin und her flatterte, mit mir zusammen.

Das Problem war, dass ich nie wusste, wie ich mich auf

dem Pferd halten sollte. Das Tier war extrem breit im Kreuz, so dass ich praktisch Spagat machen musste, wenn ich rittlings darauf saß. Außerdem habe ich großen Respekt vor Pferden. Ich habe nie richtig reiten gelernt und erinnerte mich nun mit Schrecken an eine Szene in einem der Sexfilmchen, in der ich ebenfalls hatte reiten müssen: Das Pferd wurde absichtlich wild gemacht, es ging durch, ich fiel kopfüber in vollem Galopp herunter und sah nur noch Hufe über meinem Kopf. Ich hatte großes Glück, außer einer schweren Gehirnerschütterung trug ich damals keine größeren Verletzungen davon.

Niemand gab mir in Bad Segeberg Reitunterricht, ich wartete vergeblich auf einen Lehrer. Also musste ich es wieder einmal allein probieren, Gojko half mir manchmal dabei. Es sieht immer so einfach aus, wenn die Indianer in Western-Filmen ohne Sattel reiten. Aber es ist alles andere als das. Ich hockte also mit meinem quasi blanken Popo hinter Gojko, der fröhlich im Sattel saß, musste zusehen, dass ich irgendwie oben blieb, und aufpassen, dass ich nicht links oder rechts vom Pferd rutschte. Die Folge war, dass ich in kürzester Zeit blauschwarze Hämatome an den Innenseiten der Schenkel bekam – klar, ich saß total falsch. Jeder Schritt und jede Bewegung schmerzten – bei zwei Vorstellungen am Tag, also zweimal rauf aufs Pferd und wieder runter. Erst später begriff ich, dass ich beim Reiten mein Gewicht nach hinten verlagern musste. Egal, ich freute mich auf jeden Tag.

Bequemer war es, wenn ich neben einer Stuntfrau auf dem Kutschbock eines Planwagens in die Arena einfuhr. Dachte ich zumindest! Doch eines Tages ging unser Pferd durch, wir fuhren gerade den Weg an den Felsen herunter in die Arena, unter uns saßen wie immer mehrere tausend Zuschauer, und das Pferd raste plötzlich los und war nicht mehr zu halten. Die Pfleger hatten die Scheuklappen vergessen, und es war offenbar vor irgendetwas erschrocken. Nicht auszudenken, was passieren würde, wenn der Wagen umkippte und mitten in die Zuschauer stürzte! So donnerten wir im rasenden Galopp runter in die Arena. Das heißt, wir versuchten es. Wahnsinn.

»Spring ab!«, brüllte mir die Stuntfrau in diesem Moment zu, während sie versuchte, das Pferd unter Kontrolle zu bringen. Ich schaute rasch rechts neben mir herunter. Wenn das so einfach gewesen wäre! Der Wagen hatte große Räder, so dass ich ungefähr anderthalb Meter tief gefallen wäre. Das Pferd war im vollen Galopp, und ich sollte da runterspringen? Ich war doch nicht blöd! Innerhalb von Sekunden entschied ich mich dagegen, blieb auf dem Kutschbock sitzen und hielt mich krampfhaft am Sitz fest.

Im nächsten Moment rutschte das Pferd aus, weil es die Kurve nicht bekam, und unser Wagen schleuderte mit voller Wucht gegen den Kalkberg. Zum Glück passierte weder uns noch dem Tier etwas, doch ich zitterte am ganzen Leib vor Schreck, das Pferd übrigens auch. Immerhin bekamen wir Applaus.

Wie so häufig machte mir auch während der Karl-May-Spiele das, was im Hintergrund der Vorstellung ablief, besonders viel Spaß. Die Stuntleute und Reiterkomparsen dachten sich jeden Tag neuen Blödsinn aus, zum Beispiel diesen: Nach einem Kampf der »Weißen« gegen die »Rothäute« lagen im Sand der Arena überall die »Leichen« herum. Ein als Indianer verkleideter jugoslawischer Stuntman musste mich gefangen nehmen und über das Schlachtfeld abführen. Irgendwas hat er wieder mal vor, dachte ich mir noch, und zack, schon flog ich über eine Leiche. Er hatte mir ein Bein gestellt, und die »Leiche« wand sich vor Kichern. Ich überschlug mich, rappelte mich auf, und zack, flog ich schon wieder über eine »Rothaut«. Die Reiterkomparsen waren begeistert, ich übrigens auch, damals war ich noch ziemlich gelenkig. Im Überschlagen war ich nicht zu toppen. Wenn mir Elsbeth in *Klimbim* als »Mutter« eine Ohrfeige geben musste, fragte ich jedes Mal: »Einmal oder zweimal überschlagen?«

Am Ende wurde Mona hinterrücks erschossen. Die Indianer mussten mich auf eine Bahre legen und mich unter dramatischer Musik den Hügel hinuntertragen und unten vorsichtig ablegen. Einer der »Indianer« machte sich mehrmals einen Jux daraus, mich in voller Montur genau in einen großen Haufen warmer Pferdeäpfel zu legen. Ich konnte mich nicht wehren, ich war ja tot. Qualvoll war nur, dass ich nicht lachen durfte, die meisten Zuschauer hatten Ferngläser dabei. Tote lachen nicht, ich fand es trotzdem richtig witzig.

Die Spielleitung hat uns nie erwischt, es waren ständig dreißig oder vierzig Darsteller in der Arena, so dass unsere Albernheiten häufig im Getümmel untergingen. Winnetou wurde trotzdem allmählich stinkig und rügte uns, weil wir durch solche Extra-Einlagen die Aufmerksamkeit der Zuschauer auf uns zogen. Er hatte zwar recht, aber es nützte trotzdem nicht viel. Sobald er in Action war, machten wir weiterhin unsere Mätzchen, nur etwas reduzierter.

Ich genoss die Zeit in Bad Segeberg sehr, zumal wir nur einen einzigen Regentag hatten. Nicht vergessen werde ich auch die stimmungsvollen Nächte mit Countrymusik, wenn wir alle, die »Weißen« und die »Indianer«, nach der Vorstellung am Lagerfeuer zusammensaßen und Bob Whitney, der musikalische Leiter der Festspiele, auf seiner Gitarre spielte und wir dazu sangen. Wer wie ich schon einmal im Auto durch Arizona gefahren ist und die Wüste und die kleinen Städtchen gesehen hat, die heute immer noch aussehen wie in der Zeit des Wilden Westens, der wird mich sowieso verstehen. Bei Countrymusik schmelze ich einfach dahin.

Auch privat fühlte ich mich damals sehr wohl: Tom war endlich aus meinem Leben verschwunden, und ich konnte nach vorne schauen. Häufig bekam ich Besuch – aus Hamburg, München und Berlin –, darunter von Dieter Wedel, selbstverständlich nur als Freund, meiner Freundin Gundula und natürlich meiner Schwester Jutta.

Dennoch ist Bad Segeberg für mich ein Ort der Trauer,

denn hier ist mein geliebter Dackel Felix beerdigt. Ein Tag nach den Spielen musste ich ihn einschläfern lassen. Felix war schon länger sehr herzkrank, er bekam Spritzen, Tabletten und Infusionen. Zum Schluss erkannte er mich nicht mehr. Er trank nicht mehr, er fraß nicht mehr, er hob nicht mal mehr den Kopf. Allein fuhr ich mit ihm zum Tierarzt nach Hamburg. Ich weinte und weinte – zwölf Jahre war er mein treuer Gefährte gewesen, ein Stück Leben zog an mir vorbei. Wir hatten so viel zusammen erlebt, und nun musste ich ihn sterben lassen.

»Nehme ich ihm nicht das Leben?«, fragte ich den Tierarzt.

»Nein, er hat kein Leben mehr.«

Es war schwer zu begreifen. Felix bekam nach der Beruhigungsspritze noch einmal einen epileptischen Anfall. Ich lief hinaus zum Arzt und schrie: »Er stirbt, er stirbt!« Paradox. Zehn Minuten später bekam er die Todesspritze. Es war entsetzlich. Jeder, der das schon einmal miterlebt hat, wird mich verstehen.

Ein Freund meiner Schwester holte mich ab, und wir fuhren schweigend nach Bad Segeberg zurück, ich mit dem toten Felix im Arm. Unser musikalischer Leiter Bob Whitney und seine Leute zimmerten einen kleinen Sarg. Ich legte Felix' Kuscheldecken und seine Lieblingstierchen hinein. Felix lag noch auf meinem Bett. Ich drückte mich an sein Körperchen, konnte mich nicht von ihm trennen, er sah noch so lebendig aus. Ich wartete bis zum Abend, starrte ihn nur an. Weinen konnte ich nicht mehr. Kallis Frau Lotti, meine Wirtin, hatte am Vortag Geburtstag gehabt und brachte mir ihre roten Rosen. Ich deckte Felix damit zu. Kalli schaufelte das Grab im Garten. Alle, die mir geholfen hatten, waren bei mir – sie ließen mich nicht allein. Sie wussten: Felix war das Wichtigste und Liebste in meinem Leben.

Ich bin Felix, Kalli und Lotti treu geblieben. Wenn ich in der Nähe bin, sause ich immer für einen Besuch nach Bad Segeberg. Bis heute. Felix werde ich nie vergessen.

Kapitel 9:
Der *Klimbim*-Fluch

Ohne Felix fühlte ich mich in München entsetzlich allein. Er fehlte mir so! Aber da bekam ich im richtigen Moment ein Angebot für eine Theaterproduktion, die mich so stark forderte, dass sie mich schließlich aus meiner Trauer riss.

Es war im Jahr 1996, ich sollte die Hauptrolle in *Pepsie* spielen, einem entzückenden Uralt-Boulevardstück, das ein Brüderpaar produzierte, das in der Branche berühmt, aber auch berüchtigt dafür war, dass es nur unregelmäßig oder manchmal auch gar keine Gagen zahlte. Regie führte Christian Wölffer, den ich bereits aus einer Produktion mit Horst Frank kannte. Ich sagte zu, die Aussicht, als Bardame Pepsie auf Tournee zu gehen, gefiel mir. Die Proben fanden in Hamburg im Winterhuder Fährhaus statt, anschließend tourten wir durch Deutschland und in die Schweiz.

Und gleich zu Beginn passierte schon die erste Katastrophe: Der zweite Hauptdarsteller wurde am Tag nach der Premiere an der Schweizer Grenze verhaftet, angeblich wegen nicht bezahlter Alimente, und tauchte nie wieder bei uns auf. Also musste ein Ersatzschauspieler angeheuert werden, was Umbesetzungsproben und zusätzliche Anspannung für das Team bedeutete. Wenige Wochen später dann der nächste, noch härtere Schlag: Einer unserer Tourneeunternehmer hatte sich vor einen Zug geworfen, ein tragischer Selbstmord. Wir waren schockiert, traurig und gleichzeitig verunsichert. Natürlich mussten wir weitermachen, es gab ja Verträge. Aber von wem sollten wir jetzt unsere Gage bekommen? Bisher hatten wir sie uns sicherheitshalber immer alle drei Tage auszahlen lassen, was einigermaßen geklappt hatte. Jetzt, da der Tourneeunternehmer tot war, funktionierte das nicht mehr. Wir spielten und spielten, aber wir bekamen keinen Pfennig.

Irgendwann wurden auch die Hotels nicht mehr bezahlt. Wir sahen uns gezwungen, zu den jeweiligen Kulturämtern zu gehen und um Geld zu betteln, doch meistens bekamen wir nichts. Einige Tage zahlte ich selbst die Schauspieler mit den kleineren Rollen aus – noch hatte ich genug auf meinem Konto und glaubte, mir das leisten zu können. Aber dann war es auch mir zu viel. Schließlich wurde die Tournee eingestellt. Wir Schauspieler waren nicht mehr bereit zu spielen. Meine Restgage, auch die von mir ausgelegten Gelder, bekam ich nie zu sehen. Aber diese kurze, dramatische Tournee brachte nicht nur finanzielle Verluste mit sich. Es kam noch dicker.

DIE ZÜRICHER VERLOBUNG

Die männliche Hauptrolle in *Pepsie* spielte Bernd Seebacher, ein, wie ich fand, sehr attraktiver Mann und ausgezeichneter Bühnenschauspieler, mit dem ich gut harmonierte. Er war sanft und lieb, wir fassten schnell Vertrauen zueinander. Ich erkannte in ihm eine verwandte Seele, die ähnliche zwischenmenschliche Enttäuschungen erlebt hatte wie ich. Und so verliebten wir uns ineinander. Freunde warnten mich zwar, Bernd sei kein einfacher Mensch, aber das schreckte mich nicht ab.

Bernd lebte in Zürich, seine drei halbwüchsigen Kinder

aus seiner früheren Beziehung kamen ihn dort regelmäßig besuchen. Vielleicht würde es jetzt doch noch ein richtiges Zuhause mit Familie für mich geben? Und wieder machte ich den gleichen fatalen Fehler wie schon so oft: Ich ließ mich mit Haut und Haaren auf diese neue Beziehung ein, gab für diesen Mann alles auf und zog zu ihm nach Zürich. Sicher war ich mir nicht, dass es mit uns gut gehen würde. Aber das war ja noch nie ein Grund für mich gewesen, einen Schritt nicht zu wagen. Er wünschte es sich, und ich wollte es ihm recht machen. So nahm das Verhängnis seinen Lauf.

Wir mieteten uns gemeinsam eine herrliche Wohnung im fünften Stock eines Hauses mit Blick auf den Zürichsee, ich zog mit Silberleuchter und Buddha ein. Wichtig war jetzt auch ein kleiner neuer Lebensbegleiter an meiner Seite. Na, was wohl? Ganz klar, ein Zwerggrauhaardackel! Lucky Luke taufte ich ihn. Dieter Wedel schenkte mir dieses kleine Kerlchen, nachdem er von Felix' Tod erfahren hatte. Bernd sträubte sich am Anfang gegen meinen neuen Gefährten, aber das war mir egal.

Bernds und meine Wohnung war wirklich ein Traum. Sie hatte offene Dachbalken, eine Galerie und einen Dachgarten, drei Straßen weiter war schon der See. Aber – schlimm, schlimm – es gab keinen Fahrstuhl! Das bedeutete, dass ich Lucky Luke immer alle fünf Etagen hinuntertragen musste, Dackel sollten wegen ihres langen Rückens und der kurzen Beinchen auf Treppen prinzipiell getragen werden. Das hieß fünf Etagen mit Taschen und einem Dackel unter dem Arm. Grauenhaft. Meine Koffer schubste ich der Einfachheit halber mit dem Fuß die Treppe hinunter. Ich musste einen total neuen Zeitplan erstellen, weil ich ewig brauchte, bis ich unten war, und dreimal so lange, bis ich oben war.

Das Zusammenleben mit Bernd war an manchen Tagen äußerst schwierig. Irgendwie schien er sich von allen Leuten angegriffen zu fühlen. Vor allem von mir. Seine manchmal heftigen Reaktionen wurden mir dabei immer rätselhafter.

Wieder einmal flüchtete ich mich nach München zu meiner Freundin Gundula. Ein befreundeter Arzt, dem ich eines Tages in meiner Ratlosigkeit davon erzählte, sah mich nur eindringlich an und riet mir klipp und klar: »Ingrid, pack deine Koffer, nimm deinen Dackel und renn, was du rennen kannst! Diese Beziehung ist Gift für dich!«

Bernd sah das anders. »Ingrid, lass uns heiraten!«, sagte er. »Wenn wir erst verheiratet sind, werden wir auch zur Ruhe kommen und ein schönes Leben miteinander haben, glaub mir.«

Nur zu gern hätte ich ihm geglaubt. Aber mein Bauchgefühl meldete sich warnend. Trotzdem fehlte mir der Mut, Bernds Antrag auf der Stelle abzulehnen. Damit hätte ich unsere Beziehung mit einem Schlag beendet, aber so weit war ich anscheinend noch nicht. Ich nahm Bernds Antrag einfach nur nicht an.

Und nicht zum ersten Mal sorgte die Presse, die Wind von unseren angeblichen Heiratsplänen bekommen hatte, für eine kuriose Dramaturgie in meinem Leben: RTL bot uns an, vor laufender Kamera den »Ernstfall« schon mal zu proben: Es sollte einen Filmbericht geben, wie Ingrid Steeger und Bernd Seebacher bei einem bekannten Münchner Juwelier ihre Eheringe aussuchen. Bernd war begeistert. Was sollte ich nun machen? Ich tat mal wieder das Beste für den Mann. Na toll, Ingrid! Und wo war deine Skepsis hin? Wo der gesunde Menschenverstand?

Auch für den Juwelier war der Filmbericht gute Werbung, und Bernd und ich durften im Gegenzug die Eheringe behalten, für die wir uns entschieden hatten.

Fast zu spät wurde ich wach! Wenige Wochen nach dem Dreh brachte ich dem Juwelier die Ringe zurück. »Ich möchte die Ringe nicht, ich werde nicht heiraten!«

Der Juwelier äußerte höfliches Bedauern und bot mir zum Tausch gegen die Ringe ein goldenes Armband mit kleinen Saphiren an. Ich nahm es, wusste ich doch, dass ich es verschenken und jemand anderem damit eine Freude machen würde. Ich habe mir nie besonders viel aus Schmuck gemacht. Die Männer, mit denen ich zusammen war, schenkten mir zwar hin und wieder durchaus Ringe und andere Schmuckstücke, doch sobald die Beziehung zu Ende war, gab ich die Sachen weiter. Außerdem fielen aus den Ringen seltsamerweise immer kurz vor der Trennung die Steine heraus, nicht alle, mal einer oder zwei. Ein Omen?

Mein Entschluss stand also fest. Ich verließ Bernd und mein inzwischen geliebtes Zürich. Mir war klar geworden, dass das mit uns keine Zukunft hatte. Innerhalb weniger Tage packte ich all meine Habseligkeiten in Kisten, ließ genau denselben Möbelwagen aus München kommen, der meine Sachen nun schon zum dritten Mal durch die Gegend fuhr – von Frankreich nach München, von München nach Zürich, von Zürich zurück nach München –, und floh, wie ich es in meinem bisherigen Leben schon so häufig getan hatte, gemeinsam mit meinem Dackel erst einmal zu Freunden und in eine ungewisse Zukunft.

KINDERZEIT IN RUMÄNIEN

Ein Jahr ließ ich mir in München Zeit zu überlegen: Bleibst du hier, oder ziehst du nach Hamburg? Schließlich fiel die Entscheidung, nach Hamburg zu wechseln, wo ich endlich einmal wieder in der Nähe meiner Schwester und meines Schwagers Peter sein würde. Meine geliebte Speditionsfirma freute sich auf mich, und ich mich auf Hamburg.

Nach einigem Suchen hatte ich in Hamburg-Marienthal eine bildschöne hundertzwanzig Quadratmeter große Wohnung mit einem großzügigen Bad und sogar zwei Terrassen gefunden – ganz für mich allein. Lucky Luke gefiel das neue Heim und die Umgebung genauso gut wie mir. Doch Zeit zum Genießen von alldem gab es selten, ich war permanent unterwegs. Die meisten Auftritte hatte ich bis 1998 auf Tournee und in Düsseldorf, wo ich im Theater an der Kö in *Warum gerade ich?* die Rolle der Geliebten von Michael Hinz spielte, der auch Regie führte. Leider ist er 2008 verstorben.

Besonders wertvoll war diese Düsseldorfer Zeit, weil ich Marlis und Wolly Prinz kennen lernte, ein Künstler- und Galeristenpaar, die noch heute zu meinen engsten Freunden gehören. Marlis und Wolly engagierten sich damals für den Düsseldorfer Verein Kinderzeit in Rumänien, der Geld und Sachspenden sammelte, um damit die Not der vielen aidskranken und verwaisten Kinder in Rumänien zu lindern. Die Vereinsmitglieder fuhren die Sachspenden anschließend direkt in LKWs nach Rumänien und verteilten sie vor Ort an Waisenhäuser und Kinderheime. Kaum hatte ich ein paar Fotos dieser armen Kinder gesehen, sagte ich sofort meine Hilfe zu. Ich sah hier die Möglichkeit, mich für etwas einzusetzen, das direkt bei den Betroffenen ankam. Endlich wurde ich wieder gebraucht.

Wie eine Verrückte sammelte ich Sachspenden – Babykleidung, Spielzeug, Kinderwagen, aber auch Rollatoren für alte Leute –, bis mein Keller in Hamburg bis oben hin voll war. Und Marlis und ich organisierten eine Benefizveranstaltung mit dem Moderator und Comedian Jörg Knör, der ohne Gage eine Kostprobe aus seinem Programm gab. Anschließend transportierten wir die Sachspenden zusammen mit Kisten voller Medikamente und medizinischen Geräten, die wir von den Spendengeldern kauften, in einem LKW-Konvoi direkt nach Rumänien. Zwei Mal – in den Jahren 1998 und 2000 – machte ich diese Fahrt mit, es war jedes Mal extrem aufregend und erschütternd, aber auch sehr spannend.

Es ging bei unseren Touren keineswegs so zu, wie man sich das vorstellt, wenn Stars sich in ein Flugzeug setzen, in ein Entwicklungsland fliegen, dort vor der versammelten Presse ein armes Kind in den Arm nehmen, anschließend in einem Luxushotel übernachten und auch sonst auf keine

Annehmlichkeit verzichten müssen. Wir dagegen fuhren im Konvoi von fünf Lastwagen tagelang auf abenteuerlichen, schlaglochgepflasterten Straßen durch die Karpaten und hielten mit Walkie-Talkies Kontakt, damit keiner verloren ging. Dass wir dort überhaupt mit den LKWs durchkamen, war ein Wunder. Wir froren in den Bergen und hatten häufig Hunger.

Ständig standen wir unter großem Zeitdruck, und ein Zwischenstopp wurde vom »General«, wie wir unseren ersten Vorsitzenden nannten, nicht gestattet. Wir ernährten uns zeitweise von mitgebrachten Schokoriegeln und Bananen. Die drei Dicken unter uns waren ganz zufrieden, ich weniger. Einmal, als Marlis' Magen doch schon sehr weit unten hing und ihre Laune dadurch nicht besser wurde, lästerte sie über unser Walkie-Talkie: »Hallo, General, ich mache Bestandsaufnahme: Wir haben fünf Schokoriegel und drei Bananen für zehn Leute. Reicht das?« Unser General hieß jedoch nicht umsonst General: Als wir kurz danach das große gelbe »M« von McDonald's in weiter Ferne aufleuchten sahen und unsere Gesichter sich bereits merklich aufhellten, ertönte seine scharfe Stimme aus dem Lautsprecher des Walkie-Talkie: »McDonald's – Marsch vorbei!« Beliebt war er nicht.

Alle hatten Schlafsäcke dabei und waren heilfroh darüber, denn die Unterkünfte, in denen wir übernachteten, waren völlig primitiv. Die Betten sahen aus, als hätten vorher schon zwanzig Leute darin geschlafen, und es war kaum möglich, sich anständig zu waschen, denn immer, wenn wir spätabends endlich in einem dieser »Hotels« ankamen, war das warme Wasser bereits abgestellt, oder es hatte nie welches gegeben.

All das machte uns wenig aus, denn wir hatten ja eine Mission und außerdem eine gute Kameradschaft untereinander. Ärgerlich war nur, dass wir einen Teil der Medikamente, der Kleidung und des Spielzeugs, die wir an Bord hatten, bereits auf dem Weg zu ihren Bestimmungsorten abgeben mussten. Jeder Polizeistreife, die uns auf der Straße anhielt, mussten wir aus unseren LKWs einen Tribut, eine Art Wegezoll, zahlen, damit wir weiterfahren durften. Damit mussten wir rechnen, Rumänien war und ist ein extrem armes Land, es hatte Jahrzehnte der Diktatur hinter sich, die Menschen wurden ausgebeutet und lebten in unvorstellbarer Armut. Ich wurde jedes Mal unglaublich wütend, wenn diese korrupten Polizisten sich aus unseren LKWs bedienten und uns die Sachen wegnahmen, die eigentlich dafür bestimmt waren, todkranken Kindern zu helfen.

Endlich erreichten wir die Stadt Bacau im Nordosten des Landes und die Aidsklinik, für die ein Teil unserer Spenden bestimmt war. Ich war so schockiert über die Zustände, dass ich danach nächtelang nicht schlafen konnte. Wir kamen ungeplant eine Stunde zu früh an und überrumpelten damit die Klinikleitung vollkommen. Sie hatten keine Zeit mehr, sich auf unser Erscheinen vorzubereiten, und so sahen wir mit eigenen Augen, wie dreckig und jämmerlich gekleidet die Kinder waren. Kaum hatten wir einen Blick erhascht, wurden wir jedoch wieder weggeschickt und aufgefordert, in einer Stunde wiederzukommen. Es überraschte uns nicht, dass danach alle Kinder gewaschen, geschniegelt und hübsch angezogen auf uns warteten. Ihr Leid war trotzdem unübersehbar. Wir hatten es mit den Ärmsten der Ärmsten zu tun.

Einige Kinder waren abgemagert bis aufs Skelett, manche hatten entsetzliche Geschwüre im Gesicht, und es roch überall nach Tod. Die Eltern oder Verwandte hatten ihre aidskranken Kinder im Krankenhaus abgegeben, um sie dort sterben zu lassen, und besuchten sie auch nie wieder. Man hielt die Kleinen praktisch in Quarantäne, sie kamen nie an die Sonne und an die frische Luft, die Krankenschwestern und Ärzte hatten Angst, dass sie sich bei ihnen anstecken könnten. Ich erinnere mich besonders an einen kleinen Jungen, ein ganz armes Würmchen, das durch seine Aids-Erkrankung blind geworden war. Der Kleine krabbelte an mir hoch wie ein

Äffchen, krallte sich an mir fest und schlug sich unentwegt mit der kleinen Faust gegen die Stirn. Er wollte mich überhaupt nicht mehr loslassen. Es war schrecklich, ich werde diese Bilder bis an mein Lebensende nicht vergessen.

Anschließend fuhren wir weiter in ein Waisenhaus. Die Zustände dort waren kaum besser als in der Klinik. Die Kinder waren zwischen sechs und fünfzehn Jahre alt, eindeutig unterernährt und krank, schliefen auf schmutzigen, dünnen Matratzen, hatten außer einer kratzigen Wolldecke keinerlei Bettzeug, und es gab nirgends Spielsachen, nicht einmal einen Ball oder eine einfache Puppe. Wir fragten, warum die Kinder kein Spielzeug hätten, denn der Verein hatte bereits einmal eine große Lieferung dort abgegeben, und erhielten als Antwort, dass das Spielzeug eingeschlossen sei, die Kinder bekämen es nur sonntags. Warum nur sonntags? Vermutlich hatten sie die Sachen schon längst weiterverkauft.

Die Leiterin des Waisenhauses wusste, dass wir kommen würden, und hatte mit den Kindern Lieder und kleine Theaterstücke eingeübt, die sie nun für uns aufführten. Das klingt rührend, aber es war eine unheimliche Veranstaltung.

Die Kleinkinder hingen schließlich an uns wie Tierchen. Sie krabbelten links und rechts und am Rücken an uns hoch und wollten einfach nur gestreichelt werden. Die Größeren standen etwas scheu um uns herum und sahen uns staunend aus großen, traurigen dunklen Augen an. Sie alle wollten uns überhaupt nicht mehr gehen lassen.

Angesichts dieser entsetzlichen Zustände fragte ich mich bald ernsthaft, wie viel unsere Hilfe aus der Ferne eigentlich bewirken konnte. Und trotzdem fuhr ich ein zweites Mal mit, um wenigstens einen kleinen Beitrag zu leisten. Und ich wäre auch noch häufiger gefahren. Aber die Schwierigkeiten vor Ort, vor allem die Korruption überall, waren für uns, eine Handvoll von Privatleuten, nicht zu überwinden. In Rumänien hätte jemand sein müssen, der das Ganze überwachte und aufpasste, dass die Spenden die Kinder auch erreichten.

Doch trotz vieler Bemühungen gelang es nicht, verlässliche Partner vor Ort zu finden, und so löste sich der Verein später leider auf.

BLONDIE GERÄT INS SCHLEUDERN

Ich war nun über fünfzig und immer noch gut im Geschäft. Wie mein Leben in Zukunft aussehen sollte, darüber machte ich mir keine Gedanken. Und ich meinte, finanziell abgesichert zu sein. Immerhin hatte ich noch die große Lebensversicherung. Was jedoch sein würde, wenn ich älter wurde und die Engagements weniger wurden, wollte ich lieber nicht wissen. Bisher war ja immer alles gut gegangen.

Besonders lustig habe ich die Produktion des Fernsehfilms *Die Blaue Kanone* mit Fritz Wepper, Otti Fischer und Wolfgang Fierek am Wörthersee im Jahr 1998 in Erinnerung. Regie führte Otto Retzer, die Komödie kam 1999 ins Fernsehen. Ich spielte darin die Staatsanwältin Brösing, Otti war einer der beiden Polizisten, die um sich herum nur Chaos verbreiteten.

Wir alle hatten eine Menge Spaß. Doch eines Tages wurde aus dem Spaß Ernst, als die *Bild*-Zeitung die Schlagzeile brachte: »Otti fiel auf die Steeger – Schleudertrauma!« Die Geschichte stimmt im Prinzip, aber eben nur im Prinzip. Niemand würde es zulassen, dass ein Hundertsechzig-Kilo-Mann auf eine Achtundvierzig-Kilo-Frau fällt. Die Folgen möchte ich mir auch nicht ausmalen. Otti sollte im Film zwar wirklich auf mich fallen, aber das ging natürlich nicht, deshalb mussten wir tricksen. Zuerst musste ich mich gerade wie ein Brett kopfüber und mit dem Kinn voraus auf eine Matratze fallen lassen. Anschließend gab es einen Schnitt, und die nächste Einstellung zeigte, wie Otti auf mich fiel.

Mein Fall wurde ungefähr zehnmal gedreht, weil der Regisseur nie wirklich zufrieden war. Jedes Mal traf ich mit dem Kinn zuerst auf der Matratze auf, und jedes Mal riss es mir dabei den Kopf in den Nacken. Nach dem fünften Versuch begann mein Nacken heftig zu schmerzen, aber ich biss die Zähne zusammen, bis die Szene endlich im Kasten war.

Nun war Otti dran. Für die nächste Einstellung musste er über meinem Körper knien und sich langsam nach unten absenken... und kurz bevor er mich erreichte, gab es den Schnitt. Vier Teammitglieder standen bereit, um ihn notfalls sofort hochzuziehen, falls er Gefahr laufen sollte, mich mit seinem mächtigen Körper zu erdrücken. Jedes Mal, wenn er nur noch wenige Zentimeter von mir entfernt war, schrie ich: »Nicht weiter, nicht weiter!« Und er wurde nach oben gehievt, zu einem neuen Start.

Alles ging gut. Fast alles. Die Schmerzen im Nacken wurden bis zum Abend so stark, dass ich ins Krankenhaus musste. Befund: Schleudertrauma! Die Ärzte verordneten mir eine Halskrause, aber ich bekam natürlich nicht drehfrei – bei jeder meiner Szenen wurde mir die Halskrause abgenommen und danach wieder übergestülpt. Das war nicht so lustig.

In den Jahren 1999 und 2000 spielte ich außerdem gemeinsam mit Horst »Horstl« Janson und meiner Freundin Carla Steinwender in der Dreieckskomödie *Anfängerglück* die frisch geschiedene Sally, die sich allmählich an ihre neu gewonnene Freiheit gewöhnt, während ihr geschiedener Mann mit allen Mitteln versucht, Sally zurückzugewinnen. Es war das dritte Mal, dass ich mit dem Regisseur Udo Schürmer zusammenarbeitete, und unsere Zusammenarbeit setzte sich in den darauf folgenden Jahren mit *Champagnerkomödie* und *Funny Money* erfolgreich fort.

Wir spielten *Anfängerglück* fest in Köln und auf Tournee, es war eine wunderschöne Zeit. Wir Ensemblemitglieder verstanden uns super. Normalerweise geht man nach der Vorstellung mit den Kollegen höchstens noch kurz ein Weinchen trinken und danach nach Hause beziehungsweise jeder in seine Theaterwohnung. Aber mit Horstl, Carla, »Papa« und seinen beiden Hunden, Dackel Janosch und Irish Setter Striese – ich war gerade dackellos – hockte ich unentwegt zusammen. »Papa« nannten wir übrigens unseren Tourneeunternehmer Michael Oenicke, der auch selbst mitspielte und von morgens bis abends mit den Worten »Kommt zu Papa!« nach seinen Hunden rief. So wurde er auch unser Papa.

Ich hatte während der Zeit eine entzückende Theaterwohnung mit einer kleinen, aber feinen Küche. Carla und ich wollten »unsere« Männer so richtig verwöhnen, das heißt, wir bekochten sie. Wer Horst Janson kennt, weiß, dass er ein absoluter Feinschmecker und Genießer ist. Also sausten Carla und ich durch die exklusivsten Lebensmittelläden, kauften die ausgefallensten Gewürze, mal Fisch, mal Fleisch, Wein, alles, was wir brauchten, um die ewig hungrigen Mäuler unserer anspruchsvollen Männer zu stopfen. Mal kochte ich thailändisch, mal machte Carla Hühnchen in Oliven. Ich kaufte Essteller, neues Besteck, edle Weingläser und haufenweise Kerzen. Meine Wohnung war ein einziges Kerzenmeer. Es waren herrlich gemütliche Abende und Nächte. Carla und ich machten nur Blödsinn, wir schwärmten von Irland, suchten in der Stadt nach Irish Pubs und nahmen uns fest vor, nach der Zeit in Köln in einem Wohnmobil durch Irland zu fahren, ein alter Traum von mir. Er erfüllte sich leider nicht. *Anyway* – wir sangen irische Lieder und schunkelten zu Karnevalshits. Dreimal in der Woche gingen wir ins Fitnessstudio, wir teilten uns die Kosten für einen eigenen Personal Trainer und waren einfach gut drauf. Es war eine herrliche, verrückte, unbeschwerte Zeit. Carla und ich gehören heute noch zusammen.

Zurück in Hamburg, freute ich mich auf meine Clique, die aus Werbetextern, Unternehmern, Rentnern und Ärzten bestand – total durcheinander. Sie gefiel mir.

Eigentlich war ich ganz zufrieden mit mir und meinem Leben. Ich hatte eine super Wohnung, meine Schwester in der Nähe, nicht zu vergessen Lucky Luke, und ich hatte meine Sorgenkinder: zunächst noch den Verein Kinderzeit in Rumänien, dann auch ein Hospiz in Hamburg, die Drogenstation Subway, deren Ehrenmitglied ich war, und ich arbeitete ehrenamtlich mit Achim Lottermoser für die Umwelt- und Tierhilfe Terra Mater. Nebenher spielte ich in der Fernsehserie *Freunde fürs Leben* die Ehefrau von Gert Haucke und ging zwischendurch wieder auf Tournee. Alles lief gut, auch ohne Mann.

Schließlich, im fünften Jahr in Hamburg, lernte ich in unserer Clique beim Essen einen interessanten Herrn kennen. Ein Allgemeinmediziner. Er war älter als ich und solo. Ich war ganz durcheinander: ein Arzt, endlich ein seriöser, solider Mann, und vor allem nicht aus der Branche! Wir flirteten sofort, trafen uns immer öfter, verliebten uns natürlich, und schon nach kurzer Zeit sagte *mein* Arzt: »Ingrid, zieh zu mir, mach mir mein Zuhause schön!« Das saß. »Zuhause«. Das war das Zauberwort. Dass er nur von *seinem* Zuhause gesprochen hatte, war mir nicht aufgefallen.

Wie so häufig, waren meine Gefühle auch dieses Mal meinem Kopf voraus. Ich kündigte meine Traumwohnung, und meine arme Schwester war wieder einmal entsetzt. Meine Freunde waren sprachlos, ich weniger. Ich plante und plante, stellte in Gedanken schon meine Möbel in sein Haus und verteilte meine Bilder. Ich wusste genau, wo der Buddha stehen sollte, und für den Silberleuchter hatte ich auch schon einen Platz. Ein erwachsener Sohn wohnte ebenfalls in dem Haus. Das stört nicht, dachte ich, er hat ja sein eigenes Bad und ganz oben ein riesiges Zimmer. Und hurra, ein Garten war auch dabei.

Eines Tages sagte »mein Arzt« einen seltsamen Satz zu mir: »Setz mich nicht auf einen Thron, ich kann nur tief fallen.« Eine Vorwarnung?

Nach den ersten Sonnenwochen und mit meinem endgültigen Einzug in sein Haus fing er an, immer mehr an mir herumzunörgeln. Meine Haare, die er am Anfang so mochte, waren plötzlich zu lang – ich hatte damals einen kleinen Pferdeschwanz –, meine Art, mich zu kleiden, gefiel ihm auf einmal nicht mehr, und, und. Ich ließ mir die Haare abschneiden und kaufte neue Kleidchen, kurzum, ich versuchte, ihm zu gefallen. Er wurde immer dominanter, ich immer unzufriedener. Heimlich fragte ich meine Vermieterin, ob meine Wohnung noch frei sei, aber sie war bereits weitervermietet. Schicksal, dachte ich.

Gleichzeitig fingen die Theaterproben zu *Funny Money* mit Horst Janson und meinem geliebten »Papa« Michael Oenicke in München an. Ich pendelte wochenlang zwischen beiden Städten. Während der Tournee hatte ich zwischendurch längere Pausen, in denen ich »zu Hause« in Hamburg war, oder »mein Arzt« und ich fuhren nach St. Peter Ording zum Strandsegeln. Als ich meine Möbel endlich aufstellen wollte, hieß es plötzlich, es gebe dafür keinen Platz in »seinem« Haus und meine Bilder würden sowieso nicht aufgehängt! Fast alles, auch meine geliebten Bücher, landete in der riesigen Garage.

Ich kochte für uns, kaufte ein, alles war falsch. Ich versuchte zu funktionieren, traute mich kaum noch zu reden, und wenn wir mit seinen Freunden zusammen waren, schwieg ich meistens. War doch sowieso alles blöd, was ich von mir gab. Nicht schon wieder, dachte ich mir, und eines Tages sagte ich ihm: »Ich bin in deiner Gegenwart nicht mehr ich, wir müssen miteinander reden.«

Er sah mich lange an und erklärte schließlich: »Zieh aus oder halt die Schnauze.«

Ich entschied mich für das Erstere. Er entschuldigte sich zwar später bei mir, aber da war es zu spät. Diesmal war meine Überlegungs- und Hoffnungsphase sehr kurz. Sollte Klein Steeger womöglich etwas gelernt haben? Offensichtlich hatte ich schon wieder nur als »attraktives Begleitmaterial« dienen sollen! Enttäuscht und traurig war ich trotzdem.

Ich war müde. Wieder kein Zuhause. Wieder eine Beziehung kaputt. Und was noch dazukam: Mein Dackelchen Lucky Luke wurde auf dem Land bei meiner Schwester überfahren! Nun auch noch Lucky Luke. Es war einfach zu viel. Nur weg von Hamburg. Ich wollte kein Hundchen mehr und auch keinen Mann.

Also floh ich wieder einmal nach München, »meine« Speditionsfirma liebte mich immer mehr. Eigentlich hätte ich mir eine Wohnung suchen müssen, aber ich fühlte mich total spannungs- und lustlos, ohne jede Energie, und kroch lieber bei Freunden unter, mal hier, mal da.

Das Scheitern dieser unglückseligen Beziehung und die überstürzte Flucht nach München waren, so glaube ich heute, der Auslöser für ein erstes Tief, in das ich im Jahr 2001 geriet. Wie sang Hildegard Knef? Von nun an ging's bergab. Mein Leben war völlig durcheinandergeraten, es hatte keinen Mittelpunkt mehr, weder im Alltag noch seelisch. Es ging mir nicht richtig schlecht, aber es ging mir auch nicht wirklich gut. Ich zeigte es niemandem, sondern zog mich lediglich ein bisschen zurück.

Und dann bahnte sich auch schon das nächste Drama an: Seit Monaten hatte ich kein Vertrauen mehr zu meiner Steuerberaterin in Hamburg und suchte mir einen neuen – diesmal einen in München. Von der Steuerberaterin verlangte ich meine Unterlagen der letzten vier Jahre zurück, aber sie weigerte sich. Ich weiß bis heute nicht, warum. Mein neuer Steuerberater versuchte, sich mit ihr auseinanderzusetzen, und eines Tages bekam ich einen Brief von ihr: All meine Unterlagen seien ihr auf dem Weg zur Post aus dem Auto gestohlen worden! Eine Polizeiaktennummer fügte sie bei sowie die Anschrift ihrer Versicherung. Beides sollte mir später überhaupt nichts nützen. Doch noch nahm ich es leicht. Was soll's?, dachte ich mir. Meine Steuern sind bezahlt, dann habe ich eben keine Belege.

Viel später, bei einer Steuerprüfung, hörte sich das alles ganz anders an: Ich stand unter »Beweiszwang«, aber ich hatte nun mal keine Unterlagen. Und die Versicherung der Steuerberaterin ermittelte selbst gegen sie. Das Finanzamt schätzte mich gnadenlos für vier Jahre ein – nach einem Jahr, in dem ich gut verdient hatte. Den befreundeten Fotografen, der mir diese Steuerberaterin empfohlen hatte, erwischte es ebenso, außerdem mehrere ihrer anderen Klienten. Das half mir aber nun gar nicht. Zwei kleine Lebensversicherungen hatte ich ja während der Zeit mit Tom LaBlanc bereits aufgelöst. Und nun die dritte, die große? Meine letzte Sicherheit? Wie sollte es weitergehen?!! Langsam bekam ich doch Angst vor der Zukunft, versuchte es aber fleißig zu ignorieren.

Ein erster echter Warnschuss fiel Anfang September 2001. Ich wohnte zu der Zeit zur Untermiete in einem Zimmer in der Wohnung einer befreundeten Schauspielerin in München-Bogenhausen, im achten Stock eines Hochhauses in der Elektrastraße, und hatte mit den Proben für *Champagnerkomödie* mit Peter Schiff begonnen. Gerade jetzt, nach der Katastrophe mit den Steuerunterlagen, war ich sehr froh über dieses Engagement.

Ich hatte einen freien Abend und fand alles blöd und trist. Keine eigene Wohnung, kein Hundchen! Ich fühlte mich innerlich leer. Ich musste neue Texte lernen, es fehlte mir aber an der nötigen Energie. Ich war nur noch müde, konnte aber trotzdem nicht schlafen. Also legte ich mich aufs Bett und telefonierte lange mit Freunden – mit Knippi in München und meinem guten Freund Achim Lottermoser in Hamburg. Achim war ein hervorragender Journalist, wir kannten uns nun schon seit dreißig Jahren. Gemeinsam hatten wir ein Konzept für eine Lesung von Liebesbriefen und -gedichten erarbeitet. Jetzt hatten wir beide Angst, dass die große Entfernung zwischen Hamburg und München unsere Auftritte zunichtemachen würde, und ich liebte diese Lesungen doch so sehr! Das Programm trug den Titel *Hast du die Lippen mir wund geküsst – Liebesbriefe und Gedichte von Goethe bis Marilyn Monroe*. Lottermoser hatte mir damals beigebracht, wie man klassische Gedichte richtig liest und rezitiert. Und er führte mich neu an die Texte der deutschen Klassiker wie Goethe, Tucholsky, Brecht und Härtling heran. Dafür und für vieles mehr bin ich ihm bis heute dankbar.

Bei Achim heulte ich mich nun an besagtem Abend so richtig aus, wie man das manchmal so macht und braucht. »Achim, ich habe keine Lust mehr, es kotzt mich alles an, ich mag nicht mehr!« – so ungefähr. Als guter Freund versuchte Achim natürlich, mich aufzubauen und mir Mut zu machen, aber es nützte wenig. An dem Abend war ich wirklich schlecht drauf.

Als Achim eingehängt hatte, legte ich mich angezogen mit meinem Textbuch aufs Bett und trank noch drei Gläser Prosecco, die mich endlich schläfrig machten. Ein entsetzlicher Lärm riss mich später aus dem Schaf. Das Textbuch lag noch auf meinem Bauch. Verwirrt schaute ich auf die Uhr, es war kurz vor Mitternacht.

»Aufmachen, Polizei!«, hörte ich, und jemand hämmerte wie verrückt gegen die Wohnungstür.

Ich erstarrte. Was war da los? Die Polizei? Und warum? Ganz vorsichtig öffnete ich die Tür, da wurde ich auch schon brutal beiseitegeschoben. Im nächsten Moment stürmten sechs oder acht Männer und eine Frau die Wohnung – ein Notarzt und mehrere grün gekleidete bayerische Polizisten. Sie verteilten sich in der Wohnung, gingen in alle Zimmer und nahmen sogar das Faxgerät unter die Lupe.

»Frau Steeger?«, fragte mich einer der Polizisten, offensichtlich der Einsatzleiter. Ich konnte nur nicken. »Wir haben einen telefonischen Hinweis bekommen, dass Sie suizidgefährdet sind. Bekannte von Ihnen haben den Notarzt alarmiert. Sie müssen mitkommen, wir bringen Sie ins Krankenhaus.«

Ich verstand überhaupt nichts. »Warum sollte ich suizidgefährdet sein? Ich habe doch auf dem Bett gelegen und bis gerade eben geschlafen!«

»Wir haben andere Informationen«, entgegnete der Einsatzleiter. »Machen Sie uns keine Schwierigkeiten, und kommen Sie mit. Meine Kollegin hilft Ihnen, ein paar Sachen zusammenzupacken.«

Er nahm mich am Arm und wollte mich in Richtung Badezimmer führen.

In dem Moment, als ich seine Hand auf meinem Arm spürte, war meine Benommenheit auf einmal wie weggeblasen. Ich bekam stattdessen eine unbändige Wut. Wie konnte dieser Mann es wagen? Ich hatte schließlich nichts getan, und er behandelte mich wie eine Verbrecherin!

»Nein, ich komme nicht mit! Ganz bestimmt nicht!«, schrie ich und schüttelte seine Hand ab. »Es gibt nicht den geringsten Grund. Und Sie dürfen mich nicht gegen meinen Willen mitnehmen!«

»Frau Steeger, tun Sie uns den Gefallen und seien Sie vernünftig!«, schaltete sich jetzt der Notarzt ein, der bisher nur kopfschüttelnd danebengestanden hatte. Es war offensichtlich, dass er mit dem Vorgehen der Polizei ganz und gar nicht einverstanden war. »Sie müssen zur Beobachtung über Nacht ins Krankenhaus, morgen wird Sie ein Arzt untersuchen und entscheiden, was weiter zu tun ist.«

»Wo wollen Sie mich denn hinbringen?«, fragte ich aufgebracht.

»In die psychiatrische Klinik nach Haar.«

Als ich das hörte, war es bei mir total aus. Ich sollte in die Klapsmühle!

Ich riss mich los und rannte zum Telefon. Ich musste unbedingt Knippi anrufen, er würde mir bestimmt helfen!

Da ich so in Panik war, fand ich Knippis Nummer nicht sofort, und die Polizisten wurden schon ungeduldig. Endlich, da war sie! Zum Glück war Knippi gleich dran.

»Knippi!«, brüllte ich in den Hörer. »Die Polizei ist hier, sie bringen mich nach Haar! Hol mich da raus!«

Weiter kam ich nicht. Ich sah nur noch eine Hand, die in einem schwarzen Lederhandschuh steckte. Diese schreckliche schwarze Hand schlug mir den Hörer weg. Knippi hörte vorher noch, wie jemand sagte: »Jetzt reicht's, wir nehmen ihr den Hörer mit Gewalt weg!«

Zwei Polizisten packten mich links und rechts an den Armen, ich schlug wie verrückt um mich und schrie und schrie. Es war und blieb ein schlechter Horrorfilm. Sie zerrten mich den ganzen Hausflur entlang zum Aufzug. Ich hatte verloren, sie waren sowieso in der Übermacht und stärker als ich.

Schließlich verfrachteten sie mich in den Rettungswagen und brachten mich nach Haar. Inzwischen war es spät in der Nacht, ich war hundemüde und vollkommen am Ende.

Die Leute im Krankenhaus begegneten mir freundlich. An dem Abend machten sie überhaupt nichts mehr mit mir, ich kann mich nicht einmal erinnern, dass mir jemand Blut abgenommen hätte.

»Frau Steeger, am besten, Sie legen sich jetzt ins Bett und schlafen sich aus«, sagte eine nette junge Ärztin, die an dem Abend Nachtdienst hatte. »Morgen früh wird der Chefarzt mit Ihnen sprechen, und danach werden Sie wahrscheinlich wieder nach Hause dürfen.«

Ich musste alles abgeben, was aus Glas oder Metall oder irgendwie geeignet war, mich oder andere zu verletzen, ich galt ja als suizidgefährdet. Ich bekam ein Einzelzimmer, musste aber auf dem Weg dorthin durch einen Raum, in dem mehrere andere Patienten lagen, die mich sehr seltsam ansahen. Die Türen, die in diesen Raum und auch wieder hinausführten, waren abgeschlossen. Es war, als wäre ich zum zweiten Mal in dieser Nacht mitten in einem Albtraum gelandet.

Mein Zimmer war durch eine große Glasscheibe vom Schwesternzimmer getrennt. Die ganze Nacht brannte ein Licht, ich stand unter Beobachtung. Offenbar befand ich mich in der geschlossenen Abteilung, aber mir war inzwischen alles egal, ich wollte nur noch ins Bett und schlafen. Ich hatte aufgehört zu denken.

Am nächsten Morgen kam der Arzt, und wir unterhielten

uns. »Ja, es stimmt, ich war nicht gut drauf«, bestätigte ich ihm, »aber ich schwöre Ihnen, dass ich mich nicht umbringen wollte. Wenn Sie mich allerdings weiterhin hier festhalten und ich so kurz vor der Premiere nicht dafür proben kann, dann bin ich wirklich suizidgefährdet.«

Inzwischen war zu meiner großen Erleichterung auch Knippi angekommen, um mich abzuholen, und sprach ruhig und vernünftig mit dem Arzt, um ihm meine Situation zu erklären. »Frau Steeger, Sie können gehen«, sagte der Arzt im Anschluss. Und damit war, so glaubte ich jedenfalls, dieser Horror zu Ende. Es gab keine ärztliche Untersuchung, keinen Test – ein Riesenaufstand wegen nichts. Ich konnte es nicht fassen. Wie hatte das passieren können?

»Knippi, was tun wir jetzt?«, fragte ich meinen Retter in allen Lebenslagen.

»Ingrid, vergiss diese Nacht und sprich mit keinem Menschen darüber. Das darf nie rauskommen, sonst ist die Hölle los!«

Knippi hatte vollkommen recht: Wenn die Presse davon Wind bekam, war das eine Katastrophe. Ich sah schon die Schlagzeilen vor mir: »Ingrid Steeger wollte sich umbringen!« Panik kroch wieder in mir hoch. Nicht auch das noch!

»Natürlich werde ich niemandem etwas davon sagen, ich bin doch nicht verrückt«, erwiderte ich. »Es weiß doch keiner was davon!«

Zurück in der Wohnung, drehte ich zweimal den Schlüssel um und atmete auf. Vorbei! Aber da hatte ich mich getäuscht.

Zehn Minuten später klopfte es lautstark an der Tür: »*Bild*-Zeitung! Wir wollen mit Ihnen sprechen. Stimmt es, Sie sind suizidgefährdet?«

»Lassen Sie mich in Ruhe, gehen Sie weg!«, rief ich durch die Tür.

Nach einer Weile hörte der Journalist auf zu klopfen. Ich war allein, und mir graute vor dem nächsten Tag.

Die fetten Schlagzeilen an den Zeitungsständern sprangen mir wie befürchtet ins Gesicht: »Ingrid Steeger – Selbstmordversuch!«

Die Selbstmord-Geschichte tauchte nun in den verschiedensten Varianten auf. Mal stand ich angeblich auf dem Balkon, mal kroch ich zitternd auf dem Dach des Hochhauses herum – wo sich ein im Sommer gut besuchter Pool befand. Auch um Mitternacht. Von Logik keine Spur! Die Reporter flogen sogar mit dem Hubschrauber über das Haus und sagten: »Von diesem Dach wollte Ingrid Steeger sich in den Tod stürzen!« Dabei hätte ich mit meinem extrem schlechten Orientierungssinn mitten in der Nacht niemals allein auf dieses Dach gefunden.

Verzweifelt rief ich die Pressestelle der Polizei an: »Ich leite jetzt alle Journalisten an Sie weiter. Bitte bestätigen Sie, dass ich nicht auf dem Dach stand!« Es half nichts. Die Medien schrieben trotzdem lieber das, was sich besser verkaufte: eine reißerische Story. Es war völlig verrückt, und ich gab es schließlich auf, mich dagegen zu wehren.

Ich war zu diesem Zeitpunkt sicherlich am Anfang einer Depression, aber ich war definitiv nicht suizidgefährdet. Natürlich habe auch ich im Lauf meines Lebens ab und zu daran gedacht, dass ich die Möglichkeit hätte zu gehen, wenn ich nicht mehr weiterkann. Und wenn es mir wirklich so schlecht gegangen wäre? Hermann Hesse hat geschrieben: »Was den freiwilligen Tod betrifft – ich sehe in ihm weder eine Sünde noch eine Feigheit. Aber ich halte den Gedanken, dass dieser Ausweg uns offensteht, für eine gute Hilfe im Bestehen des Lebens und all seiner Bedrängnisse.« Dieser Satz sagt alles, finde ich.

Zum Freitod gehört jedoch Mut. Ich weiß nicht, ob ich ihn hätte. Als Kind sah ich einmal, wie sich eine Frau von der Siegessäule in Berlin stürzte. Das Bild des Körpers, der durch die Luft flog und wie ein großer Stein unten aufknallte, war schrecklich, es geht mir bis heute nicht aus dem Kopf. Ich wollte jedenfalls leben und Theater spielen. *Champagnerkomödie* sollte in Kürze Premiere haben.

Zwei Tage nach dem angeblichen Suizidversuch probte ich wieder in Grünwald in einem Ballettsaal, den wir zur Probenbühne umfunktioniert hatten. Es war kafkaesk: Draußen standen die Journalisten mit Fernsehkameras und lauerten darauf, dass ich herauskam, drinnen versuchten wir, uns auf das Stück und auf unsere Texte zu konzentrieren. Seitens meiner Kollegen erlebte ich in diesen Tagen eine Wärme und Solidarität, die mir unwahrscheinlich guttat. Es war, als würde sich eine Elefantenherde schützend um mich scharen und mir helfen, wieder auf die Füße zu kommen.

Damit ich nicht jeden Morgen beim Verlassen des Hauses in der Elektrastraße durch ein Spalier von Journalisten musste, hatte »Papa«, der Tourneeunternehmer, für mich in Grünwald ein kleines Apartment angemietet, von dem die Presse nichts wusste. Die Kollegen kauften für mich Lebensmittel und alles ein, was ich brauchte, damit ich das Haus nicht verlassen musste. Jeden Morgen holte mich »Papa« ab, schmuggelte mich auf der Rückbank seines Autos aus der Tiefgarage des Apartmenthauses und brachte mich zum Probenraum. Abends lief das ganze Spiel rückwärts ab, bis sich das Interesse der Medien nach etlichen Tagen allmählich legte, so dass wir endlich in Ruhe proben konnten.

Champagnerkomödie wurde ein großer Erfolg, wir tourten 2001 und 2002 quer durch Deutschland und spielten in ausverkauften Häusern. Auf der Tournee bekamen alle Besuch, nur ich war allein. Das musste sich unbedingt ändern. Und schwupps kam Adelaide, diesmal ein Rauhaardackelmädchen. Adelaide nannte ich nach der Universitätsstadt in Südaustralien. In dem Stück *Funny Money* hatte ich in meiner Rolle in einer typischen Verwechslungsszene Namen erfinden müssen, unter anderem Adelaide. Die Leute sahen mich zwar manchmal verständnislos an, wenn ich meinen Dackel rief, aber ich fand den Namen super. Ich war zufrieden und glücklich.

Es ging also wieder aufwärts, so schien es mir jedenfalls. Und was mich am meisten motivierte, war die Aussicht darauf, im nächsten Jahr meine »Familie« aus *Klimbim* vollständig wiederzusehen: Genau dreißig Jahre nach meinem ersten Auftritt in der Serie, die damals mein Leben vollständig veränderte, würde ich ab 2004 auf Tournee durch Deutschland gehen, mit dem Theaterstück *Die Klimbimfamilie lebt*.

DIE *KLIMBIM*-FAMILIE STIRBT

Im Jahr 2003 bekam *Klimbim* den Comedy-Sonderpreis verliehen. Wir waren überrascht, begeistert und zufrieden. Es gab uns noch, man hatte uns nicht vergessen, wir waren Kult geworden!

Zur Verleihung traf sich die ganze *Klimbim*-Familie, seit langer Zeit waren wir wieder einmal vereint. Nach der Feier zog uns Horst Jüssen beiseite: »Kinder, ich habe schon seit Längerem eine Idee. Das Publikum ruft nach uns, und ich bin dem Ruf gefolgt. Ich bin dabei, die *Klimbim*-Familie wieder aufleben zu lassen!«

Was, wo, wie? Horstl lüftete das Geheimnis: Er wollte die Originalbesetzung erstmals auf die Theaterbühne bringen. Ein Buch mit neuen aktuellen Texten sei schon fast fertig, erklärte er.

Das war's, warum nicht?! Wir fielen uns in die Arme. Elisabeth Volkmann, Wichart von Roëll, Peer Augustinski, Horst Jüssen und ich waren zwar älter geworden, aber die Serie war nach wie vor, wie der Comedy-Preis bewiesen hatte, Kult in Deutschland. Das Konzept würde aufgehen, da waren wir uns alle sicher. Ich, die Gaby, würde wieder in meinen Strampelanzug steigen, Elsbeth ihre Strapse vorholen, Wichi würde sich als Opa nicht mehr eine Glatze kleben lassen, sondern seinen Schädel kahl rasieren, Peer würde in verschiedene Rollen schlüpfen, und Horstl würde als Stiefvater und Ehemann den arbeitslosen, faulen Sprüchemacher spielen.

Endlich hatte ich wieder ein wunderbares, erfüllendes Ziel. Doch die erste überschäumende Freude schlug von einem Tag zum anderen ins Gegenteil um. Ich schob die von mir mit so großer Begeisterung aufgenommene Zukunft beiseite und muffelte still vor mich hin. Schon das Aufstehen am Morgen fiel mir jetzt schwer. Was war nur los mit mir?

Wie immer, wenn ich selbst nicht weiterweiß, rief ich Jutta an, meine wichtigste Ratgeberin in allen Lebenslagen, und schilderte ihr meinen trostlosen Zustand.

Sie hörte sich meine Geschichte schweigend an und sagte schließlich klar und entschieden: »Ingrid, so geht das nicht weiter. Du musst irgendwohin, wo du dich erholen und Kraft schöpfen kannst, sonst stehst du das nicht durch. Die letzten Jahre waren einfach zu viel für dich. Ich habe von der Privatklinik in Brandenburg gehört, die auf solche Fälle spezialisiert ist. Am besten quartierst du dich dort für ein paar Wochen ein und lässt dich aufpäppeln. Und du musst anfangen, dein Leben aufzuarbeiten. Sie haben dort gute Psychiater. Die Proben fangen ja erst nächstes Jahr an, bis dahin bist du wieder okay!«

Jutta hatte recht. So konnte es nicht weitergehen. Eine Kur, wie Jutta sie vorschlug, war sicherlich das Richtige für mich. Jutta meldete mich umgehend in der Klinik an, selbst hätte ich das nicht gekonnt. Ich war unfähig, Entscheidungen zu treffen, und gab mir unentwegt selbst die Schuld an meinem Zustand. Weil ich ständig müde und gar nicht fähig war, überhaupt in einen Zug zu steigen, rief Jutta meine Freunde Wilma und Jürgen in Hannover an. Jürgen setzte sich sofort ins Auto, holte mich in München ab und fuhr mich in die Klinik. Adelaide brachte er zu meiner Schwester. Jürgen liebte Adelaide über alles, er ist überhaupt ein Hundefreak. Über den Beginn unserer gigantischen Freundschaft berichte ich später.

Als sechs Wochen vorbei waren, fühlte ich mich erholt und wollte nach Hause. Zunächst besuchte ich jedoch Jutta und ihren Mann Peter, bei denen schließlich auch Adelaide auf mich wartete. Ich wollte allen zeigen, wie gut es mir wieder ging. Da bekam ich plötzlich höllische Kopfschmerzen – genauer gesagt, ich bekam solche Schmerzen, dass ich dachte, ich müsste mir die Stirn herausreißen. Genau am Haaransatz hatte ich auf einmal einen streifenförmigen Hautausschlag mit kleinen Bläschen. Es war Wochenende, typisch. Schon wieder packte mich meine Schwester ins Auto, und wir fuhren nach Schwerin zur Notaufnahme in eine Klinik. Keiner war dort für meine »Stirn« zuständig. Ich musste bis Montag warten, die Schmerzen wurden in der Zeit unerträglich. Endlich fanden wir einen kompetenten Arzt. Seine Diagnose: Herpes Zoster, eine Variante der Gürtelrose, die zu einem Ausschlag im Gesicht führt. Die Augen waren zum Glück noch nicht infiziert. Ich hatte seelischen Stress und ein geschwächtes Immunsystem, das waren nun die Auswirkungen. Aber auch das war bald vorbei, und Adelaide und ich fuhren zurück nach München.

Wenige Wochen nach dem Klinikaufenthalt gab ich der *Bild*-Zeitung doch noch ein Interview, bevor sie sich noch irgendwelche Fantasiegeschichten einfallen ließen. Unter anderem erwähnte ich, dass der Aufenthalt sogar ganz vergnüglich gewesen sei, mit einem Mitpatienten, einem Diplomaten, hatte ich abends immer Billard gespielt. Daraus machten sie die Headline: »Ingrid Steeger – neues Glück in der Psychoklinik! So besiegt sie die Depressionen«. Für mich war es kein neues Glück, aber mit einigen Mitpatienten bin ich bis heute befreundet.

Ich kümmerte mich nicht weiter darum, was die Presse schrieb, mir ging es von Tag zu Tag besser. Das war das Wichtigste!

Der Aufenthalt in der Privatklinik war jedoch teuer gewesen, und die Krankenversicherung übernahm nur einen kleinen Teil, zehntausend Mark musste ich selbst zahlen. Mein Kontostand war inzwischen erschreckend niedrig, doch noch traute ich mir zu, die Löcher in meinem Finanzpolster nach und nach wieder zu stopfen. Immerhin lagen mehrere Gastspielmonate mit dem *Klimbim*-Theaterstück vor mir, und danach würde es für lange Zeit auf Tournee gehen.

Horst Jüssen hatte tatsächlich den richtigen Riecher: Das Publikum bei der Münchner Premiere im Juni 2004 in der damaligen Komödie am Max II war begeistert, die Presse jubelte. Nach gut dreißig Jahren präsentierte sich die *Klimbim*-Familie in alter Frische und in Originalbesetzung ihren alten und jungen Fans. Auf der Straße kamen mir die Leute fröhlich entgegen und sangen: »Dann mach ich mir 'nen Schlitz ins Kleid und find es wunderbar!«

Ich fand es auch wunderbar, ich schaute nur noch nach vorn. Jedenfalls hatte ich es vor.

Von September bis November 2004 spielten wir im Theater an der Kö. Am 25. September, unsere Vorstellung war gerade beendet, wir packten unsere Sachen zusammen, und jeder wollte in seine Theaterwohnung abschwirren, stoppte uns der Theaterleiter: »Thomas Louis Pröve ist tot!« Unser Theaterregisseur! Wir erstarrten. Nein, das ging nicht, Tom war doch erst einundfünfzig!? So war es aber. Er hatte einen Hirnschlag erlitten.

Elsbeth und ich weinten, die Männer drehten uns den Rücken zu. Schweigend ging jeder in seine Richtung. Wir spielten weiter in Köln von Februar bis April 2005, aber unsere Gedanken waren unentwegt bei Tom. Im Mai 2005 trafen wir uns alle zum nächsten Gastspiel im Ernst Deutsch Theater in Hamburg wieder. Im Anschluss ging es sofort im Juni nach Berlin ins Renaissance-Theater. Wir wurden nach wie vor als »rasante Wiedergeburt« gefeiert, nur ich fühlte mich so ganz und gar nicht als Wiedergeburt. Die angekündigte Steuerprüfung vom Finanzamt stand bevor, und wegen meiner fehlenden Unterlagen der letzten Jahre schwante mir Fürchterliches. Und so kam es auch. Die Einschätzung und die daraus entstandene Summe war enorm. Zumindest für mich. Das Finanzamt verfolgte mich von Theater zu Theater, ein großer Teil meiner Gage wurde mir nach jedem Gastspiel weggepfändet. Der Kreislauf fing ganz langsam wieder an: dieser Verlust der Fähigkeit zur Freude oder zur Trauer, die verringerte Konzentrationsfähigkeit und die mangelnde Entscheidungsfreiheit. Ich schob alles beiseite. Briefe ließ ich nun immer häufiger ungeöffnet, jegliche Post versuchte ich zu ignorieren. Immer öfter fingen meine Tage damit an, dass es mir schon beim Aufwachen übel war. Manchmal musste ich mich sogar übergeben.

Dann, im November 2005, kam die nächste Schocknachricht. Peer Augustinski hatte einen Schlaganfall erlitten und war auf der linken Seite vollständig gelähmt! Wir waren erschüttert. Unser agiler, quirliger, extrem gelenkiger Peer! Gott sei Dank war wenigstens sein Sprachzentrum nicht betroffen. Er musste in die Reha und hart an sich arbeiten, an Körper und Seele. Inzwischen hat Peer seinen Humor wiedergefunden und besonders seine bissige, aber liebenswerte Ironie. Er fährt sogar ein Spezialauto, braucht beim Gehen aber noch einen Stock. Die Lähmung ist noch da, aber er hat notgedrungen gelernt, damit umzugehen. Wenn ich ihn sehe, das letzte Mal bei meiner Premiere zum *Kurschattenmann* im Theater am Dom in Köln, bin ich jedes Mal kurz davor zu weinen. Er ist auf fremde Hilfe angewiesen, er, der fast ein kleiner Akrobat war, beweglich wie ein Schlangenmensch.

Für uns alle war Peers Ausfall ein weiterer Schock. Trotzdem versuchten wir, die Stimmung hochzuhalten, um das Stück und die Tournee zu retten. Für Peer sprang Martin Zuhr ein. Ein guter Schauspieler, aber natürlich hinterließ Peer eine große Lücke in der Originalbesetzung.

Wir gingen in die Sommerpause, im September 2006 sollte die Tournee weitergehen. Elsbeth hatte schon länger Probleme mit der Bandscheibe, und wir hofften alle, dass sie bis zum Spielbeginn wieder okay sein würde. Im Tourneebus waren extra die hinteren Sitze mit Schaumgummi gepolstert, damit sie die langen Fahrten überstehen konnte. Und wenn es mal gar nicht mehr ging, sprang immer wieder Elsbeths Zweitbesetzung, Gisela Augustinski, die Frau von Peer, ein. Sie war super, aber eben nicht Elsbeth.

Wer nun meint, Toms Tod und Peers Schlaganfall seien genug gewesen, der irrt: Im Juli 2006 wurde Elisabeth Volkmann tot in ihrer Wohnung aufgefunden! Nun schrieben die Medien von einem »*Klimbim*-Fluch«. Zweieinhalb Tage soll Elsbeth dort gelegen haben, bevor man sie fand. Eine Freundin hatte versucht, sie anzurufen, und als sich niemand meldete, fuhr sie zu ihrer Wohnung. Niemand öffnete, und die Freundin rief die Polizei.

Alle, die Elsbeth kannten, schließen einen Selbstmord aus. Die Ärzte sprachen von Herzschwäche. Man munkelt, dass sie vermutlich aus Versehen einen tödlichen »Cocktail« zu sich genommen hatte: ein Gemisch aus irgendwelchen Tabletten, Herzmedikamenten und Alkohol. Elsbeth trank ganz gerne. Während unserer Gastspiele war mir bereits aufgefallen, dass auch ihr die Lebensfreude oft fehlte. Sie trank mehr als früher, stritt gerne und wirkte depressiv. Zwei Jahre zuvor war ihr Mann Eberhard Radisch, von ihr immer liebevoll »Radieschen« genannt, an Lungenkrebs gestorben. Dreiunddreißig Jahre hatten sie zusammengelebt. Seinen Tod hatte Elsbeth nie verkraftet.

Jetzt weinte ich um Elsbeth. So lange Jahre waren wir beruflich und privat miteinander verbunden gewesen. Da wir beide in München wohnten, hatten wir uns regelmäßig getroffen, telefoniert hatten wir sowieso häufig.

Elsbeth ist anonym beerdigt worden, sie wollte das so. Keine Trauerfeier und keinen Abschied. Niemand weiß, wo sie liegt, es gibt keinen Platz, der an sie erinnert. Aber ich brauche auch keinen »Platz«, ich habe sie im Kopf. Sie fehlt mir.

Wenn ich heute an Elisabeth Volkmann denke, dann fällt mir immer ihre lindgrün gestrichene Wohnung ein. Diese Wohnung war Elsbeths kleines Reich: Es gab eine riesige blumenübersäte Dachterrasse mit einem fantastischen Blick über die Stadt, und überall waren Hüte, Mützen und Tücher. Das war typisch für Elsbeth: Sie hatte sehr dünne Haare und trug deshalb ständig Haarteile, oder sie drapierte sich geschickt Tücher um den Kopf. Am meisten liebte sie Baskenmützen und große Strohhüte. Wenn mir heute eine Frau mit einer Baskenmütze entgegenkommt, die sie frech über das rechte Ohr gestülpt hat, und darunter feuerrote Haare herausblitzen, dann denke ich für einen Moment, das könnte auch meine Elsbeth sein.

Beim Gedanken an Elsbeths anonyme Beerdigung frage ich mich jedes Mal, wo und wie ich selbst einmal beerdigt werden möchte. Inzwischen glaube ich es zu wissen: Ein »Friedwald« wäre für mich der passende Ort. Meine Asche wird in einer biologisch abbaubaren Urne an den Wurzeln eines Baumes vergraben werden. Niemand braucht mein Grab zu pflegen, das macht die Natur. Ich kann mir schon zu Lebzeiten meinen Baum aussuchen, eine kleine Namenstafel würde dann darauf hinweisen, dass Klein Steeger nun durch die Wurzeln des Baumes nach oben in die Krone steigt. Ich wünsche mir einen starken Baum. Ja, das würde mir gefallen. Schau'n wir mal.

Nach Elsbeths Tod war eigentlich fast klar, dass es mit dem Theaterstück nicht mehr lange weitergehen würde. Die Leute kamen, um die *Klimbim*-Originalbesetzung zu sehen, und von dieser Originalbesetzung fehlten inzwischen zwei wichtige Personen. Peer Augustinskis Frau Gisela sprang wieder für Elsbeth ein, und auch Horst, Wichart und ich gaben unser Bestes, um die Erwartung des Publikums zu erfüllen. Aber es war einfach nicht dasselbe, es *konnte* nicht dasselbe sein.

Und dann versetzte die folgende Nachricht im Herbst 2007 dem Stück endgültig den Todesstoß: Horst Jüssen war an

Lungenkrebs erkrankt. Ich war fassungslos. Er war von der Krankheit gezeichnet und verlor in kurzer Zeit alle Kraft. Er hatte nur noch wenige Monate zu leben.

Nun waren nur noch Wichart von Roëll und ich als kläglicher Rest der *Klimbim*-Familie übrig, die anderen waren entweder tot oder schwer krank – es war sinnlos. Wir hatten gerade den ersten Teil der Tournee hinter uns gebracht, und es stand schnell fest, dass es den zweiten Teil nie geben würde. Es klingt makaber, aber wir konnten nun nicht mehr sagen: »Die *Klimbim*-Familie lebt!«

In dem Moment, als ich das offizielle Schreiben des Tourneeunternehmens mit der Absage in Händen hielt, zog es mir endgültig den Boden unter den Füßen weg. Bis jetzt hatte ich mich immer noch irgendwie zusammengerissen, obwohl es mir seelisch nach Elsbeths Tod und Horsts Erkrankung schon längst nicht mehr gut ging. Doch es war mir immer noch gelungen, das Kreuz durchzudrücken und meinen schlechten Zustand buchstäblich zu überspielen.

Das Tournee-Aus war für mich nun die Katastrophe schlechthin. Ich brauchte das Geld dringend und hatte keine Idee, wie es mit mir weitergehen sollte. Mittlerweile wohnte ich zur Miete in einer schönen, aber recht lauten Wohnung am Harras, die ich von einem Bekannten hatte übernehmen können. Die Wohnung war nicht billig und wollte jeden Monat bezahlt sein. Das Finanzamt hatte mir jedoch die Hälfte meiner Gage gepfändet, ich hatte kaum mehr Engagements und auch nichts in Aussicht. Es war wie seinerzeit bei *Stars in der Manege*: Ich bewegte mich ohne Netz und doppelten Boden unter der Zirkuskuppel. Doch jetzt schaute ich mutlos in den Abgrund unter mir.

Meine große Lebensversicherung hatte ich inzwischen auch schon vorzeitig aufgelöst. Mit Verlust natürlich. Es war mir schwergefallen, denn die Versicherung war meine letzte Sicherheit gewesen. Doch ich musste das Finanzamt und verschiedene Gläubiger zufriedenstellen.

Und als hätte das Schicksal beschlossen, es mir mal so richtig zu zeigen, ging eines Morgens 2008 das Telefon. Die Stimme einer Freundin aus Hamburg. »Ingrid, ich habe eine sehr schlimme Nachricht für dich. Achim ist tot!« Hirnschlag! Nun auch noch mein Achim.

Mir wurde schwarz vor Augen. Achim Lottermoser war in den zurückliegenden Jahren mein Fels in der Brandung gewesen, mein Coach, Mentor und Freund. Ich hatte ihn jederzeit anrufen können, auch mitten in der Nacht, und es gab mir Kraft zu wissen, dass er da war.

Es war einfach alles zu viel. Mann weg, Geld weg, bester Freund weg, Engagement weg – ein Schlag folgte auf den nächsten, und alles, was ich anfasste, zerbröselte mir zwischen den Fingern. Ich hatte Angst vor einem neuerlichen Schlag. Nur noch selten ließ ich mich zu Einladungen überreden, und wenn, dann nahm ich teil, ohne teilzunehmen. Häufig saß ich einfach nur da wie eine Statue und versuchte zu grinsen, was mir aber zunehmend schlecht gelang. Ich lebte mechanisch wie eine Maschine.

Die Abwärtsspirale, die sich schon vor geraumer Zeit in Bewegung gesetzt hatte, begann nun, sich immer schneller und schneller zu drehen und mich nach unten zu reißen.

Kapitel 10:
Mein annus horribilis

Manche Menschen glauben an Engel, manche an unsichtbare Kräfte, manche an den lieben Gott, und manche an gar nichts. Es gab eine Phase in meinem Leben, in der auch ich manchmal glaubte, es müsste Schutzengel oder etwas Ähnliches geben.

Es war eine ganz entsetzliche, schwarze, traurige Zeit, an die ich mich am liebsten nie wieder erinnern möchte. Aber sie war anscheinend auch unvermeidlich und nötig. Nach diesen Erfahrungen erst begriff ich, dass ich anfangen musste, Verantwortung für mein Leben zu übernehmen. Ich musste mich selbst um meine Zukunft kümmern, konnte mich nicht mehr darauf verlassen, dass es schon irgendwie klappen würde.

Immer hatte ich bisher Menschen um mich herum gehabt, die über mein Leben bestimmten. Ich habe mich praktisch entmündigen lassen. Es war wahrscheinlich meine Schuld. Und auf einmal war Klein Steeger auf sich allein gestellt und musste selbständig handeln, obwohl ich gerade jetzt alles andere als in der Lage dazu war.

DER ABSTURZ

Das ganze Dilemma begann, wie ich heute weiß, schon Jahre vorher. Es gab ein deutliches Warnzeichen, das ich zunächst nicht einzuordnen wusste: diese ständige Übelkeit. Manchmal hatte ich den ganzen Tag über das Gefühl, mich übergeben zu müssen. Bald schon wartete ich nach jedem Aufwachen darauf, dass es wieder losging – und es ging los. Es war schrecklich. Manchmal schaffte ich es nicht einmal mehr bis zum Badezimmer und blieb stundenlang am Boden liegen. Es fehlte mir jegliche Kraft, mich aufzurichten. Zum Arzt ging ich jedoch wie so oft nicht.

In der Rückschau kommt es mir vor, als hätte ich jeden Tag nur abgelebt, ohne jedes Gefühl – außer dem der Übelkeit, die vielleicht aus der unbewussten Angst vor dem neuen Tag entstand. Aufstehen – mich übergeben – mit Adelaide Gassi gehen – vielleicht Leute treffen – selten ein Fotoshooting oder als prominenter Gast zu irgendwelchen Events gehen. Das war mein Tagesablauf. Vieles um mich herum nahm ich überhaupt nicht mehr wahr.

Ich funktionierte nur noch, jegliche Gefühle waren abgeschaltet, selbst Handgriffe, die man sonst nebenbei macht, waren mir zu viel: Ich ließ Töpfe, Teller und Gläser ungespült stehen, wusch immer seltener meine Wäsche, zog eine Hose auch mal mit einem Fleck drauf wieder an. Unfassbar, sogar mein Äußeres war mir zunehmend egal. Das gab es vorher noch nie! Ich, die ich eigentlich ein sehr ordentlicher Mensch bin, war jetzt völlig lustlos und ohne Lebenskraft und ließ alles schleifen. Nur mit einer Ausnahme: Um Adelaide kümmerte ich mich nach wie vor, nur an sie dachte ich. Gott sei Dank hatte ich dieses Wesen, das dafür sorgte, dass ich wenigstens vor die Tür ging und ein paar Schritte machte, auch wenn es mir extrem schwerfiel. Adelaide war von Geburt an eine wahre Trödelsuse, die Leute lachten immer, weil sie schon als Welpe so schlich. Auch später, als sie ausgewachsen war, besserte sich das kein bisschen. Ich musste immer furchtbar viel Zeit einplanen, wenn ich mit ihr Gassi ging. Jetzt war ich darüber einfach nur froh, mit einem lebhafteren Hund hätte ich wohl kaum Schritt halten können.

Von meinen Freunden und Bekannten bekam lange Zeit niemand mit, wie schlecht mein Zustand war. Das lag wohl auch daran, dass meine engsten Freunde und meine Schwester überall in Deutschland verstreut leben, wir sahen uns nicht oft. Und am Telefon erzählte ich ihnen höchstens von meinen Geldsorgen, nicht jedoch von meiner seelischen Not. Also hatten sie keine Chance, etwas zu unternehmen. Auch ich selbst hatte keine genaue Idee, was mit mir nicht stimmte. Hätte ich geahnt, dass ich in eine handfeste Depression geschlittert war, ich hätte vielleicht früher etwas unternommen und wäre zum Arzt gegangen. Meinen schlechten Gesamtzustand schrieb ich stattdessen all dem zu, was damals auf mich einprasselte und mich traurig machte: die *Klimbim*-Theatertournee, die ich fest eingeplant hatte und die nun abgesagt worden war; meine verstorbenen und kranken Kollegen; der Tod meines Freundes Achim Lottermoser, mit dem ich noch so viele Lesungen eingeplant hatte; mein Privatleben, das sich so ganz anders entwickelt hatte, als ich es mir einst erträumt hatte; und nicht zuletzt mein Konto, das sich immer weiter leerte, ohne dass aus irgendeiner Richtung nennenswerter Nachschub zu erwarten war. Ich hatte zwar immer wieder kleine Aufträge wie *Das perfekte Promi-Dinner*, da ging es mir schon sehr schlecht, und ich hätte am liebsten abgesagt, oder auch mal ein Talk oder irgendwelche Auftritte in TV-Magazinen, aber auch das hörte irgendwann auf. Meine Einnahmen waren jetzt nur noch ein dünnes Rinnsal. Ich war nun eine Schauspielerin von zweiundsechzig Jahren, die zwar viel Erfahrung und einen hohen Bekanntheitsgrad hatte, doch interessante Film- und Fernsehrollen, für die es gute Gagen gibt, sind in dieser Altersklasse eher dünn gesät. Was nützte es, wenn die Presse schrieb: »Ingrid Steeger ist Kult!« Konnte ich davon leben? Nein!

Es kam also eines zum anderen. Eine Zeitlang dachte ich noch: Kein Wunder, dass du dich nicht gut fühlst, bei all dem, was du in den letzten Jahren durchgemacht hast. Es wird schon wieder besser werden! Doch irgendwann verhallten auch diese tröstenden Worte an mich selbst, und ich dachte überhaupt nichts mehr. In mir war nur noch Leere. Ich war nicht mal verzweifelt.

Was ich fühlte und was ich dachte, könnte ich auch heute noch nicht sagen, denn ich weiß es einfach nicht. Ich weiß nur eines: Ich konnte nicht lachen, ich brachte die Zähne nicht auseinander, ich konnte den Mund nicht einmal zu einem Grinsen verziehen – nichts. Innerlich und äußerlich war ich wie eingefroren, ließ keine Gefühle an mich heran und keine aus mir heraus. Ich hatte, wie mir ein Arzt später erklärte, eine »beeinträchtigte affektive Resonanz«, das heißt, ich war durch Zuspruch von außen nicht mehr motivierbar beziehungsweise aufhellbar. Die fröhlich-quietschgelben Wände in meiner Wohnung am Harras hätten genauso gut tiefschwarz sein können. Es hätte keinen Unterschied für mich gemacht. In dieser Zeit habe ich nicht *ge*lebt, sondern nur *über*lebt.

Schon längere Zeit fühlte ich mich von vielem überfordert. Die Post öffnen, lesen, bearbeiten – das schaffte ich schon lange nicht mehr. Und irgendwie war es eine Zeitlang ja auch gut gegangen. Inzwischen hatte ich jedoch mehrere Körbe mit ungeöffneter Post in der Wohnung herumstehen. Wenn ich ab und zu den Inhalt des Briefkastens nach oben trug, ließ ich die Kuverts einfach auf einen der Haufen ungeöffneter Briefe fallen.

Eines Tages geschah jedoch etwas, das mich normalerweise aufgeschreckt und in helle Panik versetzt hätte. Warum ich ausgerechnet diesen Brief öffnete, weiß ich nicht. Wahrscheinlich machte mich der Absender, das Amtsgericht in München, trotz meines generellen Desinteresses an allem stutzig. Immerhin verstand ich die Bedeutung dessen, was sinngemäß in dem auf Umweltpapier gedruckten Schreiben stand: »Die Beklagte wird verurteilt, die Wohnung in der Hansastraße sofort zu räumen und geräumt an den Kläger herauszugeben.«

Es war irgendwann im Juni des Jahres 2010. Ich sollte mit Sack und Pack auf die Straße gesetzt werden, wenn ich meine Mietschulden nicht beglich, die inzwischen über fünf Monate aufgelaufen waren. Das Geld hatte ich nicht, so viel war mir klar.

Gesunde Menschen würden in einer solchen Situation wahrscheinlich anfangen zu kämpfen, sie würden versuchen, das Geld zusammenzubekommen, um weiterhin in ihrer Wohnung bleiben zu können. Ich dagegen tat nichts dergleichen. Ich rief meine Schwester an und erzählte ihr von dem Brief, ansonsten war mir vollkommen egal, was nun passierte. Ich sollte ausziehen? Okay, ich würde ausziehen. Ich musste mir eine neue, günstige Wohnung suchen? Okay, dann suchte ich eben eine neue Wohnung. Ich würde wahrscheinlich einige Möbel und meine geliebten Bücher weggeben müssen, weil sie nicht in die neue Wohnung passten? Okay, dann gab ich sie eben weg. Es war alles okay, ich hatte nicht einmal mehr die Spur eines eigenen Willens. Ingrid Steeger war praktisch nicht mehr vorhanden.

RETTENDE ENGEL

Wer jemals in einer solchen Situation war, der weiß, wie lebenswichtig gute Freunde und Angehörige sind. Sie haben mich in meiner schweren Zeit am Leben erhalten, jeder auf seine Weise. Es ist nicht wichtig, wie viele Menschen dir beistehen, es ist vor allem wichtig, dass es ein paar wenige gibt, die dich wirklich lieben, die dir das Gefühl geben, nicht allein zu sein, und die dir helfen, wieder auf die Füße zu kommen, auch wenn es Monate und womöglich Jahre dauert.

Ich habe das große Glück, in Jutta eine Schwester zu haben, die immer für mich da ist. Und seit dem Jahr 2003 waren noch zwei ganz besondere Menschen in mein Leben getreten, sind für mich seitdem die wichtigsten und besten Freunde geworden und haben alle Dramen der letzten Jahre mit mir durchgestanden: Jürgen und Wilma, ein Ehepaar aus Hannover. Ich lernte sie kennen, als ich Theaterproben in Hannover hatte und wieder einmal in einer Theaterwohnung lebte. Ihr Haus lag meiner Wohnung genau gegenüber. Die beiden sind heute Rentner, nur wenig älter als ich, und haben mit der Film- und Theaterbranche nicht das Geringste zu tun. Seit fünfundvierzig Jahren sind sie miteinander verheiratet und lieben sich immer noch – für mich mit meinen zwei gescheiterten Ehen und noch viel mehr gescheiterten Beziehungen ein großes Wunder.

Meine Trödelsuse Adelaide, die sonst extrem stur und phlegmatisch ist, war sofort verrückt nach Jürgen, und er nach Adelaide. Jürgen war wie gesagt ein Hundefreak, und Adelaide war bald mehr bei Jürgen und Wilma als bei mir. Ein zartes Kennenlernen begann und ließ eine neue Freundschaft wachsen. Die Verbindung zu Jürgen hat sich so stark entwickelt, dass er sogar inzwischen wie eine »Freundin« für mich geworden ist. Ich erzähle ihm all meine Frauenprobleme – am Anfang nörgelte er noch ein bisschen, aber inzwischen gibt er mir schon Ratschläge. Ich rufe die beiden fast jeden Tag an. Mit Wilma quatsche ich dann über Pflanzen, sie haben einen süßen, gepflegten Garten, und übers Kochen natürlich. Und, wichtig, über Benny, ihren »Pflegehund«, einen kleinen Yorkshire, fünfzehn Jahre alt, aber topfit und Eliza Doolittles bester Freund. Jürgen schicke ich meine Theaterbücher zum jeweiligen Stück, und wir diskutieren manchmal stundenlang am Telefon über Texte und Abläufe. Er könnte meine ständige Zweitbesetzung sein.

In meiner schlechten Zeit waren die beiden Tag und Nacht für mich da, auch heute sind sie es noch. Jürgen kam von

Hannover angereist, wenn ich gar nicht mehr weiter wusste, sie sorgten sich um mich, sie fingen mich auf, finanziell wie seelisch. Damals investierten sie viel Geld und Energie in mich, immer in der Hoffnung, dass sich irgendwann etwas ändern würde. Sie hielten mich lange Zeit buchstäblich am Leben, indem sie unentwegt meine Rechnungen, die Krankenkasse sowie die Miete zahlten, und sie steckten immer mal wieder einen Hunderter in einen Umschlag, den sie nach München schickten, ohne dass ich sie darum gebeten hätte. Kürzlich sagte Jürgen lachend zu mir: »Ingrid, eigentlich gehörst du zur Hälfte uns!« Stimmt, ich gehöre den beiden, aber zum ersten Mal in meinem Leben gerne. Sie haben an mich geglaubt. Danke.

Jürgen und Wilma spürten, dass ich nicht mehr dieselbe war wie früher, und fragten immer häufiger besorgt nach. Ich spielte meine Situation herunter, aber sie ließen nicht locker.

»Ingrid, du sagst jetzt endlich, was mit dir los ist!« So bestimmt hatte Jürgen noch nie am Telefon mit mir geredet.

»Ach, Jürgen, du weißt doch...«, versuchte ich mich wieder mal rauszureden.

»Ingrid, es reicht! Du bist völlig am Ende. Du brauchst Hilfe! Hör auf, dir etwas vorzumachen.«

Ich, die ich jahrelang anderen geholfen habe, sollte plötzlich selbst Hilfe brauchen? Nur ganz langsam fing ich an, es zu akzeptieren. Jürgen musste noch einige Telefongespräche mit mir führen.

Nun lag also diese Räumungsklage auf meinem Esstisch. Mir war, als sei ich heillos in ein riesiges Netz verstrickt. Je mehr ich zappelte, desto enger zogen sich die Maschen um mich herum zu, also hielt ich lieber ganz still und bewegte mich überhaupt nicht mehr. Jürgen hatte recht, ich brauchte dringend Hilfe von außen, und zwar sehr schnell und durch jemanden, der sich in Finanzdingen gut auskannte und in der Lage war, sich rasch einen Überblick über mein Chaos zu verschaffen. Doch wer sollte das sein? Ich hatte kein Geld, um teure Berater zu bezahlen, solche Leute hatten mich in den vergangenen Jahren bereits mehr als genug gekostet. Und mir fehlte ohnehin die Kraft und die Energie, irgendetwas von mir aus zu unternehmen.

In dieser Situation geschah so etwas wie ein Wunder, jedenfalls wüsste ich nicht, wie ich diese Fügung sonst bezeichnen sollte. Ich bekam tatsächlich Hilfe – aus einer Ecke, aus der ich sie nicht erwartet hätte: Nach langer Zeit kam mich meine Freundin Lucy, eine Maskenbildnerin, die ich schon seit vierzig Jahren kenne, besuchen. Sie war entsetzt, nicht nur vom Zustand meiner Wohnung, sondern auch darüber, wie ich mich verändert hatte.

»Ingrid, ich glaube, ich weiß, wer dir helfen kann«, sagte sie mir, als sie mich einen Tag später erneut besuchen kam. »Ich habe eine Freundin, die sich sehr gut auskennt mit Buchhaltung, Versicherungen und solchen Dingen. Sie kommt selbst aus der Filmbranche, und es ist praktisch ihr Lebensmotto, anderen zu helfen. Ich habe sie gefragt, und sie hat sich bereit erklärt, morgen zu dir zu kommen und sich deine Sachen anzuschauen. Danach werden wir klarer sehen. Ach ja – sie heißt Wilma.«

Ich schaute Lucy nur groß an, es gab ja schon eine Wilma in meinem Leben. Aber dann zuckte ich die Achseln. War mir doch egal, wer da kam. Was wollte diese Wilma schon ausrichten? Ich hatte kein Geld, keinen Job, bald keine Wohnung und war sowieso ein hoffnungsloser Fall. Wen interessierte es schon, was aus mir wurde?

Erschöpft ließ ich mich auf mein Sofa fallen und schloss die Augen. Wilma... Noch eine Wilma.

Am nächsten Morgen läutete es an der Tür. Ich hatte gerade wieder meinen üblichen Anfall von Übelkeit hinter mich gebracht und muss fürchterlich ausgesehen haben. Kraftlos, ungeschminkt und ungekämmt schleppte ich mich aus dem Bad und öffnete die Wohnungstür. Draußen stand eine Frau, mittelgroß, ungefähr mein Alter, mit schulterlangen braunen

Haaren, warmen braunen Augen und einem so offenen, ehrlichen Lächeln, dass mir ganz wohl ums Herz wurde.

»Guten Morgen, Frau Steeger, ich bin Wilma!«, sagte sie und streckte mir die Hand entgegen. »Lucy bat mich, mir Ihre Sachen anzuschauen. Darf ich hereinkommen?«

Ich versuchte so etwas wie ein Lächeln, und es schien gelungen zu sein, jedenfalls lächelte die Frau zurück.

»Natürlich. Kommen Sie herein. Und entschuldigen Sie bitte die Unordnung, ich muss bald ausziehen.«

Wilma nickte nur und trat ein. Mit diesem Schritt begann mein neues Leben. Aber davon ahnte ich noch nichts.

WILMA RÄUMT MEIN LEBEN AUF

Wilma war Wienerin, lebte aber in München. Sie war die Freundlichkeit in Person, ich mochte sie vom ersten Augenblick an. Ohne Wilma hätte ich es mit Sicherheit nicht geschafft, diesen absoluten Tiefpunkt in meinem Leben durchzustehen und zu überwinden. Sie wurde mir innerhalb kürzester Zeit zu einer echten Freundin. Wir konnten gut miteinander reden, und sie hatte offensichtlich Verständnis für meine Situation.

Wilma arbeitete sich durch meine Sachen durch, ohne mir jemals auch nur den geringsten Vorwurf zu machen, obwohl es dafür wahrscheinlich jede Menge Gründe gegeben hätte. Doch stattdessen tröstete sie mich, nahm mich in den Arm und war einfach für mich da. Sie redete ganz sanft mit mir, als wäre ich ein Kind.

Wie Wilma dazu kam, mir so völlig selbstlos zu helfen, ohne das Geringste als Gegenleistung zu erwarten, weiß ich bis heute nicht, ich kannte sie bis zu dem Tag, als sie vor meiner Tür stand, überhaupt nicht. Lucy erklärte mir lediglich: »Das hat sie schon immer gemacht. Genau wie du hatte auch Wilma immer ein paar ›Sorgenkinder‹, um die sie sich gekümmert hat. Und jetzt bist eben du das aktuelle Sorgenkind.«

Wilma stand vor mir, sah mich an, schaute sich in der Wohnung um und sagte: »Hol deine Post raus, wir fangen an.«

Und so begann meine Rettung. Ich legte Wilma Berge ungeöffneter Briefe hin, die ich über mehrere Jahre angesammelt hatte. Und Wilma fing an, zu sortieren, zu sichten und zu regeln. Sie ließ sich Vollmacht von mir erteilen – wieder einmal vertraute ich mich einem anderen Menschen ganz und gar an, aber Wilma gab mir sogleich zu verstehen, dass sie all das nur so lange erledigen würde, bis ich selbst wieder dazu in der Lage war –, und sie tat keinen Schritt, den sie nicht vorher mit mir besprach. Sie telefonierte danach stundenlang mit Ämtern, Versicherungen, Banken und Behörden. Sie legte Ordner an, die sie säuberlich beschriftete, erklärte mir alles geduldig, schrieb mir die wichtigsten Telefonnummern auf und klebte gelbe Zettel an die Dokumente, die besonders wichtig waren, damit ich sie später problemlos wiederfand. Sie kümmerte sich um alles und jedes, bis aufs letzte i-Tüpfelchen, und leitete alles in die Wege, damit ich am Ende wieder allein laufen konnte. Sie besorgte sogar die Papiere, die nötig waren, damit ich mit fünfundsechzig sofort Rente beantragen konnte.

Noch nie im Leben hatte ich mich selbst um solche Dinge gekümmert. Mir hatte niemand etwas erklärt, und ich hatte nie jemanden etwas gefragt. Meine jetzige Situation war die Quittung für diese Nachlässigkeit, das wurde mir im Lauf der folgenden Monate sehr klar. Doch Wilma führte mich mit sicherer Hand durch den Wust hindurch, wie ein Lotse ein Schiff in den sicheren Hafen bugsiert, dem der Steuermann abhandengekommen ist.

Eines Tages, Wilma hatte gerade ein Telefonat beendet, nahm sie den dicken Aktenordner, der vor ihr auf meinem Esstisch lag, klappte ihn mit einer entschiedenen Bewegung zu, stützte die Ellenbogen darauf und sah mich an.

»So, Ingrid, jetzt bin ich mit dem Wichtigsten durch. Den nächsten Schritt musst du allein machen, dabei kann ich dir nicht helfen. Es nutzt nichts – du musst zum Sozialamt und Sozialhilfe beantragen.«

Ich saß da wie erstarrt. »Sozialhilfe? Du meinst, Hartz IV?«

»Genau, das meine ich. Du hast dein Leben lang hart gearbeitet und Geld an den Staat abgeführt, du hast ein Anrecht darauf. Viel bekommst du nicht, aber es ist besser als nichts. Es ist der einzige Weg. Ich habe schon mit den Leuten dort telefoniert, sie erwarten dich. Das Sozialamt ist gleich hier um die Ecke.«

»Nein! Das werde ich auf gar keinen Fall tun! Das kann ich nicht machen!«

»Das kannst du sehr wohl machen, du musst es sogar, dir bleibt gar keine Wahl. Du hast kein Geld, das Telefon haben sie dir auch abgestellt, weil du deine Rechnungen nicht bezahlt hast. Niemand kann dich erreichen, selbst wenn er wollte. Und wie willst du ohne Telefon an Aufträge kommen? Einen Handyvertrag bekommst du auch nicht, weil du eine schlechte Schufa hast. Du bist nicht mehr kreditwürdig. Als Nächstes werden sie dir den Strom abstellen. Du wirst auch die Wohnung hier räumen müssen und eine kleinere, billigere suchen müssen. Diese hier ist zu groß und zu teuer, das Sozialamt wird die Kosten dafür nicht übernehmen.«

»Ich gehe nicht aus dieser Wohnung raus, und ich gehe auch nicht in Hartz IV!« Monoton wiederholte ich diesen Satz, immer und immer wieder. »Wo soll ich denn hin, und wovon soll ich eine neue Wohnung bezahlen? Wer gibt mir denn einen Mietvertrag?« Meine Stimme wurde immer kraftloser.

Wilma stand auf und legte den Arm um mich. »Ingrid, es wird alles gut werden! Das Sozialamt wird dafür sorgen. Du bekommst die Miete bezahlt, den Strom und das Telefon, und du wirst in den nächsten Monaten regelmäßig Geld auf dein Konto bekommen. Doch du brauchst eine Wohnung, die ihren Kriterien genügt, die jetzige ist zu teuer. Wir alle, deine Schwester und deine Freunde, wir helfen dir bei der Suche, du bist nicht allein! Und wenn du möchtest, gehe ich mit zum Sozialamt.«

»Ja, komm bitte mit«, kam es leise aus mir heraus.

Im Juli 2010 nahm mich Wilma buchstäblich bei der Hand und ging mit mir gemeinsam zum Sozialamt am Harras.

Als ich im Büro meines zuständigen Sachbearbeiters stand, wurde ich dort unerwartet freundlich und höflich begrüßt, auch alle anderen Mitarbeiter des Amtes, mit denen ich im Lauf der Zeit zu tun bekam, waren ausgesprochen nett und freundlich, so dass ich mich eher wie eine gute Kundin denn wie eine Bittstellerin fühlen konnte. Später, als ich nach Schwabing zog, wo ein anderes Sozialamt für mich zuständig wurde, machte ich allerdings die Erfahrung, dass Stadtteile auch in dieser Hinsicht sehr verschieden sein können.

Auf dem Sozialamt musste ich Anträge ausfüllen, Fragen beantworten und Unterlagen abgeben. Wie in Trance machte ich mit, aber am Ende hatte es sich gelohnt, so wie Wilma es gesagt hatte: Ab August 2010 kam wieder regelmäßig Geld auf mein Konto – insgesamt dreihundertfünfundneunzig Euro im Monat zum Leben. Das war nicht viel, aber vorher hatte ich ja manchmal nur gerade so viel Geld gehabt, um für Adelaide Futter zu kaufen. Eine große Last weniger.

Wie von Wilma vorausgesagt, weigerte sich das Sozialamt jedoch, die Miete meiner Wohnung zu bezahlen, weil sie zu teuer war, und forderte mich auf, mir so schnell wie möglich eine günstigere zu suchen. Man sieht, auch ein Promi bekommt keine Sonderkonditionen, wie es manche Leute vielleicht vermuten würden. Gemeinsam mit Wilma und Lucy machte ich mich auf die Suche. Der Blick in die Wohnungsanzeigen, der Gang zu einem Makler – das alles fiel mir unendlich schwer. Ich wollte nur, dass das alles schnell vorbei war. Da bot mir der Makler zu einem angemessenen Mietpreis eine helle Einzimmerwohnung mit Balkon in einem Apartmenthaus in Schwabing an. Die Wohnung hatte zweiunddreißig Quadratmeter und lag im Erdgeschoss. Zur Straße raus. Völlig ungeeignet in meiner Situation. »Da kann doch jeder reinschauen und über den Balkon steigen, Ingrid. Mach das nicht!«, warnte Jutta, als ich ihr davon erzählte. Und auch Wilma war von meiner Wahl gar nicht begeistert. »Warte, nimm dir Zeit, Ingrid! Du kannst doch noch vier Wochen in deiner alten Wohnung bleiben. Du kannst nicht im Dunkeln mit heruntergezogenen Jalousien leben, das macht dich nur noch trauriger!«

Aber ich konnte nicht länger nach etwas anderem suchen. Und ich wollte keinen Tag länger als nötig in der großen Wohnung bleiben. All die Erinnerungen waren kaum mehr zu ertragen. Ich wollte mich befreien!

»Ich nehme die Wohnung. Ich schaff das schon«, sagte ich.

Der Umzug bedeutete für mich, dass ich mich vom größten Teil meiner geliebten antiken Bauernmöbel und meiner Bücher trennen musste, in der Einzimmerwohnung war dafür einfach kein Platz. Alles musste schnell weg, weg, weg, ich hatte kaum Zeit, darüber nachzudenken, was ich mit den Sachen anfangen sollte. Vieles verschenkte ich, darunter mein Bauernhimmelbett, das mir trotz meiner nur 1,58 Meter immer viel zu kurz gewesen war, aber das ich trotzdem heiß und innig liebte. Es war mein erstes eigenes Bett. Kleiderschrank, Schreibtisch, Sofa – alles verschenkte ich, oder es landete auf dem Sperrmüll.

Am 31. August 2010 kam das Umzugsunternehmen, holte meine paar Kisten und die wenigen Möbel ab, die mir geblieben waren, um sie in die neue Wohnung zu transportieren. Mein Friseur und guter Freund Helmuth bezahlte mir den ganzen Umzug. Und wieder musste ich einen Ort verlassen, der mir so etwas wie ein Zuhause geworden war. Wie durch einen Nebel nahm ich alles wahr, was um mich herum vorging.

Helmuth, Lucy und Wilma, meine Schwester und die Umzugsleute schleppten meine Habe in das neue Apartment. Ich saß währenddessen regungslos auf einem Stuhl und tat nichts. Körperlich war ich kaum fähig aufzustehen, nach nur zehn Schritten bekam ich keine Luft mehr, mir war schwindlig und schon wieder übel. Ich sah hilflos zu, zu schwach und zu müde, um mithelfen zu können. Ich wollte auch nicht.

Als sie fertig waren, nahmen mich meine Helferlein noch einmal in die Arme, und dann war ich allein. Ingrid Steeger, der *Klimbim*-Star, die Ulknudel, die Schauspielerin, die Millionen kannten und bewunderten, war zur Sozialhilfeempfängerin herabgesunken. Wohnte in einer winzigen Einzimmerwohnung und konnte froh und dankbar sein, dass sie überhaupt ein Dach über dem Kopf und etwas zu essen hatte.

Umzugskartons standen übereinandergestapelt überall herum, mein antiker bayerischer Esstisch irgendwo in einer Ecke. Das neue Schlafsofa, das mir meine Schwester bei Ikea gekauft hatte, war noch nicht zusammengebaut, die Polster lagen in Plastik verpackt mitten im Zimmer. Als Lucy, Jutta und ich bei Ikea einkaufen gewesen waren, konnte ich nicht mehr laufen, ich hatte Atemnot, und mir war schon wieder schwindlig. Deshalb setzten sie mich auf eines der ausgestellten Sofas und sagten: »Bleib da sitzen, wir holen dich später ab.« Erleichtert schloss ich die Augen und wartete. Am nächsten Tag war ein Foto von mir in der Zeitung: »Steeger am Ende? Sie schläft schon bei Ikea auf dem Sofa ein.« Ein anderer Kunde muss das Foto geschossen und verkauft haben. Gemein.

Vollkommen erschöpft schleppte ich mich jetzt die paar Meter bis zu den Sofapolstern, ließ mich auf das knisternde Plastik fallen und wartete darauf, dass dieser schreckliche Tag endlich zu Ende ging. Nur nicht denken. Nichts fühlen. Es gab weder ein Telefon noch einen Fernseher noch sonst etwas, das mir die Einsamkeit ein bisschen vertrieben hätte, nur ein kleines Radio, das ich mir die ganze Nacht über ans Ohr hielt, damit ich wenigstens irgendwelche Geräusche hörte. Adelaide schmiegte sich ganz eng an meinen Körper, und irgendwann schlief ich ein. Etwas von dieser Nacht habe ich bis heute zurückbehalten: Bei mir läuft seitdem unentwegt irgendetwas, entweder der Fernseher oder die Stereoanlage, ich halte die Stille sonst nicht aus.

Am nächsten Morgen fand mich Wilma in einem schlimmen Zustand vor. Weinend lag ich auf den Sofapolstern, ich hatte nicht mehr die Kraft, auch nur ins Badezimmer zu gehen. Eigentlich weinte ich um Adelaide, ich konnte nicht mit ihr Gassi gehen, und Futter brauchte sie auch. Dazu musste ich in die Küche, aber der Weg war zu weit! Sie war die ganze Zeit dicht an meiner Seite.

Meine Wilma packte Adelaide, rannte mit ihr einmal kurz um den Block, füllte den Fressnapf und rief anschließend den Notarzt. Ein Krankenwagen brachte mich in die Klinik, die direkt am Ende meiner Straße lag, aber zu Fuß hätte ich diesen kurzen Weg nicht geschafft. Stundenlang lag ich in der Notaufnahme und bekam Bluttransfusionen – Erythrozyten-Konzentrat, ein Produkt aus Vollblut, das ausschließlich rote Blutkörperchen enthält. Die Untersuchung hatte ergeben, dass ich unter einer schweren Eisenmangel-Anämie litt, Blutarmut. Die typischen Symptome sind, wie bei mir, mangelnde Sauerstoffversorgung der Organe, also Atemnot, Schwindel, Übelkeit, Konzentrationsschwäche, Antriebsschwäche. Wie lange ich diese Krankheit wohl schon in mir trug?

Ich lag nur da und ließ alles über mich ergehen. Meine Wilma blieb eisern draußen vor der Tür der Notaufnahme sitzen, und wenn sich der Moment ergab, dass keiner sie beachtete, schlich sie sich zu mir und streichelte mich. Sie wurde immer wieder rausgeworfen, aber sie wartete so lange, bis ich endlich in mein Krankenzimmer geschoben wurde. Ich wollte nur noch schlafen, schlafen. Bevor sie ging, flüsterte Wilma mir noch zu, dass meine Schwester schon auf dem Weg nach München sei, um Adelaide mitzunehmen. Meine Adelaide. Danke, Wilma!

Wilma kam Tag für Tag, brachte mir Papiere zum Unterschreiben, Obst, Blümchen und ihre gute Laune mit. Es regte sich etwas, ich fing an, mich auf Wilma zu freuen. Freude darüber, einen Menschen zu sehen, das hatte ich ewig nicht empfunden.

Zwei Wochen später, bei meiner Entlassung, schärfte mir der Arzt ein: »Ernähren Sie sich besser und regelmäßig, Sie sind dem Tod noch mal von der Schippe gesprungen.«

Ich ging zurück in mein Mini-Apartment. Was nun? Körperlich fühlte ich mich etwas besser, und ich sehnte mich nach Adelaide. Wilma war weiterhin an meiner Seite, immer fröhlich und sanft. Sie kümmerte sich um den Telefonanschluss, ließ den Fernseher installieren und bearbeitete nach wie vor meine Papiere. Meine Seele befand sich jedoch unverändert in einer Art Wachkoma. Irgendwie brachte ich einen Tag nach dem anderen herum, ohne dass ich mich an nennenswerte Ereignisse erinnern kann.

»INGRID STEEGER LEBT VON HARTZ IV«

Der 5. November 2010 war ein Freitag. Ein Tag, den ich bis an mein Lebensende nicht vergessen werde. Es war morgens, ungefähr 7.00 Uhr, der Fernseher lief noch immer, und ich lag auf meinem mal wieder nicht ausgeklappten Schlafsofa. Im Frühstücksfernsehen kamen die Nachrichten, ich hörte nicht hin. Doch plötzlich: »Der ehemalige *Klimbim*-Star Ingrid Steeger ist verarmt, sie lebt von Hartz IV!«

Was war das? Was erzählten die da über mich? Ingrid Steeger, das war doch ich!

Jetzt hieß es denken, denken... Aber das schaffte ich nicht. Ich wollte noch mehr hören, aber diese ungeheuerliche Nachricht war schon vorbei.

Mechanisch wählte ich Wilmas Telefonnummer. Nur sie konnte jetzt noch helfen. Minuten später war sie bei mir, brachte die *Bild*-Zeitung mit. Die Schlagzeile war entsetzlich –

wie im Frühstücksfernsehen: »*Klimbim*-Star lebt von Hartz IV«, in dicken, fetten Lettern.

Detailliert war in dem Artikel angegeben, wie viel und was das Sozialamt mir zahlte – Miete, Strom, Telefon, sogar, dass in meinem Hartz-IV-Satz ein »Mehrbedarf für Ernährung wegen schwerer Krankheit« enthalten sei. Alle Summen waren genau aufgeführt. Woher wussten sie das? Das waren Informationen, die noch nicht einmal ich hatte. Wer hatte der *Bild*-Zeitung diese Details gesteckt? Wo war dieses Mal das Loch?

Diese Frage interessierte mich jedoch nicht wirklich. Wer da gequatscht hatte, war mir total egal. Was aber nicht an mir vorbeiging: Diese Schlagzeile hielt mir einen hässlichen Spiegel vor.

Der Journalist, der den Artikel geschrieben hatte, war schon in den vorhergehenden Monaten hinter mir her gewesen und hatte mir auf den Kopf zugesagt, dass ich Hartz IV bezöge. Ich leugnete standhaft. Offenbar hatte er damals noch nicht genug Beweise. Aber jetzt. Es war eine korrekte journalistische Recherche, die Geschichte stimmte und wurde sofort dankbar von anderen Zeitungen, TV-Magazinen und der Yellow Press übernommen. »Ingrid Steeger: Ihr Aufstieg – und ihr tiefer Fall.« Damit hatten sie es auf den Punkt gebracht.

Nun stand es jedenfalls schwarz auf weiß in der *Bild*-Zeitung, und mein Telefon stand von diesem Tag an nicht mehr still. Wie oft hatte ich mir in den letzten Monaten manchmal gewünscht, dass das Telefon klingeln würde! Als mir meine Nummer gesperrt wurde, schwieg es, und ich hörte auf zu warten. Jetzt war es unerträglich, jetzt waren alle wieder da, die ganzen Medien. Nur sogenannte Freunde, die alten Bekannten und die Kollegen riefen nicht an. Im Gegenteil, sie zogen sich zurück. Sie warteten ab: Bleibt sie liegen, oder steht sie auf?! Sollte sie aufstehen, war immer noch Zeit zu sagen: »Ingrid, wir haben es gewusst, du schaffst es!«

Wie ich diesen Satz hasse – »Du schaffst das schon«, das bedeutet: »Bleib bloß weg mit deinen Problemen!« Ich nehme an, daran, dass ich jemals wieder aufstehen würde, hat keiner geglaubt. Nicht wirklich.

Jetzt begann das große »Warum?«, »Wieso?«, »Das verstehen wir nicht!«, »Was ist passiert, wie konnte sie nur!?« Im Nachhinein bin ich der Bild-Zeitung fast dankbar dafür, dass sie mich »gejagt« hat. Sie hat mich brutal ins Leben zurückgedrängt. Auch dafür sage ich mit einem schiefen Grinsen: Danke!

Nun, als alles bekannt wurde, boten mir einige Menschen konkrete Hilfe an, worüber ich mich sehr freute, auch wenn es mich beschämte. Eine Maskenbildnerin schickte mir ein riesiges Paket mit Kosmetika, sie wusste, dass ich das alles dringend für meinen Beruf benötigte. Die Besitzerin einer Nobelboutique in München schenkte mir einen Mantel und Winterschuhe. Und ich bekam ungefragt Geld geschickt, teilweise von Bekannten, teilweise auch von wildfremden Menschen, die vielleicht selbst gar nicht mal so ein großes Auskommen hatten. Mal zwanzig, mal fünfzig Euro. Für diese Hilfe bin ich noch heute unglaublich dankbar, denn sie bedeutet mir weitaus mehr, als der Spender vielleicht geglaubt hat.

Die Reaktion der Menschen auf den *Bild*-Artikel zeigte mir, dass ich nicht ganz allein war, und das zu wissen tat mir unglaublich gut. Denn die Zeit, die nun folgte, war in jeglicher Hinsicht wahnsinnig anstrengend und trotzdem wichtig, sie war hart, denn das Thema Hartz IV bestimmte von nun an mein Leben und folgte mir auf Schritt und Tritt. Es gab für mich jedoch nur zwei Möglichkeiten: Entweder ich kroch ins Mauseloch zurück, oder ich stand dazu. Also beschloss ich, dazu zu stehen. Man kann auch sagen, ich stellte mich, und zwar in Berlin in der Talkshow *Menschen bei Maischberger*. Der Sender hatte mich schon drei Tage nach Erscheinen des *Bild*-Artikels eingeladen. Exklusiv. Zuerst hatte ich Panik bekommen, ich war doch noch gar nicht so weit, wie sollte ich das denn schaffen!

»Wilma, bitte, sag mir, dass ich hierbleiben soll!«

»Nein, du bleibst nicht hier, du fliegst«, erwiderte Wilma, »das ist deine Chance. Du wirst gewinnen, sei nur du selbst, sei authentisch!«

Trotz der Sorge, wie ich diese Talkrunde – da hat man nun mal zu sprechen – überstehen sollte, musste ich ein bisschen grinsen: Ingrid Steeger, die gerade noch wegen ihrer desolaten wirtschaftlichen Lage in allen Zeitungen gestanden hatte, saß nun mit Begrüßungs-Champagner in einem Airbus auf dem Weg von München nach Berlin, wurde dort von einem Chauffeur abgeholt und wohnte zwei Tage in einem Fünf-Sterne-Luxushotel. In den Zeitungen stand, wie arm und bedauernswert ich war, und ich gondelte luxuriös durch die Gegend. Verrückt. Völlig verrückt.

Tja, und dann war es auch schon so weit. Das Thema der Runde war: »Leben mit der Pleite: Geld weg, Ansehen weg«.

Schrecklich. Wilma, wo bist du!?

Mit mir im Studio saßen unter anderem der Schuldnerberater Peter Zwegat, die Schauspielerin Tanja Schumann und der Moderator Carlo von Tiedemann, der damals hoch verschuldet war und über viele Jahre hinweg einen riesigen Schuldenberg abstottern musste, gegen den meine paar Euro geradezu lächerlich wirkten. Meine Schulden waren zwar nicht hoch, aber wenn man nichts hat, kann wenig schon viel sein.

Als ich in der Maske hergerichtet, frisiert und abgepudert wurde und anschließend das hell erleuchtete Studio betrat, war mir, als sei das, was hinter mir lag, nur ein böser Traum gewesen. Carlo war vor mir dran, er war locker, und es entstand sogar eine fast fröhliche Atmosphäre. Ich antwortete auf alle Fragen leise und direkt, so, wie ich nun mal bin. Ich hätte gerne noch mehr gesagt, besser geantwortet, aufschlussreicher, aber ich war froh, dass ich überhaupt »etwas«

herausbekam. Der Schweiß floss mir sowieso schon in Strömen den Körper hinunter. Im Großen und Ganzen konnte ich sagen, es war okay, ich war okay. Der Sender war zufrieden, die Einschaltquoten waren enorm hoch, und ich war erleichtert. Der erste Schritt war getan.

Ich wandelte zwar nach wie vor durch die Straßen, als ob ein Schild mit der Aufschrift »Hartz IV« auf meine Stirn geklebt wäre. Aber nach *Menschen bei Maischberger* ging es Schlag auf Schlag. Eine Talkshow folgte auf die andere, ich wurde zu Zeitungs- und Radio-Interviews eingeladen.

Jemand hat einmal gesagt, die Angst davor, in Hartz IV abzurutschen, sei so etwas wie eine moderne Urangst. Ja, diese Angst geht ganz tief, das kann ich aus meiner Erfahrung heraus nur bestätigen. Überwältigend war die Reaktion der Menschen auf meine Berichte. Ich erlebte erstmals, was es heißt, wenn Menschen Mitleid haben, und zwar Fremde. Das Mitleid der Menschen – meines Publikums – zu spüren, war für mich ein unbeschreiblich wohltuendes Erlebnis, aber es tat gleichzeitig weh. Mitleid kann etwas Schlimmes sein, wenn man unentwegt daran erinnert wird, dass es einem, sorry für die klaren Worte, *beschissen* geht. Dann möchte man am liebsten möglichst schnell weg und sich in eine Ecke verkriechen.

Wo ich auftauchte – auf der Straße, auf Veranstaltungen, in der Apotheke oder im Supermarkt um die Ecke –, überall sprachen mich Menschen an und fragten: »Sie Arme, geht es Ihnen wieder gut?« Dann erwiderte ich immer: »Ja, ja, ist okay«, lächelte und gab ein Autogramm, wenn ich darum gebeten wurde. Und das ist bis heute so geblieben. Durch meine Hartz-IV-Geschichte bin ich für die Leute offensichtlich noch menschlicher geworden, sie sind schockiert und fühlen mit mir. Sie haben mich in den Arm genommen, als es mir schlecht ging, und sie haben mich in den Arm genommen, als es mir wieder besser ging. Die Rede ist hier jedoch nur von Fremden.

Und plötzlich – vielleicht bilde ich mir das aber auch ein –

hörte ich immer wieder von Schauspielern, die Hartz IV bekamen oder Privatinsolvenz anmelden mussten. Vielleicht trauten diese Kollegen sich jetzt eher, über das, was ihnen passiert war, öffentlich zu sprechen. Horst Janson beispielsweise schilderte im Juni 2011, ebenfalls bei Sandra Maischberger, wie sich bei ihm sechshundertfünfzigtausend Euro Schulden anhäufen konnten, so dass er schließlich vollkommen pleite war. Heute scheint es ihm und seiner Familie wieder recht gut zu gehen, ich wünsche es ihnen.

Fast immer ist jedoch im Schlimmen auch etwas Gutes. Ich musste wohl ganz am Boden liegen, um wieder aufzustehen. Und durch die Einladungen zu Talkshows und Interviews kam auf einmal wieder Geld in meine Kasse. Tatsächlich brauchte ich bereits nach vier Monaten, im Dezember 2010, kein Hartz IV mehr, ich konnte wieder voll für mich bezahlen. Bald zog ich in dem Apartmenthaus auch ein paar Stockwerke höher in eine etwas größere Wohnung mit Blick ins Grüne. Ich hatte in der Erdgeschosswohnung tatsächlich die meiste Zeit mit heruntergelassenen Jalousien leben müssen, es gab einfach zu viele unverschämte Neugierige.

Dieser Neuanfang war wie ein Wunder, nicht nur für mich selbst, sondern vor allem auch für meine Freunde, die mir in meiner schweren Zeit beigestanden haben. Manchmal kann ich es heute noch nicht fassen, was da innerhalb kürzester Zeit mit mir und um mich herum passierte.

Und irgendwann spürte ich, dass mich das alles veränderte. Es begann ein Selbstbewusstsein in mir zu wachsen, das ich bisher nie gehabt hatte. Die Hartz-IV-Zeit ist ein wirklicher Wendepunkt in meinem Leben. Durch sie hat sich für mich etwas ganz Entscheidendes zum Positiven gewandelt, und darüber bin ich sehr froh. Für mich hat ein zweites Leben begonnen. Aber ich muss auch sagen, dass ich es wohl nie geschafft hätte, wenn Wilma nicht meine Hand genommen und mich geführt hätte, bis ich allein weiterkonnte. Ein Engel ist für kurze Zeit in mein Leben getreten.

Kapitel 11:
Die Steeger ist zurück

Jackpot! Nein, ich hatte nicht wirklich den Jackpot geknackt, aber für mich fühlte es sich genauso an. Knut Schakinnis, der 1997 in *Warum gerade ich?* im Theater an der Kö in Düsseldorf meinen Ehemann gespielt hatte, rief mich nach Erscheinen des besagten *Bild*-Zeitungsartikels an. Wir hatten uns nie ganz aus den Augen verloren, inzwischen war er Besitzer von sechs Privattheatern. Mich plagte zu der Zeit die Frage: Würde ich womöglich wieder in Hartz IV zurück müssen? Von Auftritten in Talkshows allein kann man nun mal nicht leben. Aber ich wollte es unbedingt schaffen. Allein!

»Ingrid, hast du Lust, Frau Schneider zu spielen, die Hauptrolle in *Jackpot*? Die passt fabelhaft für dich. Ich führe Regie.«

Hurra! Ich strahlte. Knut hatte mich nicht vergessen, gerade jetzt.

Ich bekam die Texte geschickt und musste dann doch noch mal kurz überlegen. Aber wirklich nur ganz kurz! In dem Stück ging es ausgerechnet um einen Schauspieler, der von Hartz IV lebt. Seine Ehefrau, meine Rolle, gewinnt zwanzig Millionen Euro im Lotto, und damit beginnen die Verwirrungen. Dieser Schuss konnte auch nach hinten losgehen, wenn mir nachgesagt würde, ich nützte meine Situation und die Medienpräsenz nach der Hartz-IV-Geschichte aus, um damit

Geld zu machen. Solche Boshaftigkeiten war ich inzwischen ja gewohnt. Aber das hier war eine einmalige Chance. Ich nahm das Angebot an, sollte die Presse doch schreiben, was sie wollte. Die bespitzelten mich jetzt sowieso auf Schritt und Tritt und würden immer etwas finden.

Ich lernte und lernte, probte jeden Tag stundenlang. Ich war immer noch geschwächt von meiner Krankheit und der Depression, und essen konnte ich auch nicht viel, mein Magen rebellierte ständig. Mein Körper wollte nicht wie ich, aber der Kopf war klar. Ich musste es schaffen.

Die Premiere am 10. Februar 2011 in der Komödie Kassel, nach für mich sehr harten Proben, wurde ein Erfolg. »Ingrid Steeger ist wieder da!«, schrieben die Zeitungen, und es folgte nicht der leiseste Unkenruf. Die Vorstellungen waren wochenlang im Voraus ausverkauft. Ich war so erleichtert!

Meine freundlichen Helferlein beim Sozialamt am Harras hatte ich über diesen ersten Erfolg nicht vergessen und schickte ihnen Fotokopien und Kritiken von *Jackpot*. Ab und zu rufe ich sie heute noch an, sie freuen sich mit mir. Und meine besten Freunde (ich habe ein bisschen aussortiert, sechs sind übrig geblieben), die mich in den zurückliegenden Monaten am Leben erhalten hatten, waren total begeistert über mein Comeback, im doppelten Sinn.

Am allermeisten Grund zur Freude hatte jedoch Wilma. Monatelang hatte sie Aufräumarbeiten bei mir geleistet, hatte mich getröstet, mir Mut gemacht, hartnäckig mit Ämtern und mit meiner Krankenversicherung gekämpft, und nun bekam sie die Belohnung. Ihr Sorgenkind war zurück auf der Bühne. Auch als ich in Kassel *Jackpot* spielte und wochenlang nicht in meine Wohnung nach München kam, kümmerte sich Wilma um meine Papiere. Sie öffnete nach wie vor jeden Brief, der mich erreichte, sprach den Inhalt mit mir am Telefon durch und schickte mir weiterhin jede Überweisung, damit ich sie unterschrieb und über meine Finanzen informiert war.

Jedes Mal, wenn ich heute an Wilma denke und ihre Hand–

schrift auf den gelben Zetteln in meinen Aktenordnern sehe, muss ich weinen. Denn Wilma lebt nicht mehr. Sie kam in mein Leben, regelte anderthalb Jahre lang meinen Alltag, räumte auf, half mir, brachte mir bei, was ich wissen musste, und als ihre Arbeit getan und alles erledigt war, ging sie: Wilma erkrankte 2011 an Lungenkrebs und zog sich immer mehr von ihren Freunden zurück. Irgendwann verließ sie ihre Wohnung nicht mehr, weil sie unter extremer Atemnot litt und nicht mehr laufen konnte. Sie ließ auch niemanden mehr in ihre Nähe. Am Ende weigerte sie sich sogar zu telefonieren, sie wollte mit niemandem mehr sprechen. Sie wollte gehen, und das Ende kam schließlich sehr schnell. Im Januar 2012 haben wir sie beerdigt.

Lucy und ich fuhren nach Wien zur Beerdigung. Ich fand die Trauerrede schrecklich und langweilig, das hatte Wilma nicht verdient. Also schaltete ich ab und redete mit ihr, innerlich natürlich. Sie lachte über mich, guckte mich mit ihren warmen braunen Augen an, und ich bin sicher, sie war in diesem Moment noch einmal bei mir. Jetzt konnte ich endlich weinen. Ich weine auch heute noch um sie. Manchmal denke ich, Wilma hat nicht nur um mein Leben, sondern auch um ihr eigenes gekämpft. Sie hat verloren, und ich habe durch sie mein Leben gewonnen. Dafür werde ich ihr immer dankbar sein. Und vielleicht bekommt Wilma dort, wo sie jetzt ist, mit, wie ich heute um Dinge kämpfe, die mir wichtig sind, und freut sich, wenn ich wieder einmal einen Kampf gewonnen habe.

Noch ein Lebewesen ist für mich untrennbar mit meinem Comeback-Jahr 2011 und dem Beginn meines neuen Lebens verbunden: meine kleine Yorkshire-Hündin – ein Geschenk der Komödie Kassel, ein Dankeschön für ein volles Haus und ein Präsent zu meinem 64. Geburtstag am 1. April. Am Anfang meiner Karriere hatte man übrigens gemunkelt, der 1. April sei eine Erfindung für die Medien, ein Joke. Aber Klein Steeger ist kein Joke. Bis heute nicht.

Die Steeger ohne Hund war nicht die Steeger. Da waren sich alle einig. Ich wehrte mich aber gegen das »Geschenk«, denn es gab ja noch Adelaide. Sie lebte nach wie vor bei meiner Schwester Jutta, war herz- und leberkrank und nicht mehr fähig, mit mir mein unruhiges Leben zu führen. Bei Jutta hat sie ein schönes, geruhsames Dasein, mit Dackelkumpel Sonny und Katze Miezi auf einem weitläufigen Anwesen. Und einen Ersatz für sie konnte ich mir eigentlich gar nicht vorstellen. Aber dann sagte ich irgendwann doch: »Okay, her mit einem kleinen Mädchen.«

Ich bin ein absoluter Rauhaardackelfreak, aber... nein, das wäre ein Verrat an meiner Trödelsuse gewesen. Ein Dackel durfte es also nicht sein. Ich suchte und guckte mir alle kleinen Hunde an, die mir über den Weg liefen. Klein musste sie auf jeden Fall sein, kleine Hunde werden in Hotels, Theaterwohnungen und Restaurants eher akzeptiert als große. Aber wenn kein Dackel, was dann? Ein Yorki? Nee, nun wirklich nicht, ich wollte doch keinen Schoßhund! Später merkte ich, dass Yorkis keine Schoßhunde sind, der Mensch will sie nur dazu machen. Yorkis sind toughe, selbstbewusste, mutige kleine Terrier, Mäuse- und Rattenfänger.

Also suchte ich mir bei einem Züchter meine Kleine aus, neun Wochen war sie alt. Ein kleiner Maulwurf. Es war Zuneigung auf den ersten Blick, aber noch keine große Liebe. Adelaide war noch immer in meinem Herzen – da bleibt sie bis heute. Aber dann... Die Kleine und ich klebten bald nur noch zusammen.

»Eliza Doolittle« taufte ich sie, nach meiner Lieblingsfigur auf der Bühne. Sie ist seitdem meine Gefährtin und mein Ein und Alles. Obendrein ist sie die beste Therapeutin, die ich mir wünschen kann. Sie macht mir gute Laune, und sie tröstet mich, wenn ich Kummer habe. Vor Eliza Doolittle muss ich nichts verbergen, ich muss mich nicht verstellen und nicht schauspielern. Mein erster Gedanke am Morgen gilt ihr, der letzte vor dem Einschlafen ebenfalls. Sie begleitet mich heute überallhin, auf jedes Event, zu jeder Probe. Ohne Eliza Doolittle gibt es keine Ingrid Steeger.

GATTE GEGRILLT

Ich habe schon immer gern auf der Bühne gestanden, doch der Neustart nach der Hartz-IV-Krise war für mich ein Neustart auch in künstlerischer Hinsicht. Nach *Jackpot* fixierte ich mich aufs Theaterspielen, davon abgesehen hatte ich weder die Kraft noch die Nerven, am Telefon zu sitzen und auf einen Anruf zu warten: Kommt ein TV-Angebot, oder kommt es nicht? Und wenn ja, was ist danach? Wie lange muss ich wieder warten? Habe ich noch genug Geld, um den Leerlauf zu überbrücken?

Theaterspielen ist für mich auch eine Herzensangelegenheit geworden und gibt mir zudem lange Zeit im Voraus eine gewisse finanzielle Sicherheit. Theater ist live, Theater ist spannend. Es gibt keine Möglichkeit, eine Szene zu wiederholen, wenn sie schiefgelaufen ist. Die Angst vor einem »Hänger«, einem »Blackout« – der Text ist total weg – bleibt immer. Beim Theaterspielen habe ich den direkten Kontakt zum Publikum, spüre seine Reaktionen. Lachen die Leute an der richtigen Stelle? Bin ich mit meiner Pointe auf den Punkt gekommen, oder hatte ein Zuschauer mal wieder einen lautstarken Hustenanfall, so dass meine Szene im Eimer war? Lautes Unterhalten und Ausrufe sind auch nicht unbedingt erwünscht. Ich liebe es, auf der Bühne zu stehen und mitzubekommen, wie die Zuschauer mit mir mitgehen, mit mir empfinden. Dicke Lacher, fröhliche Gesichter und ein super Schlussapplaus, das ist einfach gigantisch.

Kurz vor Wilmas Tod, im Winter 2011, bekam ich von Knut Schakinnis das zweite Angebot: In Kassel sollte ich die Hilary in *Gatte gegrillt* spielen, einer schwarzen englischen Komödie von Debbie Isitt. Es geht in dem Stück um eine Ehefrau, deren Mann sich – wie könnte es anders sein – einer Jüngeren zuwendet, gleichzeitig aber nicht auf die exzellenten Kochkünste seiner Gattin Hilary verzichten möchte. Es kommt schließlich zu einem makabren Showdown zwischen Hilary, Kenneth und seiner jungen Geliebten.

Die Hilary sollte die erste Rolle in meinem Leben werden, die mir rundum Spaß machte, mich sozusagen befriedigte. Eine rabenschwarze, makabre Komödie mit ernstem Kern. Eine solche Rolle hatte ich noch nie gehabt. Bisher hatte ich überwiegend Boulevardstücke gespielt.

Mit *Gatte gegrillt* erlebte ich erstmals, wie es ist, in einem Stück zu spielen, in dem es auch um die eigenen Gefühle geht – Eifersucht, Verzweiflung und natürlich Liebe. Und zum ersten Mal begriff ich wirklich, was Schauspielerei ausmacht, zum ersten Mal erlebte ich, dass ich als Schauspielerin da oben auf der Bühne die Menschen da unten mit meinem Spiel erreichen und bewegen konnte.

Noch nie habe ich so intensiv an einer Rolle gearbeitet wie an dieser. Ich habe wirklich um die Figur der Hilary gekämpft, um sie überzeugend bringen zu können. Viele wichtige, sehr emotionale Szenen, in denen ich auf der Bühne Gefühlsausbrüche hatte, musste ich mir gemeinsam mit dem Regisseur Erik Voss hart erarbeiten. Eine Schlüsselszene, in der ich mich mit meiner Konkurrentin Laura lautstark auseinandersetzen musste, ist meine Lieblingsszene geworden, weil ich so etwas noch nie spielen durfte.

Die Wochen vor der Premiere bestanden für mich nur aus Lernen und Proben, ich glaube, ich habe weder gegessen noch viel geschlafen, ständig ging mir der Text im Kopf herum. Um mir neue Texte zu merken, brauche ich keine besondere Technik, es heißt einfach: den inneren Schweinehund überwinden und lernen, lernen, lernen. Es ist eine reine Fleißaufgabe.

Und dann kam er. Der Tag der Premiere.

Ein langer Tisch, mitten auf der Bühne. Auf diesem Tisch lag ich, das Holz fühlte sich hart und unbequem an, ich spürte jeden Knochen. Ich war ganz allein, nur ein Spot war auf mich gerichtet.

Der Vorhang ging auf, ich schaute in das schwarze Rechteck des Zuschauerraums und versuchte, etwas zu erkennen. Doch ich sah nichts. Aber ich konnte es spüren, das Publikum. Ich wusste, dass die Premiere restlos ausverkauft war und dass Hunderte von Augenpaaren auf mich gerichtet waren. Vor Angst machte ich mir schier in die Hosen.

Wie willst du das schaffen?, fragte ich mich, und Panik stieg in mir hoch. Gleich musst du deinen Prolog beginnen, aber wie willst du auch nur ein Wort rausbekommen? Das Stück ist schwer, und du stehst vollkommen neben dir!

Eine Welle der Angst überrollte mich. Ich brauchte unbedingt etwas, das mich beruhigte und mir Kraft gab.

Ich habe mich über einige Jahre hinweg intensiv mit Esoterik beschäftigt. Zwar habe ich mich davon im Lauf der Zeit wieder abgewandt, weil die Sache drohte, mir über den Kopf zu wachsen, und mir Angst machte. Aber jetzt griff ich darauf zurück und holte mir Hilfe. Ich stellte mir vor, links und rechts von mir, ganz nah, stünden meine Geisthelfer, nicht direkt zu erkennen, in weißen, langen Gewändern. Wilma und Achim Lottermoser. Ich zitierte die beiden verstorbenen Freunde zu mir. »Okay«, sagte ich leise, »ihr bleibt jetzt da stehen, ich brauche euch. Gebt mir Kraft und nehmt mir die Angst. Bitte!«

Dann begann ich wie ferngesteuert meinen Prolog, und genauso ferngesteuert spielte ich meine Rolle, bis sich der Vorhang schloss. Im Zuschauerraum war es mucksmäuschenstill.

Keine Hand schien sich erheben zu wollen, um zu klatschen. Es blieb still.

Mein Gott, warst du so schlecht?, war das Einzige, was ich in diesen Sekunden denken und fühlen konnte. Während der gesamten Vorstellung hatte ich das Gefühl gehabt, es hätte jemand anders für mich gespielt. Meine beiden weißen Geisthelfer-Gestalten waren zwar keine Sekunde von meiner Seite gewichen, doch auch sie hatten offenbar nicht verhindern können, dass ich versagte. Du hast es vermasselt. Es hat den Leuten nicht gefallen, rotierte es in meinem Gehirn. Sie werden dich jetzt gleich ausbuhen, und du wirst nie wieder eine solche Rolle angeboten bekommen!

Ich war so enttäuscht und gleichzeitig dermaßen erschöpft, dass ich mich am liebsten in die nächste Ecke auf den Fußboden gelegt und geschlafen hätte, wie früher in Rolf Edens Diskothek in Berlin.

Unsicher schaute ich meine Schauspielerkollegen Michael Althauser und Juliette Groß an, doch beide lächelten mir aufmunternd zu. Nett von ihnen, sie wollten mich wohl trösten.

In diesem Moment ging es los: Wie eine große Welle brandete der Applaus auf und durchdrang den Vorhang. Er wurde immer lauter, und wenn ich mich nicht täuschte, waren sogar »Bravo«-Rufe dabei!

Wir fassten uns bei den Händen, und als sich der Vorhang erneut öffnete, schwoll der Applaus für uns drei zu einem ohrenbetäubenden Lärm an. Wir hatten es geschafft, ich hatte es geschafft! Das Publikum hatte diese so ganz andere Steeger angenommen.

Ich verbeugte mich. Als ich mich wieder aufrichtete, sah ich, wie plötzlich ein Zuschauer nach dem anderen aufstand, um uns Standing Ovations zu spenden. Zum Schluss stand der ganze Saal. Als der Vorhang sich endgültig schloss, fielen wir drei uns jubelnd in die Arme. Wir waren überwältigt.

Meine Geisthelfer Wilma und Achim hatten ihre »Arbeit« getan!

Noch ganz benommen schminkte ich mich in der Garderobe ab, zog mich um, schnappte mir Eliza Doolittle und ging ins Foyer, wohin Knut Schakinnis zu einer Premierenfeier geladen hatte. Die Menschen drängten sich bereits, sie redeten, lachten, aßen Häppchen und nippten an Sektgläsern.

Als ich auftauchte, passierte etwas Wunderbares: Wie von einem unsichtbaren Regisseur gesteuert, bildeten all die Menschen plötzlich ein Spalier, lächelten mir zu und applaudierten. Von allen Seiten bekam ich Lob und Komplimente und kam aus dem Händeschütteln und Küsschengeben kaum heraus.

Der nächste Tag räumte auch die letzten Zweifel aus, denn wir bekamen großartige Kritiken. Davon, dass Ingrid Steeger »in ihrer Rolle brillierte«, dass sie »glaubhaft« gewesen und großartig auf dem schmalen Grat »zwischen Charakterdarstellerin und Komödiantin« balanciert sei, schrieben die Zeitungen. Und nirgends entdeckte ich die Wörter *Klimbim* oder *Hartz IV*, die sonst mit meinem Namen stets in einem Atemzug genannt wurden und mich jedes Mal richtig wütend machten.

Es war wie ein Traum. Ich wurde wegen meiner Schauspielkunst gelobt, wegen meiner Ernsthaftigkeit, und nicht deshalb, weil ich »sexy«, »süß« oder eine »Ulknudel« war. Konnte es tatsächlich sein, dass ich endlich, mit fünfundsechzig Jahren, als ernsthafte Theaterschauspielerin akzeptiert wurde? Es scheint so. Das Stück war jedenfalls wochenlang ausverkauft, und wir harmonierten als Ensemble großartig auf und hinter der Bühne. Mit jeder erfolgreichen Vorstellung hatte ich das Gefühl, stärker und selbstbewusster zu werden.

Es war, als habe man einen Ball lange unter Wasser gedrückt und nun losgelassen, so groß war der Energieschub, den ich durch *Gatte gegrillt* erhielt. Heute glaube ich, dass ich bei dieser Produktion genügend Erfahrung und Selbstbewusstsein gewonnen habe, um es mit jedem anderen Stück aufzunehmen. Na ja, sagen wir, mit fast jedem. Jetzt weiß ich, dass ich auch ernste Rollen spielen kann, bei denen das Publikum unwahrscheinlich berührt ist und von mir nicht nur einen Gag nach dem anderen erwartet. Doch meine Liebe wird auch immer der Komödie, dem Boulevardtheater gehören. Es ist wirklich ein wunderbares Gefühl, die Leute zum Lachen zu bringen. Davon abgesehen ist *Gatte gegrillt* eine sogenannte Tragikomödie, eine dramatische Mischform aus Tragödie und Komödie. Es darf also *auch* gelacht werden.

MEIN NEUES LEBEN

Manchmal frage ich mich, was die Zukunft noch für mich bereithält. Ich habe fast alles gehabt, fast alles verloren und war gezwungen, noch einmal ganz von vorn anzufangen – in einem Alter, in dem andere Menschen nach einem erfüllten Leben und umgeben von einer Horde Kinder und Enkel in die verdiente Rente gehen. Genau genommen habe ich zwei Leben: eines vor Hartz IV und ein zweites danach. Das zweite gefällt mir inzwischen fast besser als das erste, es ist endlich von mir selbst bestimmt.

Früher lebte ich immer das Leben der anderen – das meiner Eltern, das von Pfleghar, das meiner anderen Lebensgefährten. An meinem eigenen Leben habe ich jahrzehntelang vorbeigelebt und keine Ziele verfolgt, denn das Wichtigste war mir immer, den Menschen um mich herum zu gefallen und sie glücklich zu machen. Und ich habe gehorcht, so wie ich es schon als Kind gelernt hatte. Immer, wenn meine Lebensgefährten oder Freunde sagten: »Ich brauche dich, bitte komm!«, ließ ich alles stehen und liegen und kam zu ihnen. Oder wenn meine Agentin oder Fotografen anriefen und sagten: »Ingrid, dann und dann ist der und der Termin, eine Show, eine Präsentation, eine Fotoproduktion oder was auch immer, wir möchten, dass du dabei bist«, dann fragte ich nicht lange nach, sondern machte es einfach.

Doch zu was hat dieser Gehorsam, dieses Mitläufertum geführt? Zu unglücklichen Männerbeziehungen, Selbstzweifeln, Heimatlosigkeit und nie gestillter Sehnsucht nach Liebe und Geborgenheit. Ich dachte, wenn ich mich nur willfährig genug verhielt, würden das Glück und die Liebe schon von allein zu mir kommen.

Das Neue an meinem jetzigen Leben ist, dass ich es selbst in die Hand nehme. Ich war durch die Umstände gezwungen, mein bisheriges Leben zu überdenken, dadurch lebe ich heute bewusster. Jetzt gibt es Situationen, in denen ich um etwas kämpfe und versuche, mich durchzusetzen – etwas, das ich früher nie gewagt hätte. Das geht manchmal noch daneben, doch ich bin auf dem Weg dorthin. Ich bin kein Jasager mehr. Ich rotiere, ich telefoniere, ich organisiere, ich setze mich auseinander.

Was mich besonders freut, ist, dass das Thema *Klimbim* im Zusammenhang mit meiner Person seit der Hartz-IV-Krise völlig in den Hintergrund gerückt ist. Mir scheint, dass die Leute mich heute nicht mehr in erster Linie als das *Klimbim*-Mädchen sehen, das so süß und komisch war, aber immer Pech mit Männern hatte. Man weiß zwar, dass ich so angefangen habe, aber jetzt werde ich sehr viel stärker so wahrgenommen, wie ich heute wirklich bin und wie ich mich durchgeboxt habe. Dass ich jetzt noch, mit sechsundsechzig, sage: »Ich mache etwas Neues, ich gehe meinen eigenen Weg und setze mich erstmals in meinem Leben durch«, verschafft mir Respekt.

Heute höre ich auch viel stärker auf mein Bauchgefühl, und ich merke, dass vieles, was ich sage, richtig ist und ernst genommen wird. In meinem früheren Leben habe ich das gar nicht gewagt, weil ich dachte, es sei sowieso überwiegend alles falsch, was ich machte und sagte. Die Menschen in meinem Umfeld behandelten mich wie ein dummes Kind, und ich ließ es geschehen. Eine eigene Meinung erwartete niemand von mir. Die Männer wollten mit mir angeben, sich mit mir zeigen und natürlich auch mit mir ins Bett gehen. Wenn man mit der Steeger ins Bett ging, dann wertete man sich auf, ich war ja ein Sexsymbol. Wie ich schon sagte – ich war oft nur »attraktives Begleitmaterial« –

ein super Spruch, der von einer Schauspielerkollegin stammt. Das ist natürlich ein dickes Ding, aber ich habe das damals überhaupt nicht erkannt. Wenn ich Beziehungen hatte, ging ich immer davon aus, dass das etwas Festes, Dauerhaftes, Zukunftsträchtiges sei, selbst wenn ich von Anfang an das Gefühl hatte, dass das eigentlich nicht gutgehen konnte. Aber da war immer diese ewige Hoffnung: Es könnte ja doch vielleicht ...

Außer Jean-Paul Zehnacker und Dieter Wedel sagte mir niemand, dass ich als Schauspielerin gut war. Und anderen Leuten glaubte ich auch gar nicht. Ich selbst empfand mich nie als große Schauspielerin, und wenn die Leute sich nach einer Vorstellung bedankten und sagten, wie viel Freude ich ihnen gemacht hätte, dachte ich immer: Na ja, wenn ich es nicht gewesen wäre, wäre es eine andere. Aber heute weiß ich, dass ich wirklich etwas kann.

Natürlich mache ich mir Sorgen, auch wegen des Alterns. »Wahre Schönheit kommt von innen«, heißt es immer. Toll wäre das ja, aber machen wir uns doch nichts vor: Alt werden ist kein Vergnügen! Man geht nicht mehr der absoluten Zukunft entgegen, die Knochen machen nicht mehr so mit, und schöner wird man auch nicht. Und wenn man dann noch wenig Geld hat, ist man ganz mies dran.

Der Körper verändert sich, die Schwerkraft macht sich bemerkbar: Die Proportionen verschieben sich, die Oberarme fangen an zu schlabbern. Die Haut wird schlaff, die Taille geht Gassi, und man spürt jeden alten Knochen im Leib. Selbst das Aussehen der Augen ändert sich. Ich habe eigentlich schwarz-braune Augen, aber inzwischen zieht sich um die Iris ein bläulicher Ring. Meine Augenärztin meinte nur: »Was wollen Sie, das ist das Alter.« Die Leute sagen, es sieht interessant aus, aber ich weiß ja, woher es kommt, und das finde ich nicht mehr interessant. Dazu kommt, dass man ab einem bestimmten Zeitpunkt in das »Noch-Alter« rutscht. Plötzlich sagen alle Leute: »Sie sehen aber noch gut aus«, »Sie sind aber noch fit...« Das klingt wie eine Warnung: Noch ist alles okay, aber bald ist es vorbei damit.

Trotzdem empfinde ich auch Erleichterung durch das Alter: Ich muss nicht mehr mithalten, ich ruhe mehr in mir selbst, bin gelassener und rege mich nicht mehr über alles auf, worüber sich andere aufregen. Ich kann nun auch den Augenblick wahrnehmen und ihn genießen.

Was meiner Meinung nach am besten beim Altern hilft und nichts kostet, ist lachen. Viel lachen. Wenn man als älterer Mensch ernst schaut, sieht man leicht sehr böse und missmutig aus, weil sich die Mundwinkel nach unten gesenkt haben. Hängebäckchen sind auch nicht gerade begehrt. Lachen hilft dagegen, nicht nur innerlich, sondern es strafft bestimmte Gesichtsteile und zieht alles nach oben. Und zusätzlich kann man noch die Schultern nach hinten ziehen und den Kopf heben, dann strafft sich auch der faltiger werdende Hals. Mehr Lachen ist auf jeden Fall gut, wer lacht, wird gleich schöner. Und ein Lifting? Schau'n wir mal.

Das Altern bringt aber unausweichlich auch mit sich, dass man sich stärker mit dem Tod auseinandersetzen muss. Immer mehr Freunde und Bekannte ringsum sterben. Wenn mein Ende kommt, dann hoffe ich, dass es schnell geht. Ich glaube, jeder alternde Mensch hat schreckliche Angst davor, seinen letzten Lebensabschnitt in einem Pflegeheim verbringen zu müssen. Jedes Mal, wenn ich meine demente Mutter in ihrem Pflegeheim in Berlin besuchte, war ich hinterher fix und fertig. Solch ein Heim zieht einen unglaublich herunter. Wenn sich die Fahrstuhltür im Heim meiner Mutter öffnete, musste ich immer an die Szene aus *Ben Hur* mit Charlton Heston denken, in der Judah Ben-Hur seine Mutter und seine Schwester in der Leprakolonie besucht. Die Leprakranken schauen ihm mit starren Augen entgegen, als wären sie bereits tot. Genauso schauten mich die Mitbewohner meiner Mutter an, wenn ich aus dem Fahrstuhl stieg. Und wenn ich ihnen zum Abschied »Auf Wiedersehen!« zurief und winkte, geschah nichts, keine Regung. So möchte ich nicht enden.

Meine Mutter ist so geendet. Sie war schon lange dement und erkannte mich nur sporadisch und zum Schluss gar nicht mehr. Es war kein Leben mehr in ihr, weder im Kopf noch im Körper. Sie wurde gewickelt, gefüttert und schlummerte vor sich hin wie im Wachkoma. Manchmal öffnete sie ein Auge, das andere war blind, aber sie sah durch uns hindurch.

Einen Monat vor ihrem hundertsten Geburtstag am 17. August 2012 saß ich zwei Stunden lang an ihrem Bett und redete und redete! Zum ersten Mal konnte ich unbelastet all das sagen, was sie nie hören wollte. Nun musste sie zuhören. Sie war fast taub, aber es war mir egal. Danach fühlte ich mich ein bisschen erleichtert, aber eben nur ein bisschen.

Am 18. April 2013 rief mich mein Bruder Udo an und sagte nur: »Unsere Mutter ist tot!«

Okay, dachte ich mir, Steegerlein, du hast noch eine Stunde, dann musst du ins Theater und auf die Bühne. Du musst die Leute zum Lachen bringen. Also schalt deine Gedanken ab und reiß dich zusammen!

Ich vertraute mich nur Simone Rethel an, sie verstand mich sofort.

Nach dieser Vorstellung des *Kurschattenmanns* lief ich mit Eliza Doolittle durch den Hofgarten in Bonn und grübelte. Wir Geschwister hatten ihr den Tod gewünscht – das war kein Leben mehr, das war ein unwürdiges Dahinsiechen. Jetzt hatte sie es geschafft.

Sechsundsechzig Jahre war sie in meinem Kopf gewesen, mehr mit negativen Gefühlen als mit positiven. Zum Schluss hatte ich unendliches Mitleid mit ihr, sie hatte kein gutes, erfüllendes Leben, sie hatte es sich und uns selbst allzu schwer gemacht, so dass wir nie zueinander fanden. Ich wünsche ihr ganz viel Ruhe und gebe ihr ein kleines Stück Zärtlichkeit mit auf ihren Weg. Mehr kann ich nicht!

Mein Bruder Udo, meine Schwester Jutta und ich, wir gehören nun ganz fest zusammen.

Jetzt fühle ich mich voller Kraft und positiver Energie, und ich habe noch viel vor. Meine Quelle für Kraft und Inspiration ist unverändert die Freude daran, anderen Menschen zu helfen, die schwächer sind als ich. Als es mir selbst schlecht ging, war dieser Drang zu helfen in mir völlig verschüttet, ich hatte keinen Blick mehr für Not und Leid um mich herum. Selbst wenn jemand direkt vor mir tot umgefallen wäre, hätte mich das nicht erreicht. Deshalb bin ich dankbar, dass ich in meinem neuen Leben auch wieder einen Blick dafür habe, wenn andere Geschöpfe – Menschen oder Tiere – meine Hilfe brauchen. Heute, in meinem neuen Leben, suche ich mir jedoch genauer aus, wem ich helfe. Ich gehe danach, wer mich wirklich braucht oder wer es nur vorgibt. Ich bin gespannt, ob es klappt. Kleine Ausrutscher hatte ich schon, aber nur kleine.

Kapitel 12:
Wenn Flügel wachsen

Dieses Buch hätte eigentlich auch heißen können: »So weit die Füße tragen«, denn ich war in meinem Leben häufig auf der Flucht. Vielleicht wäre es in andere Bahnen gerutscht, wenn meine Kindheit anders verlaufen wäre, wenn ich mich geliebt gefühlt hätte, wenn... wenn... wenn... Die Wörter »wenn« und »hätte« habe ich allerdings weitgehend aus meinem Wortschatz geschmissen, sie stehen für mich für eine unerfüllte Vergangenheit, die ich nicht mehr ändern kann und will. Mein Leben ist und war wie ein System von Zahnrädern: Alles griff genau ineinander, alles hatte seine Berechtigung, auch wenn es manchmal hart war. Denn eigentlich geht es mir gut – und eigentlich könnte ich das Wort »eigentlich« auch weglassen.

Meinem ersten Leben hatte ich ein Motto gegeben, für das ich mich heute noch schäme. Es lautete: »Was du heute kannst besorgen, das verschiebe doch auf morgen.« Durch mein praktisch kaum vorhandenes Selbstbewusstsein war das der bequemste Weg, dachte ich. Viele Jahre lang ging das gut, doch am Ende bekam ich die Quittung für diese Einstellung. Heute halte ich mich gern fest an dem Satz: »Hinfallen kann man öfters, aber Aufstehen ist Pflicht.« Es ist durchaus legitim hinzufallen, das kann passieren im Leben. Jedem.

Man muss es nur bemerken, und das ist dann, wenn man am Boden liegt, fast unmöglich. Man braucht gute Freunde, und der gemeinsame Kampf ums Aufstehen beginnt. Irgendwann bist du dann so weit und kämpfst allein weiter. Nie im Leben hätte ich gedacht, dass mir nach dieser schwierigen Zeit noch einmal wahre Flügel wachsen würden. Aber wie heißt es: »... und find es wunderbar!«

WOVON ICH TRÄUME

Nach Wilmas Tod nahm ich alles selbst in die Hand – ich ging zu Ämtern, schrieb Briefe, nahm mir Anwälte, wehrte mich, wurde zum ersten Mal in meinem Leben selbständig und nicht mehr fremdgesteuert. Dafür braucht man Kraft, und diese Kraft gaben mir die Menschen um mich herum, die Menschen, die mich lieben, so wie ich bin, und die an mich geglaubt haben. Nie hätte ich gedacht, dass die Menschen so mit mir fühlen würden, als bekannt wurde, dass es mir schlecht ging.

Ich erfuhr Zuspruch, Wärme und Unterstützung. Und als ich das begriff, spürte ich plötzlich eine Kraft, die mir half, mich wieder aufzurichten. Ich sagte mir: Das kann doch einfach noch nicht mein Leben gewesen sein. Soll es jetzt wirklich so enden? Nein, ich musste anfangen, alles aufzuarbeiten und mein Leben neu zu gestalten.

Natürlich kämpfe ich immer noch mit alten Gewohnheiten, man wechselt sein Innerstes ja nicht mal eben wie ein Hemd. Bis heute habe ich beispielsweise nicht so viel Selbstbewusstsein, wie ich eigentlich gerne hätte. Aber dann sage ich mir, dass es vielleicht gerade das ist, was mich ausmacht, dass die Leute vielleicht gerade das an mir mögen. Die Menschen öffnen sich mir sehr leicht, jeder Taxifahrer erzählt mir sofort seine Lebensgeschichte. Irgendetwas muss ich an mir haben, dass ich solche Reaktionen erfahre.

Wenn ich im Lotto eine Million Euro gewinnen würde, würde ich mit dem Geld gern helfen, erschwingliche und gute Altersheime zu bauen. Altersheime mit mehr persönlicher, individueller Betreuung. Jeden Tag sehe ich, wie es mir vielleicht selbst einmal gehen wird, wenn ich alt und gebrechlich bin. Alte Menschen haben es in unserer Welt nicht leicht. Sie werden nicht selten respektlos behandelt, man gibt ihnen häufig das Gefühl, überflüssig und lästig zu sein und den Jüngeren nur auf der Tasche zu liegen. Das haben sie, wir, nicht verdient. Die Alten haben ihren Beitrag für das Gemeinwesen geleistet und ein Recht auf ein schönes Alter. Und wenn Junge manchmal sagen: »Mensch, Oma, geh doch mal aus dem Weg!«, dann denke ich: Auch diese alten Menschen waren einmal jung und fit, auch sie haben geliebt und getanzt, und eins ist sicher, auch ihr kommt nicht am Alter vorbei.

Ich wünsche mir, dass ich mich um ein paar alte Leute kümmern kann, so wie ich mich damals um Frieda und Hermann in München gekümmert habe. Ich brauche einfach meine Sorgenkinder. Mich interessiert jeder Obdachlose und das Leben, das er hatte, bevor er auf der Straße landete.

Und ich würde zu gerne noch mehr im sozialen Bereich und mit Tierschutzorganisationen arbeiten als früher. Doch zu allem gehört Gesundheit, Gesundheit und noch mal Gesundheit. Heute gehe ich alles viel langsamer an, denn mit sechsundsechzig habe ich nicht mehr die Kraft wie mit dreißig. Jeder Knochen ist sechsundsechzig und fühlt sich auch so an. Vor zwei Jahren wurde bei mir außerdem leichtes Vorhofflimmern diagnostiziert, eine Herzschwäche, die schlimmstenfalls zu einem Schlaganfall führen könnte. Zum Glück habe ich das inzwischen durch Medikamente recht gut im Griff, doch ich muss mir immer wieder bewusst machen, dass ich achtsam mit meinem Körper umgehen muss. Und jippie, ich habe einen niedrigen Blutdruck! Außerdem hüpfe ich nach wie vor wie ein Floh über die Bühne.

Mein größter Traum ist ein großer Bauernhof am Tegernsee, wo ich mit Freunden und mit Tieren in Frieden alt werden kann. Dazu gehört natürlich etwas, von dem ich wirklich nicht viel habe: Geld. Nach wie vor fällt es mir schwer, gut mit Geld umzugehen, noch immer gebe ich es am liebsten für andere aus.

Mein Leben lang habe ich gern Geschenke gemacht. Wenn ich irgendetwas Hübsches sehe, denke ich sofort: Wem kann ich das schenken? Das sitzt tief in mir drin und lässt sich wahrscheinlich nie ganz abstellen, aber ehrlich gesagt, ich will es auch nicht – es sollte sich nur im Rahmen halten. Besonders als Theaterschauspieler ist man wahrlich nicht auf Rosen gebettet, man verdient bei Weitem nicht das, was man beim Fernsehen oder beim Film bekommt. Und alle Schauspieler müssen immer wieder viele Monate zwischen zwei Engagements überbrücken, während denen man nichts verdient, aber die Kosten bleiben. Ich kenne viele gute Schauspieler, die sich mit Nebenjobs über Wasser halten müssen, weil die Gagen nicht zum Überleben reichen. Eine Kollegin tippt seit zwanzig Jahren OP-Berichte ab, ein Kollege macht regelmäßig Wachdienst in einem Krankenhaus.

Früher kannte ich große Pausen kaum, und wenn, dann kamen danach jedes Mal richtig fette Sachen, ich brauchte mir nie ernsthafte Sorgen zu machen. Heute kann ich mich darauf nicht mehr unbedingt verlassen. Deshalb achte ich jetzt peinlichst darauf, dass Pausen gar nicht erst entstehen. Das gelingt aber nicht immer.

Schauspielern ist ein hartes Los. Trotzdem bin ich glücklich, dass das Theaterspielen mich heute so ausfüllt, denn die Schauspielerei war eigentlich nie meine Berufung. Ich sage immer: Der Beruf hat mich erwählt, nicht ich den Beruf. Ich bin zufrieden, außerdem habe ich jede Menge neuer Theaterangebote. Seit Herbst 2012 spiele ich in dem Theaterstück *Der Kurschattenmann*, eine Komödie über einen Gigolo im Sanatorium, von René Heinersdorff, stets vor vollem Haus. Momentan ist mein Zuhause mein Ensemble: Simone Rethel, Volker Brandt, Beatrice Richter, Christine Schild, Sibylle Nicolai. Eliza Doolittle und ich fühlen uns sauwohl, aufgehoben und verstanden. Das ist selten. Kollegen wissen, wovon ich spreche. Wir sind ein harmonisches Team. Irgendwann, viel zu früh, werden wir uns trennen müssen. Wird das nächste Stück mir auch ein Zuhause geben? Nee, bloß nicht daran denken. Jetzt ist es schön. Und meine Hannoveraner kommen mich am Wochenende besuchen. Super!

Mit dem *Kurschattenmann* sind viele Gastspielstationen in großen deutschen Städten geplant, mein Einkommen scheint also für die nächste Zukunft gesichert. Mein Lieblingsstück *Gatte gegrillt* ist auch wieder auf dem Plan, und es wird ein neues Tourneestück mit Hans-Jürgen Bäumler geben. Der Name Ingrid Steeger zieht nach wie vor, so scheint mir, und darüber bin ich natürlich froh und glücklich. Mein Name und das, was ich für mein Publikum verkörpere, sind so etwas wie meine Altersversorgung, mit der ich jedoch sehr behutsam umgehen muss.

Natürlich denke ich manchmal: Wahrscheinlich muss ich arbeiten, bis ich nicht mehr laufen kann. Das kann es doch nicht sein! Und dann freue ich mich wieder, auf der Bühne zu stehen und mein Publikum zu spüren und zu erleben, dass die Menschen mich mögen. Und dafür lohnt es sich weiterzumachen.

Heute liebe ich es sogar, allein zu leben. Lange genug habe ich Männer über mein Leben bestimmen lassen, lange genug habe ich in Beziehungen gelitten. Und selbst wenn mir eines Tages noch mein Traummann über den Weg laufen sollte, würde ich es vorziehen, allein zu bleiben. Die Energie für eine weitere Beziehung hätte ich nicht mehr, glaube ich, und der Traummann müsste sowieso erst gebacken werden. Er müsste eine Mischung sein aus der lässigen Coolness und Intelligenz von Altkanzler Helmut Schmidt, dem Wagemut und der Naturverbundenheit von Bergsteiger Reinhold Messner und dem Einfühlungsvermögen des Tierpsychologen und Hundetrainers Martin Rütter, der Eliza Doolittle in der dritten Staffel des *Hundeprofis* beibrachte, dass sie Jogger gefälligst in Ruhe zu lassen hat. Und wenn ich in die Zeitgeschichte zurückgehen dürfte, wäre er ein Mix aus Vincent van Gogh und Abraham Lincoln. Da es diesen Traummann vermutlich sowieso nicht gibt, werde ich mit Eliza Doolittle an meiner Seite mein Leben wohl als Single beschließen oder auch nicht. Schau'n wir mal.

»Glück« bedeutete für mich eine Familie und ein Zuhause. Mein großer Wunsch war immer, zu wissen, wo ich hingehörte und wo ich wirklich bleiben konnte. Beides habe ich nicht erreicht – ein nach wie vor unerfüllter Traum. Deshalb ist Eliza Doolittle – neben meinen Freunden natürlich – für mich momentan das Wichtigste in meinem Leben. Wir sind zu zweit! Der kleine Hund kommt überallhin mit. Ich bin nicht allein, und sie ist nicht allein. Eigentlich ist die kleine Eliza mein Zuhause. Wo sie ist, fühle ich mich wohl und geborgen. Sie bestimmt mein Leben, sie gibt mir Liebe und Zärtlichkeit, und ich gebe sie ihr zurück. Alle Leute auf der Straße freuen sich über sie. Sie ist ein freundlicher, offener Hund, der gerne auf andere Menschen zugeht. Gerade ältere Leute, die sich teilweise nicht mehr richtig bücken können, wollen sie immer streicheln. Dann hebe ich Eliza Doolittle hoch, halte sie ihnen entgegen und freue mich, wenn sie mich anstrahlen und sich bedanken.

»Frau Steeger, es ist schön, dass es Ihnen wieder gutgeht!« So werde ich häufig von wildfremden Menschen angesprochen. »Es ist ein Wunder, dass Sie das aus eigener Kraft geschafft haben!«

Ich, ein Wunder? Es fällt mir schwer, das zu akzeptieren, und ich habe manchmal Angst, dass ich es nicht schaffe, auf Dauer so stark zu bleiben. Doch ich will mich selbst nicht enttäuschen, und ich möchte meine Freunde und mein Publikum nicht enttäuschen. Deshalb sage ich mir immer wieder:

Ich möchte ein Wunder bleiben. Dafür werde ich weiterkämpfen, mit all der neu gewonnenen Kraft, die mir heute zur Verfügung steht. Und ich weiß, dass die Menschen, die mich lieben, mir dabei zur Seite stehen werden. Glücklich ist, wer so etwas von sich sagen kann. Deshalb möchte ich dieses Buch mit der letzten Strophe von Paulo Coelhos wunderbarem Gedicht *Danke* schließen:

Vor allem danke ich all jenen, die mich lieben, so wie ich bin. Sie geben mir Kraft zum Leben.

Bildnachweis

Peter Bischoff: 2 (Frank Quade), 3 (Frank Quade), 8, 23, 29
Nicole Brühl: 30
Ludwik Erdmanski: 17, 19, 21, 25, 27, 28
Heiner Henninges: 9, 13–16
Schneider-Press, Erwin Schneider: 18, 20, 22, 26,
Didi Zill: 5, 12

Die restlichen Bilder entstammen dem Privatarchiv von Ingrid Steeger.

Was würden Sie Ihrem 16-jährigen Ich schreiben?

Joseph Galliano (Hrsg.)
DAS GLÜCK WIRD
DICH FINDEN
Prominente schreiben
Briefe an ihr
sechzehnjähriges Ich
Aus dem amerikanischen
Englisch von
Viola Krauß
144 Seiten
mit zahlreichen
Abbildungen
ISBN 978-3-7857-2472-9

Liebeskummer, Stress in der Schule und Zukunftsängste: Das Leben als Teenager ist kein Ponyhof. Auch die, die heute ganz oben stehen, kennen die Sorgen und Hoffnungen jener Zeit. Für dieses Buch sind einige der beliebtesten deutschen und internationalen Stars in ihre Vergangenheit gereist und haben einen Brief an ihr junges Ich geschrieben. Entstanden sind berührende, oft urkomische und manchmal herzzerreißend schöne Texte. Etwa, wenn Senta Berger von ihrer ersten Liebe erzählt, James Belushi enthüllt, wie seine Sehnsucht nach ein bisschen Anerkennung ihn ins Gefängnis brachte, oder Roger Willemsen versucht, sich selbst aufzuklären.

Bastei Lübbe

Für eine gute Entscheidung ist es nie zu spät!

Heiner Lauterbach
MAN LEBT NUR ZWEIMAL
320 Seiten
mit zahlreichen
Abbildungen
ISBN 978-3-7857-2471-2

Heiner Lauterbach zählt zu Deutschlands beliebtesten und meistbeschäftigten Film- und Fernsehstars. In den letzten Jahren hat sich der einstige Partylöwe im besten Sinne neu erfunden: Als Schauspieler, als Familienvater, als Mensch und Partner. Der Mann, der lange im Leben nichts ausgelassen und dafür manche Quittung verpasst bekommen hat, blickt gelassener und selbstkritischer auf die Dinge, die das Leben ausmachen: Liebe, Erfolg, Gesundheit, Freundschaft und Verantwortung. Persönlich, offen und selbstironisch schreibt Heiner Lauterbach die Autobiografie seines neuen Lebens.

Bastei Lübbe